小松英雄

# 日本語を動的にとらえる

## ことばは使い手が進化させる

Some Singular Phenomena of the Japanese Language through Time

Komatsu Hideo

笠間書院

# 目次

## Ⅰ章

## ニホンとニッポン　47

## II章　原日本語の姿をさぐる　——ラ行音の諸問題

III章

# 濁音の諸相

## ——二項対立が担う役割　117

V章

# 係り結びの存在理由

——自然な長文を組み立てられるようになるまで 241

# お読みになるまえに
## ――母語再訪への誘い

日本語の特色は？　とアンケートをとったら、母音の響きが美しいとか、礼儀正しく、相手への思いやりがこもっているとかいう答えが大半を占めるであろう。それらは奥ゆかしい民族性の反映として日本人の誇りとされているが、みずからの経験から帰納した特色ではなく、学校で繰り返し習ったり、本で読んだりして植え付けられた知識の受け売りにすぎない。しかし、そういう評価を独善的だと批判したりすると、おまえはそれで日本人のつもりなのかと厳しい批判を受けるに違いない。そこで、本書では、民族主義で母国語をとらえた壮大な研究が客観的評価に値する結果を、事実上、なにも残せずに、シャボン玉のように消えてしまった、たいへん残念な事例を指摘するとともに、日本語を民族主義から切り離して、世界の諸言語のひとつとして捉えなおし、日本語だけにしか認められないきわめてユニークな言語運用の例について、それらがどのように機能しているかを動的に観察してその機微に迫り、母語である日本語の、そして、人間にとっての言語のすばらしさを解明してみることにする。

長い間、独りよがりの日本語論の温床になってきた、そして、現在もなお強固に根を張っている伝統的国語学から脱却して、グローバル時代の実り多い言語研究に移行するためには、日本語が稀にみる特殊な言語であって、日本人特有の繊細な感性でしか理解できないという理由づけのもとに排除してきた近代言語学の方法を取り入れれば、手応えのある成果が得られることを、実例に基づいて確認してほしいというのが筆者の願いである。

純専門書は別として、本書のように、専門家だけでなく一般の人たちにもぜひ読んでほしいと希望して書く準専門書には、ふたとおりの書きかたがある。多数派のAは、教えてあげよう型、少数派のBは、いっしょに考えてみよう型である。A型の著作は、読者が内容を理解すれば著者も読者も満足して終わりであるが、B型は、書いてあることを読者自身も考えて、知識を身につけるだけでなく、著者の説明に満足せずに新しい解釈を思いつき、嬉しさを味わうこともできる。筆者は、物事を簡単に割り切ることのできない性格なので、準専門書はB型の本しか書いたことがない。しかも、慎重に書いているつもりなのに出来上がりは完璧に程遠いので、ゆっくり噛んで、すぐには呑み込まないという姿勢で読んでいただければ、数々の知的な楽しみを味わうことができるはずである。身近な母語をこれほど効率的に運用して毎日の生活を送っていることに気づいたなら、筆者と同じように、母語の魅力に取りつかれてしまうはずである。

腕時計や懐中時計に、機械の動きが透けて見えるスケルトン（骨格）タイプがある。裏蓋近くに高速で往復回転するゼンマイ仕掛けのテンプ（テンポ調整装置）があり、大きさの異なる歯車の歯と歯とを噛み合わせてつぎつぎと回転させながら、その動きを長針、短針、秒針に伝えて、刻々と時を刻んでゆく様子をつぶさに観察することができる。

言語を音韻、文法、意味、語彙などのカテゴリーに分けて、音韻論《phonology》、文法論、意味論《semantics》、語彙論などを独立させ、相互の連絡なしに研究している現状は、時計の部品をそれぞれの関心に応じて研究しているようなものである。言語の役割は情報の伝達であるから、話し手は、伝えたい情報を、①有限の言語音で構成された音韻体系に基づいて組み合わせた語形に特定の意味を結び付けた語句《phrase》を、②その言語の文法規則に合わせて文の形に配列しながら発話して相手に届けなければならない。言語の運用を機械時計の動きにたとえたのは、音韻、文法、意味その他もろもろの要因が密接不可分の一体として機能しなければ情報の伝達が成り立たないことを理解してほしかったからである。どんな時計でも、複雑に構成された機械の歯車を順次に回転させて行き着く先は同じ時刻であるが、それぞれの言語がいくつもの独自の歯車を経て行き着くのは、個性的な仕様《specification》を反映した個別の言語である。そうだとしたら、日本語特有の歯車の組み合わせは、どのような特色をもつことばを作り出しているのであろうか。

本書では、従来の、動いていない時計のような静的状態の観察では専門研究者も気づかなかった、したがって、どの本にも書いていない日本語運用の特色のうちからいくつかを取り上げ、それらの働きを細かく分析する。といっても、本書の範囲で難しい理論は必要がない。不可欠なのは、学校で習った通説や定説にとらわれずに考えるナイーヴな姿勢である。

現代日本語は、日本列島に住みついた人たちが文化・文明の進展に歩調を合わせて営々とアップデイトしてきた産物である。具体的にどういう過程を経てきたかを随所に織り込んで叙述するが、その典型的事例をⅢ章以下でくわしく取り上げ、これまでの認識を抜本的に改めることになる。

## ☆凡例

①引用文中の傍線は、特に断わりがなければ筆者が加えたものである。

②引用の「」が本書の方針に基づく「」と重なる場合には〈〉に改める。

③筆者の著作を参考文献として示す場合には、著者名、出版社名、刊行年次などを省略する。本書末尾の奥付で確認していただきたい。

④漢語に訳された言語学の用語を、漢字のふつうの意味に理解して使用し、混乱を招いている事例が目立つので、注意信号として、「語用論《pragmatics》」のような形式で原語を書き添えておく。一部に筆者が仮に訳しておいたものもある。いちいち辞書を引いてほしいというつもりではないが、きちんと知りたい場合には手掛かりになるであろう。

⑤筆者独自の考えを軸にして述べたので先行の論とまったくの重複はないつもりであるが、もしもあれば、もとより、プライオリティはそちらにある。なお、関連のありそうなタイトルの著作でも、噛み合わないものには言及していない。

⑥目次に小見出しを列挙した。それぞれの章を読むまえに、考察が進展する方向を頭に入れ、また、読後には、随時、論証の筋道を振り返るために活用していただきたい。

# 序章　母語についての共通理解を検討する

## ――民族主義から切り離して日本語をとらえる

ひとつのことを突き詰めて考えようとする場合には、現在、その事柄がどのように認識されているかを把握しておかなければならない。

この章では、二十世紀なかばから二十一世紀初頭まで続いた、いわゆる日本語ブームを支えた民族主義的日本語論を取り上げて、それが日本語についての社会的認識を大きく歪めてしまったことを指摘する。また、日本語研究は、日本語社会における情報伝達のツールとしてどのような要因がどのような機能を担って効率的に運用されているかを解明すべきことを提唱する。

## ■日本語ブームの嵐が去ったあとで

二十世紀半ばから二十一世紀初頭まで、日本社会では日本語についてさまざまの見解が国語学者や有識者といわれる人たちによって提示されて大衆の高い関心を集め、日本語ブームとよばれてマスコミにも頻繁に取り上げられたし、日本語を主題とする大衆向けの手軽な書籍が絶え間なく出版されて、日本語に対する社会的関心が急激に盛り上がった。ブームとは、しばらく盛り上がっていつのまにか消えてしまう社会現象をさすのがふつうであるのに、日本語ブームは半世紀あまりも衰えを見せなかった。自分が生まれ育ったことばはいちいち気にならないのがふつうであるから、どこかの国で自国の言語についての関心がブームになったという話は聞いたことがない。したがって、日本語ブームにはなにか特別の理由があったはずである。

長く続いたことは確かであっても、消えてしまった泡を今さら追いかけてもしかたがないだろうと言われるかもしれないが、生まれた子供が五十歳を越えるまで続いた民族主義の濃厚なブームであっただけに、母語に対する大衆の認識が大きく歪んでしまったことを見逃してはならない。

日本語ブームの後遺症を引きずっている読者にとっては腹立たしい叙述が以下にしばらく続くことになるであろうが、それが済んだあとには、これまでに指摘されたことのない、そして、軽薄な日本語ブームの雰囲気のなかでは問題にもならなかった、日本語独自のすばらしい運用方式を順次に紹介するので、しばらく筆者の考えかたにつきあっていただきたい。

## ■母語

生まれ育った環境のなかで自然に身についた言語を母語という。mother《母》 tongue《言語》 の訳語である。

母語とは母国語のことだと思った読者が多いかもしれないが、右に定義したように、自分の国の言語という意味ではない。生得言語《native language》ともいう。以下には堅苦しくない母語のほうを使うことにする。母語の話し手を生得話者《native speaker》、略してネイティヴ、という。

日本では日本語を母国語とよぶのがふつうであるが、それは、日本が単一民族、単一言語の国であると思い込んでいる人たちが圧倒的に多いためであり、どこの国でも同じことだろうと漠然と考えているからである。しかし、アメリカ語、カナダ語、ベルギー語、スイス語などという言語は聞いた覚えがない。また、事実上、アイヌ語話者がゼロになったという現実はあっても、アイヌ民族は本来的に日本国籍の日本人であるし、都市部を中心に外国籍の日本語話者が万単位で居住しているという事実もあるので、母国語という名称は少数派《マイノリティー》を無視している。本書で扱うのは言語の問題であるから、国籍も民族も関係がない。

一般に、現在の状況を望ましい方向に変えようとする場合、まず必要なのは、現在の事態《state of affairs》がどのようになっているかを客観的に把握しておくことである。この序章はそのために費やされる。

## ■民族の固有性《identity》を再確認する動き

一九四五年、連合軍に無条件降伏したのを境に、日本国民は日本についての認識を根本的に改めざるをえなくなった。なぜなら、事実の記録だと教えられていた『古事記』(712)はただの神話になってしまい、日本人の起源は高天原《たかまがはら》にあったはずなのに、一夜にして、俗に言う、どこの馬の骨かわからない存在になってしまったからである。民衆は茫然自失の状態になり、戦火のあとが生々しく残るなかで、我々日本人とはいったい何者なのだろうという深刻な自己認識の危機《identity crisis》に陥ってしまい、天上にあったはずの日本人発祥の聖地を地上に求めなければならなくなった。それがわからないと、日本民族は世界最優秀であるという誇りを取り戻せないままになってしまう。大衆が求めたのは、由緒正しい日本民族の故郷をつきとめることであった。

## ■『万葉集の謎』――日本語ブームの始まり

敗戦から十年を経てもなお落ち着きを取り戻していなかった一九五五年、医師で歴史家でもあった安田徳太郎（1898-1983）の『万葉集の謎』（日本人の歴史1・カッパブックス）が刊行された。この著者は、『万葉集』の歌はヒマラヤの奥地に住むレプチャ族のレプチャ語でこのように解くことができるのだと、従来とは似ても似つかない驚くべき解釈をいくつも提示してみせた。それだけでなく、写真のなかの彼等の風貌や生活風習は、日本の農村そっくりであった。大衆向けの廉価版だったこともあって、同書は発売と同時に空前のベストセラーになり、『万葉集』の歌をどう教えたものやらと友人の若い高校教師が相談に来たことを覚えている。筆者自身は、ざっと目をとおして雑本と判断し、その本が読みたいという家庭教師の家のご主人に、その旨の説明をして呈上してしまったので、手元には残っていない。日本語との親縁性は英語でも説明できると、日本語と語形のよく似た英語の例を挙げて揶揄的に批判した金田一春彦（1913-2004）の軽妙な文章が一流雑誌に掲載されたりもした。

ここで、読者に、大切なふたつのアドヴァイスをしておきたい。

①ある程度以上の年齢になった母語話者は、母語についてなんでもわかっていると思い込んでいるが、自由に話せることは、母語についてよく知っていることを意味しない。オックスフォード大学の言語学教授 Jean Aitchison（1938-）は、BBC放送の教養講座で、だれで

も呼吸をしているが、呼吸のメカニズムは専門家でなければ説明できない、と比喩で警告している（*The Language Web.* Cambridge University Press, 1997)。

②日本語の場合、国語学の専門学者の肩書きや博士の学位をもつ人物でも、言語学の基礎知識をそなえた人物はあまりいない。ほとんどの大学の国語学専攻課程に言語学の教員はいないのがふつうである。それは、日本語は欧米の言語とまったく異質であるから、日本人が日本語を研究するうえで欧米の言語に基づく言語学の知識は不要であるという考えが支配的だったからである。

専門家の話を理解するにはそれなりの準備が必要であるが、素人論は素人によくわかる。『万葉集の謎』が大衆の関心を集めて空前のベストセラーになったのは、その著者が言語学の素人だったので、だれが読んでもよくわかったからである。日本語ブームが半世紀あまりも延々と続いたのは、日本語を日本民族と不可分に捉えた言語学の素人による日本語論がつぎつぎと刊行されたからであった。

大学を卒業して以来、大学に勤務したり非常勤講師として他大学に出講したりして老齢になるまで日本語研究の場に身を置いてきた筆者としては当たり障りが多いことを承知のうえでこういうことを述べる決心をしたのは、だれかが鈴を付けなければ、このような嘆かわしい状態が簡単には解消されないだろうと心配だからである。

誤解のないように言い添えておくが、筆者はみずからを日本語研究の玄人《くろうと》と位置づけて素人論を批判しているわけではない。ただし、ズブの素人との決定的な違いは、自分の識見が正真正銘の言語研究者の足元にも及ばないことを、その道の碩学に親しく接した体験があるので骨身にしみて感じているからである。脆弱な理論にとどめをさす矛《ほこ》を研《と》いだり、理論的立場からの批判を確実にはね返せる盾を用意したりする天賦の才を筆者は授かっていないし、そもそもそういうことが好きな質《たち》ではない。ただ、対象をじっくり観察して、その奥にあるものを見とおすことに頭を絞る過程を楽しみ、導かれた帰結で日本語研究の進展にいささかでも貢献したいと念じているだけである。筆者が大切にしているのは洞察力《insight》、すなわち、見えない奥を見透す力である。

■金田一春彦『日本語』

『万葉集の謎』の二年後、一九五七年に、金田一春彦の『日本語』（岩波新書）が刊行された。日限と紙数の制限のために予定の半分で打ち切らざるをえないのが残念だと「おわりに」に記されていることを深読みすると、『万葉集の謎』の批判を早く出版したいと要請されたのかと想像されるが、その当否はともかくとして、「日本語はどこからきたか」という小見出しのなかに、「注意すべきことは、日本語は、地球上のあらゆる種類の言語と結びつけられて説かれたことである」として、その実例を列挙し、最後に、つぎの表現で同書に言及している。

最近では、安田徳太郎氏がヒマラヤ山麓に住むレプチャ人の言語との親族関係を力説していること周知のとおりである。(p.11)

レプチャ語起源説を肯定も否定もしていないのは、まともには相手にできないということであろう。

万人向きの平易な内容ではなかったが、親しみやすい文体で、ふつうの日本語話者が気づいていない日本語の特徴をいろいろと指摘して、自信喪失に陥った日本人に、「日本語捨てるべからず」(おわりに)と自信を取り戻させたことは大きな救いであった。この本もたちまちベストセラーになったままロングセラーとして生き残り、売り上げが百数十万部に達したという。前節の素人云々との関わりで言うなら、序の末尾に、国語学者の橋本進吉と並んで言語学者の服部四郎の名をあげて、「コトバの学問のおもしろさときびしさを教えられた」ことに謝辞を述べている。奥付には専攻が国語学になっているが、言語学の素養が生かされているので、日本語しか視野にない国語学者の著作とは大きな隔たりがあり、『万葉集の謎』とは比較にならない。日本の大衆が日本語にこれほど強い関心をいだいたのは、長い歴史をつうじて初めてのことであろうが、大衆が関心を寄せた日本語は、母語ではなく、日本民族の心性の反映である母国語であった。

このように、日本語ブームの動因《motivation》は、敗戦で白紙にもどされた日本民族のアイデンティティーを再確認したいという願いにほかならなかった。日本民族の自分探しは、国語学の専門研究者が主導権を握ることになった。

『日本語』は、初版から三十一年を経た一九八八年に、文字どおりの「新版」、上下二冊に置き換えられてますますのベストセラー、ロングセラーになり、本書を執筆している時点でもなお増刷されて書店の目立つ位置に置かれている。

言語学は日進月歩であるから古くなっているところはあるが、分野ごとに分担執筆された寄せ集めの国語学概論と違って、ひとりの著者が日本語の全体を頭に入れたうえで叙述しており、日本語以外の言語との違いにも目が配られているので、その先まで学ぼうと志している人たちのための入門書として役に立つであろう。

『日本語』新版が一般大衆の心をつかんだのは、日本語を体系的に叙述した中心部分よりも、おそらく、著者の人柄がそのまま表われた、世界に類のない日本女性の、相手に対する細かい心遣いや奥ゆかしさを、「お茶が入りました」という表現を例にして説いたような部分（下巻・Ⅶ・日本人の言語表現）であろう。引用は省略するが、名文家であるだけに、思わず引き込まれてうなづいてしまった人たちがたくさんいたとしても不思議はない。

この著者は、『日本語』のあとにも、日本語に関する一般向けの図書をいろいろ書いており、よく読まれたが、一方で水準の高い専門書をいくつも世に出しているので、天賦のカリスマ性が日本語ブームを支えつづけたことは事実であっても、有力な脇役であり、主役は大野晋（1919-2008）であった。

## ■日本語の源流を求めて——大野晋の試み

金田一春彦『日本語』の初版と同じ一九五七年に、大野晋『日本語の起源』（岩波新書）が出版されている。ユーラシア大陸のアルタイ語や南方の言語などをあげて、レプチャ語起源説が成り立たないことを証明している。この段階で、著者はまだインドの言語に関心を示していない。

大野晋の尊敬する師であった国語学者の橋本進吉がその研究の半ばで他界した、いわゆる上代特殊仮名遣の研究のあとを託され、それをまとめたことを出発点として、我々の言語である日本語を手掛かりにして、我々日本人の起源をつきとめるために、朝鮮半島から始めて、遠く海を越えたインド南部まで歩を進め、研究の進展を、大衆の目に触れやすい新書版や文庫本などで公表し続けた。この著者が大衆の心を最後までつかんで離さなかったのは、その研究主題が強い関心と期待とを呼びおこしただけでなく、日本の言語学者たちによる一貫した全面否定を物ともせず、孤軍奮闘を続ける国語学者のひたむきな情熱であった。大野晋の没後に出版された伝記『孤高』（川村二郎・東京書籍・2009）というタイトルは、一般大衆がいだいていたこの著者の人物像をよく表わしている。

『日本語をさかのぼる』とか『日本語の源流を求めて』とかいうタイトルは、敗戦によって民族の独自性《アイデンティティー》を見失った日本人に大きな希望をいだかせた。なぜなら、それは、神話にすぎなくなった高天原ではなく、地球上のどこかに、我々日本人の故郷があることを前提にしていたからである。

日本はヨーロッパ、その後継者であるアメリカと戦って敗れた。（略）一転してゆく世間の激動の中で、「日本とは一体何だったのか。そして何なのか」という問いは私の心の中でゆるがなかった。（略）もし日本語の系統を明らかにすることができれば、この日本文化の由来、この日本人の物の見方、考え方の基本的な型の成立の次第を知ることができるのではないか。推測がそのように展開するとき私の心は次第に日本語の系統、同系語の探索へと傾いて行った。〔『日本語の起源』新版・岩波新書・1994〕

この著者は著書の奥書に一貫して専攻を「国語学」と書いているが、傍線部の表現から明らかなように、目指すところは、「日本とは一体何だったのか。そして何なのか」の解明であったから、国語学者というよりも、国学者としての問題設定であり、日本語研究は、その目的を達成するための手段であった。あえて名づけるならネオ国学であろうか。

言語の歴史を河川の流れになぞらえて〈源流〉をたどっても、行き着くはずの〈源流〉は存在しない。それは人類の歴史をたどるにひとしいからである。現在までに知られている限りでは西アフリカのどこかであろうが、その源流らしきものは、日本人だけの源流ではない。日本人と日本語とが一体不可分であることを前提にしたその研究は、幻の非存在地を求めて出発したことになる。なぜなら、そのような意味における源流は神話や伝承の世界にしか存在しないからである。たどり着いたのは、優秀な日本民族と日本語との発祥の地にふさわしい、古代文明の栄えた南インドの、古い歴史をもつタミル語であった。

## ■研究者のクセを見抜く

どの研究者にもそれぞれクセがある。ひとつの文が長すぎるとか、説明がくどいとかいうクセも、なおしたほうがよいが、問題にしなければならないのは、論理の飛躍が多いために説得力がまるでないとか、自論にとって不都合な事実を無視するとか、そういう悪いクセである。客観的にみて現在の研究水準では解明できるはずがないことを問題として設定するとか、その研究にとって不可欠の知識をないがしろにして枝葉末節にこだわり、評価のしようがない帰結を導いているとかいう悪いクセである。クセであるから一事が万事で、どんな問題を手がけても同じクセが出る。筆者自身にも複数のクセがあることを自覚しているが、ここでは、筆者以外の事例を取り上げる。

現行の古語辞典は、悪貨が良貨を駆逐した状態にあるが、駆逐されずにロングセラーを続けている数少ないひとつに大野晋を主編者とする『岩波古語辞典』（1974、1990）がある。どんな辞書でも叩けばホコリは出るが、力量ある少数の研究者が有能な協力者を得て取り組んだだけのことはある。そのメリットを評価したうえで、辞書としての大きな問題点を指摘せざるをえない。理論の構築とその証明のしかたとに関わることなので、つぎの一文をよく読んだうえで、筆者の見解と対比していただきたい。カッコ内には二例ずつ示されているが、第二例を省略して引用する

今日では、動詞は終止形を見出し項目として配列するのが普通である。しかし、終止形は実は全活用形の中で、わずか一割前後の使用度数しか持たない。最も多いのは六割に達する使用度数を持つ連用形である。連用形は名詞形（遊び）でもあり、複合語を作るにもそのまま前項となる（遊びくらす）。古典語の終止形は現代語では形の異なるものがあるが（起く↓起きる）、しかし、連用形ならば古典語も現代語も同形である（起きて↓起きて）。従って、動詞を連用形（起き）で見出しとすれば、文献に出てくるままの形で語を検索できる割合が高い。動詞と名詞との関連も把握しやすい。そし

て、終止形を求め出す困難なしに動詞項目を引くことができるであろう。これは、連用形が動詞の基本形であるという国語史的事実の反映である。（大野晋「序にかえて」）

自信に満ちた、説得力に富む叙述に、さすがは、と思った読者がいるかもしれないが、連用形基本説が現実に即しているかどうかを、『土左日記』の冒頭に近い、よく知られた一文を選んで検証してみよう。

廿四日　講師、馬のはなむけしに、いでませり
「講師《かうじ》」は、国分寺に配置された僧官。国内の僧尼を統括する。

「馬のはなむけ」は、旅立つ人のために催す送別の宴。

「いでませり」の意味を辞書で引く場合、読者は、どういう形の見出しを探すであろうか。おそらく、①イデマ＋セリか、②イデマセ＋リかのどちらかにまず分割するであろう。①にすると、残ったセリを始末できそうもないので、②を選ぶであろうが、イデマセの連用形がとっさには浮かばない。四段活用だということは引いたあとでわかることだからである。

序文には、「終止形を求め出す困難なしに」とあるが、たいていの人たちが勘で見当がつくのは、これがイデマスという動詞らしいということである。イデマスは、「求め出すのが困難」とされている終止形にほかならない。「連用形が動詞の基本形である」というのが「国語史的事実」であるかどうかはともかくとして、動詞活用の基本形なら、それは、連用形ではなく、母語話者の直覚で反射的に回帰できる終止形である。しかし、終止形が反射的

に浮かんだのでは右の筋道にとって都合が悪いので、「終止形を求め出す困難」をデメリットとして指摘することになる。

おそらく、書き手は事実を歪曲しているつもりはない。自身が立てた整然たる筋道が誤っているはずはないので、その筋道を妨げる事実のほうがあやまちに違いないからである。イデマセリから反射的に浮かんだ終止形イデマスで辞書を引けば求める見出しに直行できるのに、イデマスの連用形は？となると脱落者が出ることになる。文法が得意なら連用形イデマシに直して引くことができるが、無駄な手順を踏むことに変わりはない。

連用形見出し方式について賛否のコメントを読んだおぼえはないが、現代語辞書を含めてこれを模倣する辞書が現われない理由は確実に推察できる。

『岩波古語辞典』でイデマシを探すと、四段活用で、「《「出で」の尊敬語》お出になる。行幸になる。」とあるが、「お出になる」の意味をひとつに絞れない。「君と時時―して」（万葉集・196）という用例が添えてあるが、出典をたどらないと、〈行幸する〉という意味だとはわからない。行幸なら天皇がお出かけになる、である。この意味を『土左日記』に当てはめると、国分寺の住職がどこにお出かけになったのかわからないが、実は、いかにも偉そうな態度で現われたことへの皮肉である。意味用法を知らないからこそ辞書を引くのであるから、辞書として大切なのは引きやすくわかりやすいことである。

「動詞を連用形で見出しとすれば、文献に出てくるままの形で語を検索できる割合が高い」としても、残り四割弱は、そのほかの活用形で出てくるし、また、その比率が一割だけだとしても、辞書としての必要条件を満たしていない。

習った文法は忘れてしまっても、日本語話者の直覚で、これがイデマスという動詞であることはたいてい見当がつくのに、ヒラメキの正しさにとらわれて、利用者を振り回す結果になっている。なお、形容詞の見出しが終止形になっている理由については説明がない。

ほかの辞書は反射的に浮かぶ語形で引けるのに、この辞書だけが、利用者を玄関口でつまずかせる。これが筆者の偏見や言いがかりでないことは、読者自身が任意の動詞項目をいくつか、この辞書で引いてみればよくわかる。大野晋の遺志を継いで出版された『古典基礎語辞典・日本語の成り立ちを知る』（角川学芸出版・2011）は動詞の見出しが終止形になっているが、妥当な判断である。

これはこうなのだとひらめくと、それに相違ないと確信し、その正当性を裏づける証拠になる事例、事象を取り集めて補強し、不都合にみえる事例、事象があれば既定の筋道に合うように解釈して議論を進め、それが困難な場合には例外とみなすことによって牽強付会《けんきょうふかい》の空論を固めてしまうので、導かれる結論はつねにヒラメキのとおり、すなわち、俗にいう〈結論ありき〉の証明になることが、この研究者の常套《クセ》なのである。右の序文をここで検討したのは、日本語ブームの原動力でありつづけた日本語の源流の究明なども、そのクセの産物である可能性をこの段階で指摘しておくためである。

『日本語の源流を求めて』（岩波新書・2007）の「まえがき」に「『古事記』の本文の最初の部分」が引用されて、コメントが加えられている。

あめつちはじめてひらけしときに、たか あま の はら に なり ませ る かみ
のみなは、あめのみなかぬしのかみ

この『古事記』の文章、延べ二八個の単語で、タミル語と共通な単語に傍線をひくと、二〇語に達する。そして、文法形式も古代タミル語と基本的に同様である。（略）たまたま取り上げた『古事記』の文の単語の七割強がタミル語と共通、文法構造もタミル語とほぼ同様だということは、不思議ではないか。どうしてこんな結果に至ったのか。それをこれから述べようとするのである。

『古事記』のテクストを見たことがない読者は、目を疑うほどの重なりに驚いて、期待に胸を躍らせるであろう。しかし、原文を見たことがあれば、この説明に大きな疑問をいだいたはずである。

『古事記』のこの部分は漢字だけで書かれており、いくとおりにも訓読できるので、このような検証のためのサンプルに選ばないことが文献資料を扱う場合の常識になっている。

天地初発之時、於高天原、成神名、天之御中主神 訓高下天云阿麻、下效此

漢文の知識が少しあれば、内容は見当がつく。最後の注は、「高」の下の「天」はアマと読む、以下も同じ、ということで、「高天原」は、「高《たか》=天原《あまはら》」とも「高天《たかあめの》=原《はら》」とも読めるが、ここは前者だという指示である。この注の主目的は語構成を示すことにある（『国語史学基礎論』）。

正確な語形が大切であれば「多加阿麻波羅」と書いたはずであるが、それでは意味を確定しにくいので漢字で表記し、語構成を示すためにこの注を付けたのである。

国学者の本居宣長（1730-1801）は、『古事記』がやまとことばだけで書いてあるという前提で全文を訓読しており、以後の研究者も同じ前提で訓読を工夫しているが、意味がわかりさえすればそれでよい部分には漢字が当てられているので、訓読すればいくとおりにもなるのは当然であるし、それでかまわないというのが太安万侶の用字方針だったのである。

『古事記伝』（三之巻）では「天地初発之時」をアメツチノハジメノトキ、『古事記』（日本思想大系・岩波書店・1982）は、アメツチハジメテオコリシトキ（小林芳規担当）、そして、大野晋は、アメツチハジメテヒラケシトキニと訓読しているが、右の引用は著者みずからの訓読に基づいている。「ヒラケシトキニ」には傍線が二個所にあるが、他のふたつの訓読にはそれらの語がない。アメやカミを「延べ」で数えて語数が水増しされているのは、ひとつでも多

くあってほしいという著者の願望の反映であろう。タミル語に対応する語が「天《アメ》」にはあるが「地《ツチ》」にないということなら、その理由を考えてみるべきである。批判的に読む姿勢を身につけていないと、ひたむきな情熱と歯切れよくたたみかける論理構築とに感嘆するが、この訓読が著者による意図的なトリックでないとしたら、責任は権威を盲信して鵜呑みにした読者の側にもある。

## ■日本語ブームの終焉

半世紀あまりにわたった日本語ブームは、二十一世紀に入ると間もなく、急に勢いを失って急速に忘れられてしまった。それは、金田一春彦が二〇〇四年に、そして、大野晋が二〇〇八年に亡くなって、推進力を失ったからである。

金田一春彦は日本語研究の歴史に大きな金字塔を打ち立てたが、大衆の心をつかんだのは、親しみやすい人柄と軽妙な筆致とで愛読されたポピュラー日本語学であった。

『金田一春彦著作集』十二巻＋別巻（玉川大学出版部・2003-2006）には、珠玉の名編がぎっしり詰まって圧倒される。それらを読んで育った多くの有能な研究者が多方面で活躍している。有能組とは一線を画すが、筆者もまた、修士課程に在学していたときに学会発表で絶賛していただいて感激し、気を取り直して研究を続けたひとりである。あとでわかったが、この先生は、十のうちにひとつでもほめどころがあれば、九を無視して、そのひとつをほめて励ましてくださるかたであった。

大野晋による〈日本とは何か〉を解明する手段であった日本語の源流追求は由緒正しいタミル語にたどり着いてひとまず結論を得たが、その先に歩を進める研究者が現われるとは思えない。

大野晋の研究が国民的な期待の的になったのは、日本人が集団的アイデンティティークライシスに陥っていたときに、高天原に代わるべき、地上にあるはずの日本人の源流を明らかにしようとする頼もしい学者が現われたからであった。その試みは着々と進み、インドで研究している姿がNHKテレビで放映されたりしたことも期待感を高揚させた。新たな進展が報告されるたびに日本の言語学者たちが全面否定の論陣を張ったが、ひるむことなく初志貫徹のために敢然と歩を進める英雄に対する応援の気持ちや判官贔屓《ほうがんびいき》も大きかったであろう。今にして思えば、言語学者の側も、提示された結果を否定するだけでなく、以上に指摘したような、ヒラメキをそのまま結論として証明する〈結論ありき〉の手法であることを問題にしたほうが有効だったかもしれない。

日本民族の源流が高天原でなかったならば、地球上の源流は、古代文明の発祥の地、あるいはそれに準じる、世界の諸民族に誇ることのできる高度な文化をもつ民族であったに違いない。だとすれば、その候補は、仏教の発祥の地インドの周辺、そして、サンスクリットが話されている地域に近い民族のはずである。そのヒラメキは的中したが、残念なことに、提示された音韻対応の証拠は、とうてい受け入れがたいものであった。母語の日本語を研究する場合にも、民族主義にとらわれることなく、言語学の方法を積極的に取り入れなければ、実りある成果は得られないという貴重な教訓である。

長く続いた日本語ブームのほとぼりとして、いわゆる日本語本の出版は依然として続いている。図書館や書店でランダムに手に取ったなかで目立つのは、りっぱな肩書きを一流専門家であることの証明にして、このわたしが正しい日本語を教えてあげよう、という姿勢で書いたり書かせたりした読み捨て本か、さもなければ、あいも変わらぬ〈美しい日本語〉の賛美である。そういう俗な流れと無関係に、地道な日本語研究が進められていることを一般の人たちは知らない。

おふたりの国語学者が日本語ブームの立役者になったのは、敗戦後の日本社会がそういう国語学者を求めていたからである。その意味で〈戦後〉は二十一世紀初頭まで続いたことになる。化粧品などの広告と同じ手法で、日本語について無知であることを不安にさせ、それならこの本をどうぞ、と売りつける日本語本は、長く続いた空疎な日本語ブームの挽歌でもあろう。そういう転換期に、あらためて日本語の姿を見なおそうとよびかけている本書が、つぎの時代の先駆けのひとつとして応分の役割を果たすことができればと、筆者なりに真剣に考えて本書を書いている。

## ■国語は日本語と同義ではない

契沖（1640-1701）や宣長など、近世の国学者が研究対象にした言語は、最優秀民族である我々日本人の、世界に冠たるヤマトの国のことばであった。言語を心の鏡として彼等がほんとうに知りたかったのは、鏡に映った〈やまと心〉であった。明治期以後、ヨーロッパにおける言語研究の、そして、後にはアメリカ言語学の影響を受けつつも、近世国学の流れを濃厚に留めて受け継いできたのが現今の国語学である。

ヨーロッパにおける言語研究には長い歴史があり、言語を研究する学問領域をよぶ名称も変わってきているが、現在、客観的立場で言語を研究する領域は言語学《linguistics》とよばれている。客観的立場と表現したことを日本の現状に合わせて言い換えるなら、先祖代々大切に守ってきた由緒正しい世界一のオラが村、という感覚を捨てて、ということである。

そういう感覚は、日本に限ったことではない。東アジアの例は読者も見当が付くであろうから、保守的と考えられているイギリスの状態を見てみよう。

最初の本格的英語辞典の編者サミュエル《Samuel》 ジョンソン《Johnson》（1709-1784）は、「言語《language》」の項をふた

つに分けて、(1)を、人間のことば《speech》、と定義し、(2)を、つぎのように定義している

他の諸言語と明確に区別される社会的統一体の言語　(The tongue of one nation as distinct from others.)

イギリスも島国であるが、一国土《country》、一言語と認識しているわけではなく、その言語が他と明確に違うことを国《nation》とみなす条件にしている。すなわち、国家《country》の内部で言語を異にする地域的統一体のそれぞれが、ジョンソンのいう国《nation》なのである。現に、英語《English》のほかにウエールズ語も公用語であるし、そのほかにいくつもの言語があるので、単一民族、単一国家、という日本人の感覚とは明らかに違っている。硬く表現する場合、クニでは権威がないし、一字の漢語は落ち着かないので、中国語でも「国家」とよぶが、筆者はこのよびかたを好まない。なぜなら、言語学の対象は、それが研究者の母語であっても、多くの言語のひとつとして客観化して捉えた言語でなければならないからである。

国語は日本語と同義ではない。イギリスはもとより、アメリカ、ニュージーランド、オーストラリアなどでも公用語は English であって、日本の「国語」に相当するよびかたはないし、他国の言語を使用しているという意識もない。スイスでは、フランス語、ドイツ語、イタリア語、ロマンシュ語を公用語にしており、スイス語はない。同じ理由で、カナダ語やインド語などもない。

日本では日本語以外の言語をすべて外国語とよんでいるのは、日本が単一民族、単一言語、単一国家であるという、現実に合わない思い込みに基づいた捉えかたをしているからである。「外語」には、その含みがないが、一部の教育機関で「外国語」の略称に使われている程度である。

〈国語〉は英語の national language に当たると説明されることがあるが、イギリスをはじめ、英語圏ではどの国でも English とよんでおり、国語教育に相当する科目もない。

「日本語」とは、世界の諸言語のひとつをさす名称であって、特別の情緒で色づけされておらず、指示的意味《denotation》（外延）しかもっていない。それに対して「国語」のほうは、〈我々日本民族の、輝かしい歴史と伝統とがしみこんだ優秀な言語〉という含み《connotation》（内包）と不可分である。日本国民という語はあるが日本国語とは言わない。なぜなら、国語とは、日本人が日本語をさす場合にだけ使う語だからである。ちなみに、韓国にも国語という語があり、韓国語学会もあるが、その起源がどこにあろうと、内包は日本語の場合と同じである。近年では、ハングルが世界でもっとも科学的《scientific》な文字であることが国際的に認められたという理由で国家の誇りとなり、韓国語をもハングルとよぶような、すなわち、日本に当てはめれば日本語をカタカナとよんで通じるような異常な状態にまでなっている。NHKのハングル講座ではハングルだけでなくコリア語も教えている。

日本の場合、高校までの教科名は「国語」であり、「国語」をコントロールしている公的機関は文化庁の文化審議会国語分科会（旧国語審議会）である。外国語の話者に日本語を教えるのは「日本語教育」であって「国語教育」ではない。

国語というよびかたの背景には、単一民族、単一言語、単一国家という、現実に合わない排他的な思い込みがある。日本人らしく振る舞いなさいとか、さすがは日本人だとか、日本人の底力などという表現は、日本民族が他の諸民族よりも優れているという共通理解を前提にしている。多くの日本人は、日本語が特殊な言語だと思い込んでいる。というよりも、教育の効果で、そのように思い込まされており、日本語ブームがそれに一段と拍車をかけた結果になっている。ただし、日本人の特殊性は誇るべきものなのに、ナントカ人は特殊であると言えば警戒や敬遠の対象である。

言語がどこで生まれたかについては、多元形成説もあったが、現在では、西アフリカで形成された言語が世界に広まったという考えが支配的である。そうだとすれば、地域ごとに分化したことになるから、特定の言語には、さらにそのもとがあって、現実にはたどることが困難であっても、すべての言語は西アフリカにたどり着くことになる。どれほどの名犬でも、とりえのない駄犬でも、祖先をたどればオオカミにたどり着くようなものである。そのことを考えずに、言語の歴史を川の流れに見立ててさかのぼり、そのもとを確かめるのに全力を傾けたのは、そのように明確に意識していたかどうかはわからないが、天上の高天原に代わるべき日本人の発祥の地を地上に求めたからである。その地を確認しようと考えたのは、日本語が比類なく傑出した言語であり、日本民族が世界で稀に見る繊細で優秀な、すなわち、その意味で特殊な民族であることを確実に裏付けないと気が済まなかったからである。それは、日本語の研究者ではなく、国学者の思考回路の持ち主だからであった。大野晋と本居宣長とが言語について驚くほどそっくりの考えかたをしていることは、「音便」について検討するⅣ章で、実例に基づいて確認する。

特定の言語と特定の民族とを不可分に捉え、その祖先を特定しようとすること自体が研究の方法として成り立たないが、成果に期待をかけた大衆は、そのことを知らなかった。

## ■すべての言語が同じようにすばらしい

日本語とジャングルに住む種族の言語と、どちらが優れているかと尋ねたら、ほとんどの日本人は日本語と答えるであろう。しかし、どちらも同じというのが正解である。語彙の総量にどれだけの差があろうと、その言語共同体のメンバー間の情報交換が正確かつ迅速に行なわれているなら、それで十分である。いちいち調査するまでもなく、同一言語共同体のなかで情報交換が円滑にできない言語など存在しないからである。本論に入るまえにそのことを確認しておく。俗にいう未開社会の言語でも、文明が進めばそれに見合う語彙を加え、複雑な表現を発達させる潜在力《potential》を確実にそなえている。日本語も、その道をたどって現在に至っていることが、本書を読んでいくうちに納得していただけるはずである。

異種の言語間にあるのは、優劣ではなく、体系をどのように運用して情報を伝達するかという方式の違いである。同系の言語なら、その差は親縁関係が近くなるほど小さくなる。遠縁になっても、似たような体系を似たように運用していると想定される。しかし、日本語はそういう言語が見当たらない孤立した言語だというのが世界の関連学界の主流であるといってよいであろう。

日本語が特殊な言語であることは、教育によって植え付けられた共通理解であり、日本語が比類のないすぐれた言語であることを国民の誇りにしたがっているからにすぎない。漢字、平仮名、片仮名を使い分け、同じ漢字でも漢音と呉音とでは語形が異なり、そのうえ、音と訓とがある。こんなに複雑な言語を自由自在に運用できるのは日本人以外にないと自慢してみても、日本語学習者は辟易《へきえき》するだけである。これは教育行政が取り組むべき緊急の課題であるが、日本語そのものよりも、主として文字による伝達手段の問題である。なぜなら、民族主義が先鋭化すれば、独自の日本《ニッポン》文字を作ってそれに切り替えることも可能だからである。もとより、そういう社会になったら息が詰まるし、日本にそのようなことが起こる可能性はゼロであろうが、前節で触れたように、行政が文字体系の切り替えを全面的に実行し、独自の文字体系に権威ある名称を付け、言語までその名称で国家の誇りとしている例もないわけではない。現在の複雑きわまる日本語の書記様式までひとくるめにして日本語をほめたたえる日本語バンザイ、ニッポンバンザイの人たちには、国際的感覚が身についていない。医薬品と同じように、効能があれば副作用がある。副作用に気づかずに乱用すると取り返しがつかなくなる。

## ■日本語の日本語らしさ

日本語独自のすばらしい運用のしかたを解明するのが本書の主題であるが、あとで詳しく説明するように、言語には、それぞれの言語共同体《language community》における円滑な意志疎通を図るために、その言語体系を効率的に運用する精妙な仕掛《device》が組み込まれている。どのような仕掛がどのように機能しているかは、それぞれの言語ごとに異なっており、日本語と同じ仕掛が組み込まれた言語が存在することは指摘されていない。孤立した言語であるから、言語を効率的に運用する仕掛も独自である。

右に仕掛とよんだのは device の訳語である。言語学では装置と訳しているが、可視的でない対象を装置とよぶことは日本語になじまないので仕掛とよぶことにする。

筆者の考える日本語の特色とは、一般に強調されている美点や美徳ではなく、日本語の体系を効率的に運用する仕掛の独自性と、その運用の実態とのことである。どの言語にもそれぞれ独自の体系があり、それを運用するために都合のよい仕掛があって、言語共同体内の円滑な意志伝達を可能にしているのであるから、個々の言語のあいだに優劣の順位などあるはずがない。

本書では、そういう仕掛に焦点を絞った場合に浮かび上がる日本語独自の諸事象に注目し、それらのダイナミックな運用のメカニズムを解明することに主眼を置く。

全能の神によるグランドデザインに基づいて組織だてられたとしか思えないほど、それらの体系は整然と機能している。筆者は、かつて、日本語に潜在するそういう仕掛の巧みな運用を見いだして興奮したが、冷静になったら、これほど精妙なメカニズムの存在とその運用のありかたに気づかずに日本語研究に携わっていたセンスの鈍さが情けなくなった。間違いのもとは、日本語の体系の運用を動的《dynamic》に捉えずに、整然たる静的《static》体系の美しさに見ほれていたからである。筆者の表現が大げさすぎると感じた読者がいても無理はない。なぜなら、筆者が気づいた、日本語だけにしかない運用のメカニズムがどういうものかをまだ説明していないからである。

「吾《あ》が仏、尊し」という古い諺があった。ほかの人たちの持仏と違って、自分の持仏はたいへん尊い、という意味である。筆者の説明がそのようにしか受け取られないとしたら心外であるが、多少とも針小棒大の嫌いがあるとしても、たいへん重要な事実の指摘であることは疑いない。

全能の神を引き合いに出したが、結論を先に述べておけば、そのように巧妙な日本語運用の仕掛のもとを作ったのは、原日本語の話者たちの集団的選択であり、そして、文明の発達に連動して今日までその機能をアップデイトしつづけてきたのは、その時代、その時代の日本語話者たちの集団的選択なのである。集団的選択とはどういう意味であるかは、具体的検討の過程で説明する。

## ■動態としての日本語

日本語を世界の諸言語のひとつとしてその動態を子細に観察すると、これまで見過ごされてきた、情報伝達の媒介としての日本語を円滑に運用する仕掛が見えてくる。

『万葉集』は日本人の素朴な心を詠んでいると感じるのはよいが、その当時の日本語が言語として未発達であったと考えるのは思い違いである。なぜなら、当時の日本語にも、その社会の人びとの意思疎通が円滑に行なえるだけの仕掛が組み込まれており、それを運用していたに違いないからである。これは、いつの時期のどの言語にも当てはまることであり、古代日本語が例外だったはずはない。

自然に囲まれて素朴な生活を送っている人びとは、もっぱら手振りなどで情報伝達を行なっているのだろうと推測するのは当然でもあろうが、実際に調査したら、たいへん複雑な文法組織をもっていたというのは、かつてヨーロッパの言語学者たちが驚きをもって確認したことであり、未開民族未開言語という常識は通用しなくなっている。

日本社会の仕組みが複雑になるにつれて、言語の仕掛もそれに連動して更新されつづけ、現在の日本語になっている。仮に地球に大変動が生じて、文明の産物がことごとく破壊され、生き残ったのが数百人程度の集団だけになってしまえば、語彙は急速に収縮し、小さな規模の語彙を効率的に運用するのに適した仕組みに変わるはずである。非現実的ではあるが、そういう極端な事態を想定してみれば、八世紀の日本語が未発達の言語の単純素朴さを濃厚にとどめていたという前提で考えるべきではない。当時の書記様式が発達の初期段階にあったことは確かであるにしても、道具としての文字や書記様式が文明の進展に連動して発達するのは当然である。

筆者がこれまでに確認できた事柄は、まだその一端に過ぎないであろうが、すでにわかった範囲だけでも、日本語の運用に関わるこれほどまでに大切な事実が、どうして今まで見過ごされてきたのだろうと不思議に思えてくる。

見過ごされてきた理由のひとつは、国語学専門の研究者が数え切れないほどいるのに、言語学の方法に基づいて日本語を研究する日本語話者が、これまできわめて少なかったことである。国語学者は気づかなくても、日本語を研究する外国の言語学者が気づきそうなものであるが、自然科学と違って、言語について、そういう常識が無条件には当てはまらない。

幼児期から自然に身についた母語は、すべてが自然であり、当然でもあるために、これは不思議だ、不可解だ、と立ち止まって考える機会はめったにない。リンゴが落ちる現場を日常的に目にしていても、物体の運動について解くべき問題をかかえている人物でなければ、どうして、どのリンゴも直下にしか落ちないのだろうなどと考えたりしないのと同じことである。

日本語話者でない言語研究者が日本語独自の言語現象を見ても、それを言語学の既存の枠のなかで理解して、その独自性にはなかなか気づかない。たとえば、日本語に［タ］と［ダ］との使い分けがあることには気がつくが、自分の母語と同じように、［ta］の子音は無声破裂音で、［da］の子音は有声破裂音だとしか捉えない。しかし、日本語の場合には、それらの子音が後接する母音と一体になった音節単位で〈清音〉と〈濁音〉という二項対立のセットになっていて、日本語の運用に大きな役割を担っている。そのことにはなかなか気づかないし、日本語話者による研究を参照しても、母語話者としてあたりまえのことが注目すべき日本語の特色であることに気づいていないので、どこにも何も書かれていない。清濁についての詳しい検討は、Ⅲ章まで待っていただきたい。

### ■国語学と日本語学

日本語関係の学会は、限られた領域のものを含めてたくさんあるが、専門的研究だけでなく、日本語についての啓蒙書や、学術とは縁遠い日本語本を書いている人たちの多くも「日本語学会」に属しており、組織の運営にも関わっているので、以下に記すような現状にあることを知っておくことは、日本語に関心をもつ多くの人たちにとって参考になるはずである。

昭和初期から「国語学会」という名称の全国学会が活動を続けてきたが、創立六十周年に当たる二〇〇四年に日本語学会と改称した。国語学の伝統を守ろうと主張して改称に反対し、脱退した骨のある会員もいたが、古くさくなった名称を嫌った看板の掛け替え程度に理解して反対しなかった会員が多数を占めていた。若い世代には、現代語の研究が日本語学で、古代語の研究が国語学だと思っている人たちも少なくない。著書の奥付に専門分野を日本語学、国語学、と併記して、基督教とキリスト教とを併記するのと同じことだという程度にしか認識していない人たちも少なくない。筆者は学会名の改称が話題になるずっと以前から、学会の体質改善を提唱してきた。

国語学が、我が国の言語についての研究であるのに対して、筆者がかねてから提唱してきた日本語学は、日本語を世界の諸言語のひとつとして定位し、近代言語学の方法に基づいて研究する領域である。方法は言語学そのものなのに、日本語学という名称の「日本」を盾にして言語学との厚い壁を温存したのでは意味がないので、過渡的名称だと考えている。

## ■日本語特有の体系運用の仕組み

日本語を構成する諸要因を日本語話者がどのように運用して情報を円滑に伝達しているかを具体例に基づいて解明し、国語学では盲点になっていた、日本語がもつ大切な諸機能の存在と、それぞれの機能がどのように運用されているかを以下の各章で提示する。

このように前置きすると、それは敬語に関することに違いないとか、文法に関わる事柄だろうとか、あるいは、言語類型論《linguistic typology》に問題を広げて、膠着《こうちゃく》語とかSOV型とかいう観点から他の諸言語との類似や共通性を指摘するつもりではないかなどと想像するかもしれない。しかし、筆者が本書で企てているのは、他言語との比較のもとに日本語の特性を明らかにすることではなく、日本語を円滑に運用できているのは、どのような仕掛が体系に組み込まれているからであることを浮き彫りにすることである。日本語と同じ仕掛をもつ言語はほかになくても、それぞれに独自の仕掛があるからこそ円滑に運用できているはずなので、言語間に優劣の差があるはずはない。仕掛とよんでも可視的物体ではないから、その実体を突きとめるには、この言語がこのように運用されているのは、体系にこういう仕掛が組み込まれているからだと推定することになる。その仕掛は、運用されていない状態では機能を発揮しないから、現実に運用されている場を観察してその特性を明らかにする。

## ■翻訳不能な国語学の用語

学校文法を思い出せばわかるように、国文法の用語には難解な漢語がきわめて多く、それが文法嫌いを量産している。古代中国由来のような語感であるが、十九世紀のヨーロッパの学者が中国語には文法がないと判断したぐらいであるから、それらは国産、すなわち、近世の国学者たちによる造語である。国文法は難しいので、ほとんどの生徒に嫌われるようであるが、何よりも問題なのは用語の意味を説明されても理解できないことである。動詞の活用形の名称で、説明なしに意味がわかるのは、終止形と命令形ぐらいであろうが、それらに後接する助動詞があったりするので、わけがわからなくなる。「行か=ない」の「行か」の部分が否定形ならわかるが、未然形だと教えられても、「未然」の意味がわからない。「已然形」の「已然」はさらに難解である。未《いま》だ然《しか》らず、已《すで》に然《しか》り、のセットなのに、活用表では、なぜか大きく離れている。わからないままひたすら暗記するほかはない。

学校教育を根城に命脈を保っている国文法の有用性を疑問視する声が大きくなって、いずれ退場する日が来れば、これらの用語も姿を消す運命にあるが、国語学の用語のなかには、どうしてもわかりやすく言い換えることができないものがいくつかある。いわゆる敬語も、根本から考えなおす必要がある用語のひとつである。たとえば、つぎのような場面を想定してみよう。

画廊で、みすぼらしい風体の人物が小さな絵の前からいつまでも動かないので、ほかの客は見ることができない。係の女性が笑顔で近寄り、深々とお辞儀したあとで、男に話しかけた。

お気に召しましたようで、まことにありがとうございます。お客様、お目が高くていらっしゃいますね。新進のおかたで、まだお名前が売れておりませんので、今ならこのお値段でお買い上げいただけますが、いずれ……

客は、最後まで聞かずに無言で立ち去った。

女性は敬語を連発して邪魔な客を追い出している。この寸劇は即興であるが必ずしも珍しくない手口であろう。係の女性は、この客を尊敬していないし、客のほうも、女性が自分を偉い人間だと思ったとは受け止めていない。場違いだったと気づいて逃げだしたので何事もなく収まっている。

敬語というのはこのように偽善的名称だから改称しようなどと言ったら、日本人の美徳を象徴する美しい日本語を否定するのかと、本気で罵倒されかねないが、日本民族（の誇り）と日本語とを切り離さなければ日本語運用の実体は把握できない。自画自賛の敬語を御破算にすれば、人間関係のありかたを覆うポライトネス《politeness》や語用論《pragmatics》がすでに歴史をもっている。

社会言語学の用語としての politeness は、もっぱらことばづかいが対象である。適切な訳語がないので翻訳せずにカタカナ語で通用している。右の作例は、尊敬するとかしないとかいうことではなく、聞き手のメンツを潰さない言いかたであるから、消極的《negative》ポライトネスに当たる。メンツは中国語「面子《めんつ》」に由来しており、英語では face と訳されている。それに対する積極的ポライトネスとは、話し手の社会的地位を聞き手に認識させて両者の関係を確立しようとすることばづかいである。語用論という pragmatics の定訳は誤解を招きやすいが、具体的場面に即したことばづかいについての研究である。

いわゆる敬語は日本語の専売特許ではない、キッチリとは対応しないが、それによく似た言いかたはすぐそばのコリア語などにもある。

国語学の時代遅れの用語は解体再構築の対象にすべきであるが、なかには、片仮名語を動員してもどうにもならないいくつかの用語がある。清音、濁音、音便、連濁、などがそれである。和英辞典の類を引けば、それぞれに訳語が示されているが、どれも正しい理解に基づいていない。

清音は unvoiced consonant（無声子音）、濁音は voiced consonant（有声子音）、音便は euphonic《ユーフォニック》 change（耳当りのよい音になる変化）、そして、連濁は、筆者の手元の和英大辞典に項目がない。翻訳した人たちが、英語の音韻体系の枠組に当てはめて捉えているからである。筆者が新しい訳語を考えようとしても、これらは英語の音韻体系における子音どうしの単純なセットであるから、Ⅲ章で説明する音節どうしの二項対立である清濁とはまったく異なっており、正しく理解できれば説明することはできても、訳語は工夫できない。これらこそ、日本語にしか確認されていない独自の運用単位であり、日本語を効率的に運用するための仕掛にほかならない。

係り結びとよばれているのは日本語の発達過程において重要な役割を担い、その役割を終えて不要になった過渡的な語法であって、清濁や連声、連濁などのように、日本語の体系が形成された段階から現在まで、そして将来にわたって使用され続けるであろうはずの仕掛として組み込まれた語法ではない。しかし、言語変化を考えるうえで注目すべきであるから、Ⅴ章で詳細に検討する。強意とか、口語的とかいう従来の安直な説明の誤りを指摘し、それに代わる、新しい、というよりも、言語史の観点からは当然というべき解釈を提示する。大野晋『日本語の源流を求めて』のなかに、タミル語との「文法の共通」にあげられた七つの項目の最後に、「日本の古典語には〈係り結び〉という現象があるが、これが古典タミル語に共通にある」と記されているが、実例は示されていない。本格的研究として公表された『日本語の形成』（岩波書店・2000）には、筆者の見落としがなければ、係り結びについての言及がない。遡って、『係り結びの研究』（1993）の終章に、「日本語のいわゆる係り結びと類似の、あるいは等質の文法的現象が、西暦紀元前後のタミル語に見出される」とあるので、すでにその時期からの考えであるが、類似とか等質とかあいまいに表現されている。著者は、どちらも膠着語であることを重視しているが、それをいうならSOV型であろう。簡単な英語の例で考えてもわかるとおり、日本語のように動詞句が文末に来る言語であることが係り結びが成立するための必須条件だからである。

## ■日本語社会における伝達のツールとしての日本語

アヴェロンの野生児やロビンソン・クルーソーのように、ひとりだけ取り残されたりしないかぎり、人間は社会の一員として生活しており、その社会の構成員が共有している特定の言語を媒体として相互に情報を伝達しあっている。

言語は音声器官で調音された音波であるから、視覚でも触覚でも存在を確認することはできないが、人間が社会生活を円滑に営むために不可欠の道具《ツール》である。日本語社会の全構成員は日本語という道具を共有していることによって共同体として円滑に機能している。

日本には古代から、ことばに霊力があるという思想があるので、道具だなどと言ったら、それを重視する人たちに叱られるかもしれないし、道具という語は、有形の器具を連想させる。英語の tool も本来は同じであるが、パソコンなどの普及にともなって無形の手段をさす用法がふつうになったので、日本語の道具のイメージを消すために、ツールとよぶ。

これまでの日本語論のほとんどは、日本人の性向や行動規範、あるいは、それを育んだ豊かで美しい自然環境などと不可分に捉えて論じられてきたし、それが違和感なしに大衆に受け入れられている。日本人とは、日本国籍を有する人たちの総称ではなく、日本が、単一民族、単一言語、単一国家であるという不動の前提に基づいた日本民族をさしている。日本人論や日本語論は、すべての日本人が等質であることを前提にしている。政治家は、日本人は勤勉だから、日本人は器用だから、などと平気で口にするが、特定の言語の優劣や特殊性などを論じるとしたら、その言語の運用効率を中心に総合的に査定すべきである。しかし、そのような評価は、事実上、不可能であろうし、優劣の差がないことは、査定するまでもなく明らかである。

# Ⅰ章　ニホンとニッポン

伝統的国語学は、近世国学を継承して日本語の独自性を強調し、近代の言語学に背を向けてきた。また、文法以外の領域を傍系の特殊な研究と見なしてきたために、言語研究の体をなしていない。この章では、主として音声学や音韻論の基礎的知識の重要さを認識するために、日常の身近な事例を取り上げて解説する。

■ニホンとニッポン

法律に明文化されてはいないであろうが、日本では、漢字表記が正式名称であるという伝統が定着しているので、口に出す形は便宜的に使用するにすぎないという位置づけになる。「かな」の起源は仮名《かりな》だとされているが、その位置づけは現今でも意識の奥に潜在している。もはや死語かもしれないが、仮名に対して漢字は本字、すなわち、正統の文字とよばれていた時期もある。

「日本銀行」を「目木銀行」と書くことは許されないが、ニホンギンコーは誤りでニッポンギンコーが正しいと主張する法的根拠はないはずである。「秀生」は「英男」ではないが、親がヒデオと名付けても、出生届に振り仮名がなければ、ヨシオとかシューセイとか名告《なの》ることは本人の自由である。マサオと名告っても根拠を説明する義務はない。

紙幣の表面には「日本銀行券」、「日本銀行」と印刷されているが、これだけでは読みが確定できない。千円紙幣以外のホログラムに、とても小さい「NIPPON GINKO」があるが、裏面には大きく「NIPPON GINKO」と印刷されている。外国人にニッポンと読んでほしいのかもしれない。郵便切手にも、「NIPPON」と「日本郵便」とが併記されている。しかし、日本語と同じ［ッ］を聞き分ける言語はめったにないので、たいていニポンとしか読んでもくれない。漢字表記でなければ仮の国名だということなら、口にするときはニホンだろうとニッポンだろうと、どちらでもかまわないことになる。
国際試合に参加するニホン選手のユニフォームにはNIPPONと書いてある。NIHONを見た覚えはない。日本語の生得話者《native speakers》なら理屈抜きにそれが当然だと感じるはずである。なぜなら、NIPPONなら必ず勝つと確信できるが、NIHONでは勝ち目がないからである。観衆もニッポン、ニッポンと絶叫する。しかし、英語圏に出かけて、Where are you from?（どちらから?）と尋ねられたら、From Japan. と答えるであろう。From Nippon. と胸を張っても、英語には小さな［ッ］に相当する音がないので、話し手がこの語形に込めた誇りを感じ取ってくれるはずはない。ニッポンがニホンを強く、また誇らしく印象づける語形であることは、ニホン語話者だけの感覚なので、他言語の話者にはつうじない。NIPPON GINKOに権威を感じ取るのは、事実上、日本語話者ぐらいのものである。

韓国の応援団は日常的に使用するハングㇰではなく、正式の国名、デアン#ミングㇰ（大韓民国）を連呼する（「#」はポーズ《pause》）。心理的効果は前者がニホンに対応し、後者がニッポンに対応するが、我々は強いぞと印象づける方式がまったく異なっている。

以上の検討の結果から明らかなように、ニホンは日本語話者にとって特別の情緒を喚起しない国名であるのに対して、ニッポンのほうは、（我々の）りっぱな国、誇らしい国という含みをともなっているので、両者は等価ではない。そして、これらふたつの語形を、はっきり言い分け、聞き分けるのは、この無音の持続を一音節相当として認識する言語の話者だけなのである。無音の持続をとらえることは語頭にも語末にもありえないから、前後に必ずふつうの音節がある。

この［ッ］は促音とよばれている。ニッポンでは両唇が閉じているので無音であるが、アッサリでは呼気が狭い隙間を摩擦して通るので［s］の音が、また、ネッシンでは［ʃ］の音が持続する。ふつうに発音すれば促音の持続は、一音節分の時間であるが、語の意味を強調する場合には、不自然になりすぎない程度まで持続することができる。伸縮自在であるから拍《はく》という単位は当てはめにくい。

衣服にたとえるなら、ニホンは普段着であり、ニッポンは礼服であるから、どちらか一方だけでは生活できない。したがって、大韓民国と韓国、中華人民共和国と中国、United States of America とUSA というように、国名には公的呼称のほかに略称があるのがふつうであり、場面に応じて使い分けられている。どちらが正しいのかという質問には、使う場面の違いによる適否を説明すればよい。

ニホンとニッポンの場合、語形変化の類型に当てはめて説明するのは困難である。「日」字の音はジツ（漢音）またはニチ（呉音）である。文献にはジッポンも出てくるが、直接に関わっているのはニチである。

## ■キリシタン文献の NIFONとNIPPON

十六世紀に布教の目的でポルトガルから渡来したイエズス会の宣教師たちは日本語の書籍をいろいろ出版している。そのなかに『平家の物語』(1592)、『エソポの寓話集《ファブラス》』(1593)、そして、漢籍に出典をもつ格言を集めた『金句集』(1593)の三部を、その順で一冊にした本がロンドンの大英図書館《British Library》に収蔵されている。幸運に恵まれて残った孤本である。ここでは、前二者(p.52,53)を取り上げる。

『平家の物語』(以下、『平家』)も『エソポの寓話集』(以下、『エソポ』)も、扉は、図版中央の口絵を挟んで、ポルトガル式に基づいて工夫したローマ字綴りでその本の趣旨を簡略に説明し、口絵の下には天草学林で出版するとあり、出版年次がローマ数字で記されている。

### ◆『平家の物語』扉 上段

NIFON NO / COTOBA TO / Historia uo narai xiran to / FOSSVRV FITO NO TAME- / NI XEVA NI YAVARA GVETA- / RV FEIQE NO MONOGATARI.

にふぉん《日本》の ことば と Historia を 習い 知らん と 欲《ほっ》する ふぃと《人》 の

ため に しぇわ《世話》 に やわらげた る ふぇいけ《平家》 の 物語

○ここでは国名表記 NIFON に注目しておいて、『エソポ』の対応部分と対比しながらあと

NIFON NO
COTOBA TO
Historia uo narai xiran to
FOSSVRV FITO NO TAME-
NI XEVA NI YAVA RAGVETA-
RV FEIQE NO MONOGATARI.

IESVS NO COMPANHIA NO
Collegio Amacusa ni voite Superiores no go men-
qio to xite core uo fan ni qizamu mono nari.
Go xuxxe yori M.D.L.XXXXII.

天草版『平家の物語』扉　大英図書館蔵

ESOPONO
FABVLAS.
Latinuo vaxite Nippon no
cuchito nasu mono nari.
IEVS NO COMPANHIA NO
Collegio Amacuſani voite Superiores no gomen-
qiotoxite coreuo fanni qizamu mono nari.
Goxuxxe yori M.D.L.XXXXIII.

天草版『エソポの寓話集』扉　大英図書館蔵

で考える。〇十六世紀には、ハ行子音が両唇摩擦音、すなわち、呼気が両唇をこすりながら出る音であった。ポルトガル語の［f］は、現代英語などと同じ、上の前歯と下唇で調音する唇歯《しんし》摩擦音なのでズレはあるが、［ホ］は［fo］で置き換えても不都合を感じない。しかし、同じくハ行音でも現代語の［ヒ］はさらに変化して〈きしみ音〉になっているので［fi］とは程《ほど》遠い感じである。〇historiaはラテン語。〈過去に起こったことについての叙述。お話し〉。日本語の「歴史」よりも堅苦しくない。〇「世話に和らげたる」とは、日常のことばにやさしく言い換えた、ということ。この文献は話し手と聞き手とが対話する形式に書きなおされている。

## ◆『平家の物語』扉　下段

IESVS NO COMPANHIA　NO / Collegio Amacusa ni voite Superiores no go men- /
qio to xite core uo fan ni qizamu mono nari. Go xuxxe yori　M.D.L.XXXXII.

イエズスの COMPANHIA の Collegio 天草《あまくさ》 に　おいて Superiores の御免
許として　これを　ふぁん《版》　に　刻む　もの　なり。　御　出世《シュッシェ》　より　1000+
500+50+10×4+1×2（=1592）

〇IESVS NO COMPANHIA はキリスト教の〈イエズス会〉。〇Collegio Amacusa は〈天

草学林〉。○「版に刻む」は木版についての用語。この本は活字印刷であるが、日本人に理解できる表現にしてある。「御出世」はイエス様の御生誕。○ローマ数字。1592（年）。

## ◆『エソポの寓話集』扉　上段

ESOPONO /FABVLAS. / Latinuo vaxite Nippon no /cuchito nasu mono nari.

○ESOPONO FABVLAS は『イソップの寓話集』。VとUとは同一文字の異体。大文字はVだけ。小文字では語頭や複合語の後部成素の最初ならvを当て、そのほかの位置にはuを当てている。ちなみに、ラテン語のアルファベットにWはなく、後世、Vをふたつ並べて作られたので、英語やフランス語では、この文字を、「ダブルのU」とよんでいる。○fabulasは英語の fables。日本語の寓話。○Latinuo vaxite Nippon no cuchito nasu とは、ラテン語をわかりやすく日本の口頭言語にする。『平家』では NIFONであったが、こちらは Nippon になっている。その理由は、一冊目冒頭に通用の国名を出し、二冊目冒頭で正式の国名を出したと簡単に説明できそうであるが、最初に正式の国名を出すのが常識ではないかと反論が出たら水掛け論になってしまう。こういう場面こそ、筆者が強調する、どうして？の出番であるが、速戦即決で片付けずに、下段まで読んでみよう。

## ◆『エソポの寓話集』扉　下段

ＩＥＶＳ NO COMPANHIA NO / Collegio Amacusani voite Superiores no gomen- / qiotoxite coreuo fanni qizamu mono nari. / Goxuxxe yori M.D.L.XXXXIII.

○末尾の出版年次が『平家』の翌年、1593年になっていることを除けば、あとのことばは『平家』と同じである。ただし、大きな問題がふたつあるので、節をあらためて考える。

### ■IESVSとＩＥＶＳ

下段の最初に出てくる語が『平家』ではIESVSなのに、『エソポ』ではＩＥＶＳで、Sがひとつ少ない。尊い「イエス」キリストの名を宣教師たちがふたとおりに書き分けたとは考えにくい。だとすれば、ＩＥＶＳはミスプリントと見なさざるをえない（と思われる）。

念入りに書いた論文の肝心な個所に思わぬミスプリントがあるのを発見してショックを受けた経験のある研究者は少なくないであろう。『エソポ』にはミスプリントがきわめて少ないが、人間の仕事に絶対はない。筆者は、以前の著書で、このＩＥＶＳを例にして、誤写やミスプリントは不可抗力に近いと思って書記文献を扱うべきだと書いたことがある。しかし、これ以外に考えようがない、と思ったときには、必ず、現在の自分には、を付け加えて宿題にすべきである。

グーテンベルクが活字印刷を始めてから百五十年余を経た印刷物でも組版技術は素朴であるが、あらためて見なおすと、『エソポ』下段のＩＥＶＳは字間が広すぎるように見える。この行末に次行の　Collegio　を繰り入れるのは無理であるが、それにしても間が抜けるほど字間があいている。

きわめて稀ではあっても人間の仕事である以上、避けることのできないミスプリントであるという私見を述べてしまったばかりに、不安になって広い字間のＩＥＶＳが頭にこびりつき、ときどき思い出してはほかの可能性を考えているうちに、この文献の本質を正しく捉えていなかったことに気がついた。

キリスト教の同一会派による継続出版物であるから、会派の名称は、当然、同じ綴りでなければならないはずだ、まして、キリスト教の宣教師が、事もあろうに主イエスの名をふたとおりに書くはずはない、と決めてかかっていたために、どちらかを、ということはＩＥＶＳをミスプリントと認めざるをえなかったが、次節で明らかになるように、『平家』が、日本で布教するために必要な日本語の基礎編であるのに対して、『エソポ』は布教の実践編であるから、説教をする場でも、信者と親しく話をするときも、そして、信者の告白を聞いて適切なアドヴァイスをする場でも、信者との心理的距離を縮めるために、イエズス様よりもIEVS［ieus］様↓［ies］様を使うのがよいという配慮から、注意を喚起するためにわざわざ字間を開けて示したのではないかという解釈に到達した。扉に書いてあるのは、主イエスキリストの名ではなく、会派の名称であるが、右の推定はそのまま当てはまるであろう。『平家』のほうは、第一部の巻頭に会派の正式の名称を記したという以上の説明を必要としないであろう。このように考えるなら、基礎編に当たる『平家』にインフォーマルな国名の NIFON を示し、実践編に当たる『エソポ』にフォーマルな国名の NIPPON を示していることと矛盾しない。

### ■『平家の物語』と『エソポの寓話集』との関係

『平家』にも『エソポ』にも、それぞれ多くの詳細な研究があり、複数の複製本も総索引も個別に刊行されているが、たいへん残念なことに、これら二冊を不可分のセットとして捉えたものが見当たらない。『平家の物語』と『エソポの寓話集』との内容は無関係であるが、キリシタン版は『平家』のあとに『エソポ』が置かれて、ページづけはそのまま続いており、『エソポ』のあとに、「この平家物語とエソポの寓話集のうちの分別《ふんべつ》しにくきことばの和らげ」が添えられている。掲出された個々の語句がどちらから採られたのか区別されていない。注目すべきは「この」である。なぜなら、「この」は、『平家』と『エソポ』とをひとまとめにさしているからである。〔『日本語書記史原論』補訂版・総説〕

『平家』の扉には「ニホンのことばと historia を習い知らんと欲する人のために世話に和らげたる平家の物語」（前引）と記されている。要するに、日本語と日本文化との学習書である。そのつもりで図版を見ればわかるとおり、先行する名詞から助詞を切り離しており、これに続く本文も同様に処理されている。これは初心者向けの配慮である。「世話に和らげたる」とは、原典の難しい叙述を日常会話の平易な問答体に改めたということである。その実践として、当時の〈乱れた日本語〉が、おそらく意図的に、交えられている。実際、庶民の会話には古めかしいことばやしかつめらしいことばでなく、当代の言いかたがふつうに使われていたはずだからである。そして、もっと大切なことは、この本で日本語を学習するのは宣教師だったことである。彼らの重要な任務のひとつとして、懺悔をよく聞いて適切なアドヴァイスをすることが含まれている。犯罪を犯したりするのは得てして下層階級に多い。お上品な日本語しか理解できないようでは牧師の責務を満足に果たすことができなかった。

『平家』と『エソポ』との、扉の下段の文章を比較すると、ローマ数字の出版年次が一年違うだけで、文章がまったく同じである。しかし、『平家』では助詞や接頭辞「御」などが名詞と切り離されているのに対して、後者ではそれらが名詞とひと続きになっている。それは、一年の間に編纂者の日本語が上達して、自然な切りかたができるようになったからではない。

『エソポ』では扉の裏に「読誦《どくじゅ》の人へ対して書す」という序文があり、そのなかに、まともな教えを聞かされるとウンザリするので、興味をもてる話を集めてこの寓話集を出版する。果樹には果物がなるから枝葉《えだは》を無用と思わないのと同じことだ、という趣旨のことが書かれている。短い寓話をたくさん覚えて、説教をおもしろく聞かせる材料として使えるように、ということである。『平家』と違って、『エソポ』には日常語で新しい言いかたになっていた語形やことばづかいが出てこない。宣教師が下品な語形やことばづかいで人間《ひと》の道を説いたりしたら、神様の権威まで疑われかねないからである。

以上、駆け足の説明を試みたが、これだけでも、二冊が不可分のセットであって、『平家』は〈基礎編〉であり、『エソポ』は〈実践編〉であることの証明になるであろう。日常的に使う国号NIFONが〈基礎編〉に出てきて、日本人のプライドを尊重したNIPPONが実践編に出てくる理由も、また、日本語話者が言いやすく、日本語になじみやすい語形に変形されたIEVS（イエス）が実践編に出てくる理由も説明できたことになる。

日本語研究に携わってきたひとりとして淋しく思うのは、この分野を研究の中心的対象としている人たちが、扉の文章や表記をまともに検討せず、おそらく内容がまるで違うという理由でこれら二冊をたがいに独立の存在とみなし、どちらか一方だけの研究に全力を投入してきたことである。

従来の諸研究に敬意を表しながらも、やるせない物足りなさを感じるのはそのためである。

## ■中国語の音節構造

日本語の基底である和語の音節構造の基本は単純の極致ともいうべきCV、すなわち、ひとつの子音《Consonant》にひとつの母音《Vowel》がその順で結びついた形であるが、日本語の語彙に大きな比重を占める漢語のもとになった中国語漢字音は一語が一音節なので、和語の対極ともいうべき複雑な音節構造をもっており、つぎのようにIMVF/Tという式《formula》で表わされる。ただし、日本語にも、母音だけの音節があるように、VとT以外の構成要素は、すべての漢字の音に必ず全部そろっているとは限らない。

I……Initial consonant　頭子音
M……Medial　介音
V……main Vowel　中心母音
F……Final consonant　末音（またはE……Ending）
T……Tone　声調

たとえば、「東」字の音[tuŋ˩]は、I=t、M=ゼロ、V=u、F=ŋ、T=˩（平声・低平調）

でtuŋ˥となる。筆者自身、学部学生のころから中国漢字音に関心をいだき、ある水準までは到達できたが、いちばん厄介だったのはひとつひとつの漢字の声調を覚えることであった。その後、この分野から遠ざかるにつれて、まず声調があやふやになって口に出すのが億劫《おっくう》になり、数十年を経た現在、残っているのは理論だけである。覚えるのに苦労した順に忘れてゆくことがわかった。ただし、具体的場面では、声調や子音の有気、無気の別など、かなりデタラメでも、ある程度は通じることを付言しておく。

日本語が和語だけであった段階に鎖国をしておけば、こういう厄介な言語に苦しめられずに済んだし、漢字を際限なく覚える必要もなかった。しかし、CV型の音節では、区別する音の種類を増やしたり、アクセント体系を複雑にしたりしても、現実に使用する言語としてはおのずから限界があるし、和語だけで語彙を増やしたらバカ長い多音節語が増えて、伝達の媒体として役立たなくなるので、音節構造を複雑化せざるをえなくなったであろう。

外来語は侵入してくるのではなく、必要な語を選択して取り入れるのである。

ダイアモンドの鉱脈が見つかれば、どんな奥地や砂漠のなかでも鉄道を敷設するのと同じように、大きなメリットがあれば、言語の障壁を乗り越えて高い文化を吸収しようとするのが人間である。古代の日本でも、早い段階では一部の人たちが中国の言語や文字をナマで習得し、多くの人たちは中国語話者と接触せずにそれを学んだはずである。漢字は形（字形）、音（語形）、義（意味）という三種の要因をそなえているが、中国語話者と接触する機会がない大多数の人たちが正確に覚えなければならないのは〈形〉と〈義〉とであって、〈音〉は日本語話者どうしでつうじるだけで十分であった。

漢語の語形について考えるためには、音声学や音韻論をひととおり身につけていないと、なにがなんだかわからなくなる。ただし、ここで漢字音に深入りしたら先に進めなくなるので、さしあたり、中国語の音節構造がたいへん複雑であることだけでも頭に入れておいていただきたい。

中国語は英語に似ているなどと俗間に言われているが、「我愛你」、I love you. と、語順がどちらもS（主語）・V（動詞）・O（目的語）型だという程度のことであって、英語の音節を式として一般化することはできないし、中国語の音節構造が複雑だというなら、英語のほうは乱雑で図式化などとてもできない。

日本語には十一世紀末までに五列十行の〈五十音図〉が作成されており、中国では七世紀初頭に、韻で分類した韻書『切韻《せついん》』が編纂され、後に、それを表にまとめた《韻図》が作られている。〈韻〉とはIMVF/Tの末尾、F/Tの部分をさす。代表的な韻図のひとつ『韻鏡』は横二十三行、縦十六列の四十三枚の表で構成されている。たった五列十行の表に収まる五十音図とは比較にならない。ただし、体系的にブランクになる欄のほかに偶発的《accidental》にブランクになっている欄も少なくない。

日本語話者にとって大切なのは、中国語からの借用語に基づく漢語でも、英語に基づく外来語でも、日本語とたいへん異なる音節構造と語音配列則の特徴をとどめているので、できるだけ和語の音韻体系になじむ形に近づけても、もとの言語の特徴が歴然と残るので、和語か漢語か、それとも、英語その他、ヨーロッパの諸言語からの借用語かを高い確率で反射的に判別できる。あとであらためて取り上げるが、そのことは、日本語を効率的に運用するうえでたいへん大きなメリットになっている。

コリア語は日本語なみに漢語を取り入れているが、固有の語と漢語との音節構造が重なっているために、日本語のように直覚で判別するのは困難である。民族主義が高揚して漢字を捨て、世界に誇るハングル専用にしたことによって生じる文化文明の停滞は時間の推移につれて深刻になる恐れがある。そのことを真剣に憂慮する人たちが少なくないことを筆者は直接、間接に知っているが、国粋主義の時流に逆らうことには限界があることを痛感させられる。日本にはそれとまったく同じ問題は生じないが、美しい日本語の幻想に浮かれて外来語を毛嫌いし、行政がそれを後押ししたりすると、日本語の運用効率を著しく損なう危険が生じる可能性があることを認識すべきである。

日本の場合には、中国語からの借用語を漢語として手なづけ、その類型に基づいて独自に作った漢語をも含めて和語とならぶ日本語として認識しており、一方には英語からの借用語を美しい日本語を破壊するカタカナ語として観念的に毛嫌いする風潮がありながら、必要な語、有用な語は適宜に取り入れているので、隣国と同じ深刻な問題を抱える状態に陥るおそれはないが、地名人名が野放し状態になっており、音と訓とだけでなく、わけのわからない無理な読みかたまで無秩序に入り乱れているので、友人知人でも、下の名前の読みかたに自信がない場合がしばしばある。こういう状態はきわめて異常だという認識をもっている人はほとんどいない。中国語も、簡体字を普及させているのに地名人名が治外法権になっていることは日本と同じである。ただし、原則として一字にひとつの読みかたしかない分だけ、はるかにマシである。漢字に音と訓とがあることを日本人の知恵として自慢しても、副作用を放置すると収拾がつかなくなる。

■ **聞こえない［ッ］・聞こえる［ッ］**

仮名を覚えたての幼児が、「とてもおいしかたです」と書くと、母親が、「ここに〈っ〉を入れなきゃ」、と注意するが、こどもはその意味がすぐには理解できない。なぜなら、オイシカツタなどとは言わないからである。母親が、もういちど、「ここに小さい〈っ〉を書くのよ」と教える。［カ］と［タ］との間にはなにも聞こえないが、幼児には日本語の感覚がすでに身についているので、［tsu］ではないが、そこに一音節のナニカがあることは感じ取っているので、この戸惑いは短期間で解消する。なぜなら［ッ］とはアレのことだと覚えてしまうからである。母親自身も幼時にそれと同じ過程で［ッ］を覚えたことなど記憶していない。

［ニッポン］の［ッ］を単独には発音できない。［ni］のあとに続く［p］を予期して唇を閉じ、そのまま呼気を解放しないでいると喉頭の緊張を感じ取ることができる。ニッポンの［ッ］は喉頭が閉鎖したまま持続するので何も聞こえない。

耳に聞こえない一音節相当の時間の空白になぜ［ッ］を当てるのだろう、いったい、いつ、だれが、そんな方式を考え出したのだろうと疑問をいだくことは、まずないし、そんなことを知らなくても、日本語社会で日常生活を送るうえでなんの不自由もない。「か」や「ほ」の仮名の右上に点を二つ付けるとなぜ［ga］や［bo］になるのかなども同様である。〈『日本語の音韻』〉

呼吸をしていても空気の存在を意識しないのと同じように、ことばも、日常生活では何と言おうかなどといちいち考えずに口を衝いて出るのが正常の状態である。日本語ブームの後遺症として、日本語神経症にさせられて、「踏切注意」は誤りで、「電車に注意」が正しいのではないかと本気でお伺いを立て、文法の専門家らしき人物がもっともらしい解答をしたりしているのは愚の骨頂である。日本語を言語学の立場から研究して適切なアドヴァイスをするためには、ことばを使っているだけではなかなか気づかない諸事象を捉えて解析できる能力がなければならない。なによりも、それぞれの事象を日本語の体系のなかに位置づけて事柄の本質を解明する必要がある。

日本語が特殊な言語であるとか、他の諸言語よりも一段と優れた別格の言語であるとかいう根の深い俗信を捨てなければ日本語のほんとうのすばらしさを理解することはできないことを、本書を読み進むにしたがって悟っていただきたい。

日本語など掃いて捨てるほどありふれた言語だなどと筆者は毛頭考えていない。それどころか、その魅力に取りつかれて何十年も過ごしてきた人間である。ただし、そういう魅力は他の諸言語にも同じようにあるはずであって、諸言語のあいだにランクなどはない。人間にとって言語はかけがえのないすばらしいツールなのだということを読者に理解してほしいと願っているだけである。

促音についてはすでに説明したが、詰まる音という呼び名のほうが日本語話者には感覚的に理解しやすい。［tsu］（中世末まで［tu］）とは似ても似つかない音を［ッ］で表記していることにはどういう根拠があるのであろうか。こういう事象を研究する領域を音素論《phonemics》という。

ニホンのンは［n］、ニホンマツのンは［m］、ニホンゴのンは［ŋ］、ホンヤのンは鼻母音というように、多くの言語で区別して使われる鼻音を日本語では聞き分けないで同じ音として認識し、〈撥音〉または〈はねる音〉とよんでいる。

日本語話者の耳が鈍感だからではなく、人間は、区別する必要のない違いを聞き分けずに運用する能力を備えているからなのである。英語のcoming, goingをカミング、ゴーイングとグを付けないと［ŋ］であることを認識できないのはそのためである。はるか以前のこと、アメリカでタイ料理をご馳走になったとき、細くて黄色い不思議な野菜が入っていたので、名前を尋ねたら、ヤンコンですという。ちょっと戸惑って、なんだ、ヤングコーン《young corn》かと、頭のなかで［g］を補って理解したことを覚えている。英語を話しているつもりで、一瞬、母語の耳に切り替わっていたのである。母語の根強さを痛感した一瞬であった。

どの言語も、効率的に運用しやすいように体系づけられている。本来、人間の脳は複数の言語を話すようにはできていないのであろう。原始社会ではそれでよかったが、グローバル化が進むと、こういう問題が必然的に生じることになる。本書で音素論をまともに扱う余裕はないが、言語音の運用を理解するうえで不可欠の知識である。現今では、音素論を独立の領域とせずに、言語音に関わる研究を統合して音韻論《phonology》とよんでいる。〔『日本語の音韻』〕

### ■分節、〈モーラ《mora》〉、または〈拍《はく》〉

あくびや悲鳴、あるいは、鳥や動物の鳴き声と人間のことばとの大きな違いは、分節《articulate》して、すなわち、音節で区切りながら発話されることである。一般に、音節は、母音だけで、あるいは、一個の母音と一個またはそれ以上の子音とを結合して形成される。ちなみに、〈子音〉とは consonant の訳語である。con は〈〜といっしょに〉、sonant は〈母音〉。合わせて、〈母音と結び付いて発音される音〉という意味である。たとえば、語として con/so/nant は三音節、vow/el は二音節である。

それぞれの言語によって音節の形成のしかたはさまざまである。前述したように、中国語は一語が一音節で IMVF/T の構造であり、英語では street も strength（力《ちから》）も母音がひとつでそのほかは子音であるから単音節語であるが、英語に音節構造の一般式《formula》はない。日本語にも英語にも［s］、［t］、［r］はふつうに使われているが、日本語に子音の連続はない。ただし、①母音だけの音節は CV の C がゼロであると見なす。②［ja］（ヤ）、［ju］（ユ）、［jo］（ヨ）の音節頭の半母音［j］は C とみなす。③拗音《ようおん》音節［kja］（キャ）、［kju］（キュ）、［kjo］（キョ）の［j］は、独立性がないので［kj］で C とみなす。［j］は中国語の介音（M）に当たる。母音で終わる音節を開音節、子音で終わる音節を閉音節とよぶ。ちなみに、strength は CCCVCC で一音節の閉音節である。ng［ŋ］と、th［θ］とは二字で書くがどちらも単音である。

外国語として学習されることの多い先進諸国の言語と比較すると、CVという単純きわまる構造の音節を基本とする日本語は特殊な音節構造をもつ言語のようにみえるが、たとえば、ハワイ諸島の島名や地名などを見ると、オアフ島、ワイキキ、ヒロ市など、その一帯には簡単に仮名に置き換えられる地名がたくさんある。カメハメハ大王などという人名も日本語話者には楽に記憶できる。ハワイ語がほぼ東端になるオーストロネシア語族は太平洋からマダガスカル島にまで広がっている。だから日本語の源流はオーストロネシア語族なのだという主張は短絡であるとしても、古い時期に、それらの言語の話者たちと濃厚な接触をもっていた可能性は否定できないであろう。ただし、(CV)n（nは1以上の自然数）を主とする言語はオーストロネシア語族に限らない。南北アメリカ大陸には原住民族の言語に由来すると思われる(CV)nの地名が少なからずあるし、ラテン語系のイタリア語、スペイン語、ポルトガル語などにも(CV)nの語形がとても多い。

筆者が、導入的なこの章で音声学や音韻論《phonology》の初歩的な知識を確認し、特に日本語の音節がCVという単純すぎてすぐにでも発達に行き詰まりそうなみすぼらしい構成の開音節であることを強調したのは、次章以下で取り扱う清濁の二項対立や連濁、音便など、日本語独自の音節運用が、そういう救いのなさそうな音節構造の弱点を逆に利用して発達したものであることや、単純な音節構造であったからこそ、複雑な音節構造の漢語や英語などからの借用語を大量に導入しても同音衝突を回避して豊富な語彙を効率的に運用できるのだということをあらかじめ指摘して、日本人の、ではなく、知恵のあるヒト《ホモ　サピエンス》のすばらしさを再確認しながら読んでほしいからである。

■**和語の語音配列則**

英語には日本語の［キャ］や［キョ］などの音がないので、東京は［tokio］、京都は［kioto］になる。そのうえ、日本語はsing-song accentという別称があるように、歌を歌うような高低《pitch》アクセントであるのに対して英語は強弱《stress》アクセントであり、東京も京都（［io］は複合母音になる）も第一音節を強く発音するので、日本語とかなり違った印象になる。ロシア語には日本語の拗音と同じ音があるが強弱アクセントである。

前項で指摘したstreetやstrengthの［str-］などのように、個々の音を比較すれば同じであっても、それぞれの言語によって他の音との結合のしかたが同じではない。どういう音をどのように組み合わせて語を形成するかはそれぞれの言語ごとに決っている。そういう組み合わせの規則がその言語の〈語音配列則《phonotactics》〉である。内容をまったく理解できない外国語を聞いて、ドイツ語だとか、フランス語だとか、中国語だとか、コリア語だとか判別できたり、中国語の方言のようだと推定したりするカギは、いろいろあるが、それぞれの言語の語音配列則の特徴によるところが大きい。

## ■長母音と短母音との中和

和語はCV音節を基本にしているので、和語で作られた俳句や和歌なら、指を折りながら音節数を確かめることができる。漢語も、一字の音を一単位とみなして、以心伝心、雨天順延、天真爛漫、商売繁盛と、指を折ることができる。しかし、たいていの言語には、子音の鈴《cluster》なりや二重母音が随所に含まれていたりするので、そのような数えかたはできない。日本語で数を順に数えると、イチ、ニー、サン、シー、ゴー、のように、どれも二音節分の長さになる。電話番号などもサンゴーニーハチになる。

［タカキヤマ《高き山》］の高さを強調するのに［カ］の母音を任意に延ばすような表現のしかたなら文献時代以前からふつうだったであろうが、現代語の［トル《取》］と［トール《通》］とのように、短母音と長母音とを意味の違いで使い分けるようになったのは、すなわち、長母音と短母音とがセットとして音韻体系に組み入れられたのは、およそ十六世紀から十七世紀にかけて、［au］が、欠伸《あくび》が出そうなときのようにすこし口の開きが大きいオーを経て、現在と同じ、狭い［オー］になり、また［eu］は、直接、現在と同じ［オー］に変化して、すなわち、

カカウ（書かう）も、やはり、欠伸口の「オー」を経てカコーになり、また、キヨウ（着よう）のヨウは直接にヨーになったためである。これら一連の変化は和語だけでなく漢語にも生じて、その分だけ中国語原音との距離が大きくなっている。

五十音図の枠外にある促音、撥音、長音は国語学では特殊音節とよばれて別扱いになっている。促音、撥音と違って、長音は、音韻変化によって新しく生じた音素であるという事情があって、特に外来語では、ビルとビールのように確実に機能している場合と、そうでない場合とがある。

コンピューター《computor》、コンディショナー《conditioner》など、英語のスペリングが or または er で終わる外来語は、末尾に長音符号を付ける伝統があったが、近年はそれをつけない書きかたも多くなり、一九九一年の内閣告示「外来語の表記」では、「慣用に応じて「ー」を省くことができる」となっている。自然に口にしてみると、長母音とも短母音ともつかない中途半端な長さである。それは、このような語形では、語末が長母音でも短母音でも意味の識別に無関係なので、対立が中和《neutralize》されるからである。筆者の感覚では、コンピュータときちんと切ると寸足らずに感じ、意識してコンピューターと延ばすと冗長に感じる。ただし、短い語形の場合は、文脈があっても、バッタ《batter》と書くと虫を連想するし、ピッチャ《pitcher》と書くと雨降りのような感じになるので長音符号が不可欠である。ただし、口頭なら中和された半端な長さで伝達に支障はない。要するに、語形《word form》ではなく、片仮名の綴りだけの問題である。

外来語の長母音には、もうひとつ顕著な特色がある。それは、縮約される場合に優先的に削除されてしまうことである。ロケーション《location》・ハンティング《hunting》（映画撮影に適する場所探し）＞ロケハンなどは相当古い和製英語のようである。現今でも、パーソナルコンピューター＞パソコン、エアーコンディショナー＞エアコン、エンターテインメント《entertainment》（娯楽）＞エンタメ、スマートフォン＞スマホのような縮約形が自由に作られて普及している。CV音節で置き換えると長くなり過ぎるための縮約であろう。もとの英語に長短母音の使い分けによる意味の識別がないので、延ばそうと縮めようとコチラの自由である。

英語の母音はそれぞれの語によって長さが一定しないが、短母音と長母音との二種にして意味の区別に役立ててはいない。そのために、英語話者は、練習して使いわけを身につけないとビルを飲んだりすることになる。

大場さんという若い女性がアメリカに住むことになって、隣人たちに［o:ba］ですと自己紹介したが、みんな［obasan］とよぶのでOhbaと書いて見せたが効果がない、とこぼしていたとのことである。彼女の下《くだ》した結論は、アメリカ人は耳が悪い、だったという。出来すぎた話のようで真偽を保証できないので、おまけを付ければ、この女性は日本語の耳で［obasan］をオバサンと聞き取って腹を立てたのであろうが、英語の耳ではオバーサンでもありえたことに気づいたであろうか。トラブルのもとは、彼女が日本の習慣のまま苗字で自己紹介をしたことであった。

英語話者が長短の母音を聞き分けられないのは、さきに述べたように、人間が、意味の違いに役立たない音の違いを聞き分けない、というすばらしい能力を早い時期から身につけているからなのである。日本語話者が、［l］と［r］との違いを聞き分けない能力を、言い換えるなら、違いを無視する能力を完全に身につけたあとで他の言語を覚えようとすると、その貴重な能力が裏目に出て、何年経っても right と light とを聞き分けることができず、スペリングで見分けるほかなくなってしまう。

## ■言語の運用規則

ことばを話す目的は相手に情報を伝達することである。そのためには、音声器官によって作り出した言語音を、その言語の独自の規則に従って組み合わせ、意味のある語句を作って、その言語の規則に従って配列し、それぞれの語を分節《articulate》しながら連続的に送り出し、受け手は、送られてきた言語音の組み合わせを、送り手と共有している運用規則に従って解読し、メッセージの内容を理解する。

日本語では、イヌはワンワン、ウグイスはホーホケキョと鳴き、鐘はカンカン鳴ることになっているが、実際に聞いてみると、ひと続きで、明確な切れ目はない。それに対して、人間の言語は、音節を単位に、そして、語句を単位に発話される。分節とは、そのような発話のしかたをいう。

右に言語の運用規則といったのは、それぞれの言語の語音配列則とか、語句配列の順序、その文脈に当てはまる活用形の選択など、もろもろのきまりの集合《set》である。文法書に羅列されている規則などよりもずっと広い範囲に及んでいる。日本人の感性はたいへんデリケートなので、日本語の運用規則も複雑微妙なはずだというような思い込みで臨んだりしたら、真実にみずから目を覆うことになる。

## ■言語音の習得1　音声器官からのアプローチ

音声学では音声器官と総称しているが、それらの器官の一次的役割は、歯は食物を噛み砕き、舌はそれをまとめて咽喉に送り、鼻腔や気管、肺などは呼吸するための器官であるから、どの哺乳類にも備わっており、人間だけがそれらの器官を、言語音を調音するために二次的に利用している。

アーとかオーとか声を出しながら口の形を少しずつ変えたり、唇をとがらせたり、力を抜いたり、さまざまに動かしてみると、微妙に異なる無数の母音になる。

外国語の学習は発音から始めるのがふつうである。この音は、舌先をどこに置いて、どのような口つきで発音するというように説明されるが、口腔のどこがどのようになっているか、今、舌がどの位置でどういう形になっているかなどがわからないと、なかなか教えられたとおりの音にはならない。日本語話者はLとRとの区別が不得意だとレッテルを貼られているが、英語のRは日本語のラリルレロの子音と同じだからLのほうさえ覚えればいいと思っているのが間違いのもとなのである。

世界中、どの言語と比べても、日本語ほど発音のやさしい言語はないというのが日本語話者の実感であるが、それは、言い慣れているからであって、たとえば、英語の話者が、日本語のア・イ・ウ・エ・オを共通語の話者のように発音するのは難しい。日本語のイは鋭いが、英語の［i］はずっとユルイ。ウは唇にほとんど力を入れない平唇音であるが、英語の［u］は唇をとがらす円唇音である。日本語を共通語と限ったのは、たとえば、名古屋方言のダイコンを筆者がまねてデアコに近いような発音をして土地の人に聞いてもらうと、なかなか首を縦には振ってくれない。第二音節の母音が不自然なのである。仮名のシステムは、現代東京方言に基づいており、平安時代の仮名のシステムは京都方言に基づいていることをあらためて痛感させられる。日本語は、などと気軽に一括はできない。

近年まで、学校の英語教育は英語話者の助けを借りずに実施されており、発音には国際音声字母《international phonetic alphabet》（IPA）を発音記号とよんで使ってきた。国際という語を過信して、同じ音声字母で表わす音はすべて同じ音だと理解していた英語教師も少なくなかった。しかし、［r］を当てて表わす音はそれぞれの言語によって多種多様なので、国際音声字母で細かく区別する場合には「r」にいろいろの補助記号《diacritical mark》を付けたり、文字を回転したり、大文字にしたりと細かく区別しているが、実際の音は千差万別で〈rhotic《ローティック》〉と総称される。一筋縄で捉えられないクセモノで、ひとつの自然なクラスと見なしてよいかどうか議論の余地があるほどなのである（Philip Carr: *A Glossary of Phonology.* Edinburgh UP, 2008）。

世界中の少なからぬ言語で、他の音が［r］に移る現象があって、ロータシズム《rhotacism》とよばれている。〈ロー〉はギリシャ語アルファベットのP（ラテンアルファベットのRに当たる）。この名称はRとLとを区別する言語に基づいているが、日本語や中国語、コリア語など、その区別がない言語では、ひとまとめにしてよい。ベランメーとか巻き舌とか日本語にもさまざまの［r］があるし［l］にもなる。次章で日本語のラ行音について検討するときのためにこのことを記憶しておいていただきたい。

特にイギリス英語では、long や miller《粉屋》などのようにLが語頭あるいは母音の直前にあるときには〈明るいL〉になり、また、Lという字を［el］と読むときのように語末にあったり、milk のように子音の直前にあるときは〈暗いL〉になるとされている。これらふたつの音は舌の位置が大きく違っており、後者は日本語のオに近い印象である。どちらになるかは音韻論的環境によって、すなわち、そのLの直前または直後にどういう音がくるかによって、反射的に選択される。舌の位置など気にせずに、英語話者の発音に耳を傾けてまねたほうが早い。個別の正確な音を継ぎ足しても自然なことばの流れにはならない。

## ■言語音の習得2　聴覚からのアプローチ

乳幼児は、どの器官をどのようにして、などとだれにも教えてもらわない。周囲の大人たちと同じ音を出すことを覚えるだけである。上手に人間のことばを話すオームやインコがいるが、鳥には歯も唇もないから、他の器官を使って人間の声と同じ音を出している。要するに、問題は、どのようにしてその音を出すかではなく、出た音がその言語としてふつうの音であるかどうかなのである。

筆者は幼時に、千葉県の谷津《やつ》遊園（現在はバラ園）に母とよく遊びに行った。あるとき、ベンチで休んでいると、真《ま》うしろで老人が何度もひどく咳き込んだあと、トントンと、なにかを叩く音がする。母といっしょに振り返ったら、そこにはオームの籠が吊されていたのでふたりで大笑いになったことが楽しい思い出になっている。トントンは、吸い終わった刻みタバコの灰を雁首《がんくび》から落とそうと、キセルを何かに軽く叩きつける音のまねであった。見ていたら、また大きく咳こんだあと、脚とくちばしとを使って止まり木を叩いている。どこかの老人がそのあたりに座って、咳をしながらキセルで刻みタバコを吸っていったに違いない。話し上手な大型インコのヨームなどは、人間と簡単な会話までできる。

フランスに舌が極端に短いのに自然なフランス語を話す少女がいて不思議がられていたという。舌を使わなければ出せないはずの音《おん》を彼女が出せる理由がわからなかったからである。その疑問がきっかけで、ほんとうに大切なのは、どの音声器官をどのように使うかではなく、得られた音の物理的特性が目的の音と一致することである、という考えかたが生まれたと言われている。谷津遊園のこのオームはそのことを実証していた。大切なのは、出てきた音の物理的特性が、目指す音の特性と合致することであって、その音をどのようにして作り出したかが問題ではない。働いて得た報酬でも道で拾っても、一万円は一万円である。コンピューターで合成した音声でも、その言語の生得話者が理解できれば伝達は成立する。右のような観点から音声を研究するのが《音響音声学《acoustic phonetics》》の基本的立場である。それに対して、調音のしかたを研究するのは《調音音声学《articulatory phonetics》》である。

### ■言語音の習得3　どちらのアプローチが現実的か

音声学は学習や教育の効率化を目的とする研究分野ではないので、調音音声学と音響音声学との優劣をそういう観点から評価するのは筋違いであるが、外国語を学習する場合には、耳で聞いたのと同じ音を発音できるように練習したほうが効果的である。舌を出すと扁平なので、口の中でも扁平なのだろうと思いこんでいたのではどうにもならないし、個々の音を正確に発音すると、その語句の自然な発音になるわけではない。生得話者の発話をまねれば、自然な発音になるので、どの音声器官をどのようになどと教えられるよりも能率的である。それは、本書でこれから取り上げる問題について考える際に、とても重要なことである。自分の発音のしかたを注意深く観察した経験がない読者が多いかもしれないが、日本語についていろいろと考えたり、日本語についての本を読んだりする場合、自分の口と耳とで確認しながら考えたり読んだりすると、思わぬ発見があるはずである。

## ■音韻体系は、有限の数の音を適切に配置して構築される

前項までの検討から、①人間は食べたり飲んだり、呼吸したりするための器官を利用して、同じ言語の話者に情報を伝達するための音声を作り出していること、そして、②音声器官を操作すれば、無数に近い音《おん》を作り出せるが、反射的に聞き分けることができる音の数はずっと少ないし、円滑に情報を伝達するために必要な音の数は、それだけで十分である。発音器官の都合で他の音に、そして、他の音から、滑らかに移りにくい音は自然に回避されて

音韻体系が構築される。もちろん、だれかがそのような音韻体系を考えて組み立てたわけではなく、調べてみるとそのように、効率的に運用できる体系になっている。音韻体系は、音韻変化に連動して少しずつ更新される。その過程では、近ごろの若者のおかしな発音として白眼視されるが、やがて彼らの世代が社会の中心になれば、主客が転倒する。

## ■言語音の分類基準

一般に分類には具体的な目的がある。四種の筆記用具がある場合。赤で書く必要があるなら、筆記用具の違いにかかわらず、赤でさえあれば一群として捉えられ、それ以外の色は無視される。消しゴムで消せるかどうかで分けるなら、芯の色と無関係に鉛筆とシャープ、それに、摩擦熱で消せるボールペンが一群になり、そのほかは圏外になる。

必要にして十分な数の言語音をそろえて体系が構築される場合、聴覚的に紛らわしいセットを含まないことが大切であるが、そのような事態を引き起こしやすい音は、経験をつうじて回避される。次章では、そのような観点から、原日本語の特徴の成り立ちを考える。

【付言】中国の典籍から引用した第三部『金句集』も実践編であるが、ストレートな教訓である。漢文の訓読であるから、権威とともに、引用した宣教師の教養を感じさせた。

大陸や南島などから日本列島に渡って来たさまざまの言語を話す人たちが、意思疎通のために形成した独自の言語が原日本語であると考える立場から、和語がラ行音節を語頭にもたなかったのは、CV音節の言語を効率的に運用するための集団的選択であったという解釈を提示する。

# Ⅱ章　原日本語の姿をさぐる

## ——ラ行音の諸問題

## ■原日本語の姿をイメージする

ここにいう原日本語《protoJapanese》とは、原始日本語《primitive Japanese》、すなわち、まだ生まれたての段階にあった、かろうじて言語とよべる段階にまで達した素朴な日本語を想定してそのようによんだものではない。実のところ、ここでこの用語を使った筆者にも、はっきりとはイメージできないが、具体的には、八世紀の文献資料から推測される日本語に直接につながる体系をもつ言語を、ひとまずそのようによんだだけであって、どういう過程を経てその段階までたどりついたかを跡づける手掛かりは得られないし、当面の目的にとっては、前史を明らかにする必要もない。そもそも、音韻体系も文法体系も確立されていないような状態に「原」を冠しても言語とよぶことはできない。

筆者は、日本語が日本列島で形成されたという立場で考えている。

ユーラシア大陸の吹きだまりに南方や東方からさまざまの理由で渡来した、さまざまの言語を話す人たちが生活のためにゆるい共同体を形成して必要な情報交換のために断片的な語句を共有するようになり、どこの言語が核になることも明確でなかった状態から、言語とよべるだけの語彙量と音韻体系や文法体系を備えるまでに発達したのではないかということである。そこまで達した段階が仮想の原日本語である。源流の存在を仮定する立場と対比するなら、大陸のあちこちの雲から降った雨と、南方からの台風の雨とが日本列島で混じり合っていくつもの池や沼になり、それらの水がまとまった状態にたとえられる。

原日本語はゆるい生活共同体が言語共同体になり、しだいに整備されて日本語になった。その当時の語彙は和語とかヤマトコトバなどとよばれているが、実体は、東アジアの各地や太平洋に散在する島々などから流れ着いた諸民族の言語が自然な過程で混合し、化合していると考えられる。

さらに後になって文献時代が近づいたころになると中国語との接触が濃密になり、その語彙を導入したことによって音韻体系が複雑化された。それが漢語である。和語と漢語とは語形の特徴が異なるために大量に導入してもどちらであるかの判別が容易であり、和語はおおむね文法体系にかかわる語や日常生活に身近な語、漢語はおおむね新来の事物や抽象的意味の語という、棲み分けが成立した。

『古事記』、『日本書紀』、『万葉集』などをはじめとする八世紀の書記テクストに残されているのは、ほとんどすべてが韻文であるために、その当時のナマのことばとは大きな隔たりがあると考えなければならないが、正統な方法で慎重に処理するなら、かなりの程度まで確実な推定が可能である。以下にそのあらましを描いてみる。

## ■単音節名詞

現代日本語の和語には単音節の名詞がたくさんある。

○鵜《う》 ○蚊 *木 *毛 子 ○巣・酢 瀬・背 ○田 血 手 *戸

○名・菜 荷 根 音 *野 ○歯・葉・刃 *日・*火 麩《ふ》 *屁 穂・帆

○間《ま》 身・*実《み》 *目・*芽 *藻《も》 ○矢 湯 *夜《よ》・*世《よ》 ○輪《わ》 井《ゐ》[wi] ○尾《を》[wo]・緒

*印を付けた音節には、八世紀前後まで母音の異なる二種類に書き分けられており、また、特徴的なアクセントをもっていたものもあるが、さしあたり現代語の語形で取り出してみた。

これらのなかには、現代の日常語で多音節語になっているものが少なくない。こういう語は八世紀の韻文から排除されているので、いつごろ形成されたのか不明である。

子↓子供 田↓たんぼ 乳《ち》↓ちち 名↓名前 菜↓菜っ葉 荷↓荷物 根↓根っこ

野↓野原 葉↓葉っぱ 榎《え》↓えのき《木》 檜《ひ》↓ひのき《木》 日↓昼 夜↓よる 目↓目玉

輪↓わっか 井↓いど

シシは肉を食用にする大型の野生動物を、そして、その肉をさす語であった。「猪《ゐ》」、「鹿《か》」は単音節で紛らわしいために、それぞれ、猪《ゐ》のシシ、鹿《か》のシシと呼ぶようになった。現代語のイノシシに語構成の意識はない。「獅《し》子《し》」は古代中国の架空の動物で和語ではない。

現代語の二音節名詞のなかにも、つぎのような手続きで、もとは単音節であったことを証明できる名詞がある。

あ《足》……あがく＝あ《足》＋かく《掻く》（馬などが前脚で地面を掻く）
う《海》……うみ《海》＝う《海》＋み《水》　うなばら＝う《海》＋な（「の」の異形態）＋はら《原》
み《水》……みづ《水》＝み《水》＋づ（？）　みぞ《溝》＝み《水》＋そ
みなもと《源》＝み《水》＋な（「の」の異形態）＋もと《元》　みと＝み《水》＋と《門》

単音節語が、これらの語のように、事実上、意味はそのままで二音節語に変わっているのは、音節がCVという極限の単純な構造であるために、単音節語は必ず正確に発音しないと他の語と聞き間違えられる恐れが大きいからであった。単音節語よりも二音節語や三音節語のほうが、発話のなかではるかに捉えやすいことも大切な要因である。音節数が少ないことにも多いことにも、それぞれにメリットとデメリットがあるので、個別に運用効率が天秤《てんびん》にかけられる。

「乳《ち》」は、もと「血」と同語であろうが、平安末期の漢和字書『類聚名義抄』（観智院本）によると「血」のアクセントは《高》、「乳」のアクセントは《低》になっている。意味の分裂《split》がアクセントの違いで明示されている。後者は、さらにチチになっている。

漢方薬に「熊のイ」がある。イは胆嚢《たんのう》。漢方医学が権威をもつようになって和語の内臓名が漢語に置き換えられ、それを西洋医学が訳語として継承し、胆嚢になっている。

文献資料をある程度まとまった量で利用できるようになった八世紀は、原日本語の成立からすでに相当の期間が経過しているはずであるが、それでも、以上のように原日本語の姿をかなり鮮明に推察することができる。ただし、韻文という制約があるために語彙の片寄りが大きいので、話されていたことばの全体像を推察することはできない。近年になって遺跡から膨大な数の木簡が出土したために、遡れる上限が八世紀ではなくなったが、断片の集合であるために、まとまった言語資料として利用するには制約が大きい。〔犬飼隆『木簡による日本語書記史』2011増訂版・笠間書院〕

## ■単音節語は使用頻度の高いものに集中している

初期の段階では名詞のなかで使用頻度の高い単音節語が大きな位置を占めていた。すでに述べたとおり、和語の音節構造は原日本語の段階でもCVが基本であったから、日常生活で使用頻度が高いために、早い時期に名付けられた名詞が単音節であったことは当然である。そのなかには、ア（足）、イ（胆嚢）、ウ（鵜）、エ（榎）のように、子音がゼロで母音だけの音節もあった。

入門段階で習った英語教科書に出てきたのは、単音節語が大きな比率を占めていたはずである。英語の成り立ちは日本語よりもはるかに複雑であるが、日常生活で使用頻度の高い語が多音節では運用効率が低下するので、単音節語の比率が高いのは自然の成り行きである。

## ■和語の単音節名詞にラ行音節の語が欠落している理由

先にあげた和語の単音節名詞の一覧は、めんどうな説明を必要としないものを中心に選んだので、すべてを網羅していないが、ずっと見ていくと、五十音図のラ行に当たる語がひとつもない。筆者の判断で省略したものもない。五十音図が五列十行に整えられたのは平安末期であるから、八世紀の状態を考える場合には十分に慎重でなければならないが、話をわかりやすくするために、支障がないかぎり、以下にも説明に利用する。

求める語句や語形などが書記文献に出てこない場合には、それが偶発的欠落《accidental blank》であるのか体系的欠落《systematic blank》であるのかを見極めなければならない。ただし、都合の悪い事例が出てくるたびに偶発的と認めてしまったら、好きなように論を展開できてしまうので、偶発的と認定する根拠を提示しなければならない。例外のない規則はない、と安易に処理せず、説明困難として、保留すべきである。

ルツボという名詞が、会場は興奮のルツボと化した、などと使われるが、それは金属などを高温に熱する場合に使用する耐熱性の容器の名称で、漢字表記は「坩堝」である。語構成は〈ル＋壺〉に相違ない。十九世紀以後の用例しか指摘されていないから、ルは漢語であろう。とすれば、当面の問題とは関係がない。

さきに示した単音節名詞の一覧にラ行音節の名詞はひとつもなかったし、また、文献時代の初期に、すでに複合語の構成成素としてしか存在を確認できなくなっていた単音節名詞のなかにも該当する事例は指摘できないから、ラ行音節の単音節語がひとつもないのは、体系的欠落であるのか、偶発的欠落であるのかを判断する必要がある。

ほんとうは問題外であるが、あとで取り上げる出っ歯、反《そ》っ歯の例もあるので、原日本語の話者たちの口の形がラ行音節の発音に適していなかったからだという解釈が、ひとつの可能性として提示されないとも限らない。しかし、対象を二音節名詞に広げれば、ソラ、クリ、ハル《春》、ヒレ《鰭》、クロなどのように、第二音節にラ行音節をもつ語がたくさんあるし、動詞の活用語尾や助動詞などにも頻繁に使用されているから、単音節語にかぎってラ行音節を発音しにくかった理由を説明するのは困難である。

## ■クセモノの［ɾ］音群

ラ行音節が語頭に立たなかったのは、原日本語の話者たちの口の形がそういう発音に適していなかったからだとは、さすがにだれも主張していないが、では、現代の日本語話者はラ行音節をどのように発音しているかとなると、かってな思い込みとはかなり違っているかもしれない。

A　つぎの短文を、力《りき》まずに、すなわち、五十音図を朗読するような、各音節を意識した発音ではなく、ふだん話をするときのように、軽く口にして、自分の発音を観察してみよう。

①クラクナルカラ、もうカエルヨ　②図書館で本を三冊カリタ　③オツリガ　タリナイ　④ふたがトレナイ

B　右と同じ短文を、ラ行音節の［r］を抜いて、軽く口にしてみよう。

①クアクナウカア、もうカエウヨ　②図書館で本をカイタ　③オツイガ　タイナイ　④ふたがトエナイ

意外にもAの場合と音の印象があまり違わないし、何と言ったか、そばのだれかに聞いてみれば、Aの意味で理解しているはずである。場面や文脈があれば、そういう不明瞭な発音でも意図どおりに理解されるので、円滑な伝達の支障になっていない。

右で試みた小さな実験から明らかなように、［r］はたいへん不安定な音なのである。日本語の音韻体系が整備されつつあった時期には、もっとしっかりした音だったはずだという推定が［r］については考えにくい。こういうあやふやな音をCVだけの単音節語や二音節

語の語頭に置いたら不確かな聞き取りによる混乱が頻繁に生じて伝達に支障を来たすので、語頭から排除された可能性は十分に考えられる。

神によるグランドデザインに基づいて組み込まれたとしか考えられないほど効率的な、そして特徴的な語音配列則が、実際には、語頭の［r］でしばしば意志の疎通に混乱を招いた人たちが共通の経験を生かしてそれを避けるようになった結果である。このように、言語運用の仕組みは、神か人かと判断を迫られるほど精妙である。もとより、それは日本語に限ったことではない。信条の違いで筆者の解釈を受け付けない人たちがいるであろうが論争にはならない。なぜなら、筆者は確信的な無神論者《atheist》ではないからである。不可知論《agnoticism》にとどまるかぎり、これが正統の解釈であると筆者は考えている。

和語の語頭にラ行音節が立たなかったことは、濁音が語頭に立たなかったこと（Ⅲ章）とともに、古代日本語の特徴としてよく知られている。ただし、その事実を紹介するだけで、どうして古代日本語にそのように珍しい特徴が認められるかについて説明らしい説明がなされていないのは、それが、ほかならぬ聞こえ《sonority》の度合いが低い［r］がCV音節の子音であったことに思いを致さなかったために、合理的説明ができなかったというのが筆者の解釈である。つぎの指摘はあるが、結論は避けられている。特徴を共有するいくつかのアルタイ語のその特徴が、日本語とそのまま同じではないからであろう。

ｒという子音は語頭においても決して不安定な子音ではない。そのｒ子音を語頭に欠如するという特徴を共有することは、したがってきわめて注目すべきことである。

（『日本語の歴史』１民族のことばの誕生・第三章日本語の系統・なかでも重要な諸特質・平凡社・1963）

アルタイ語とよぶことのできる一群の言語が存在するかどうかについて、学会の現在の動向は、同書が刊行された五十年以前よりもはるかに懐疑的になっている。

「語頭においても決して不安定な子音ではない」の「決して」は、その可能性が疑われるからこそ加えられた否定の強調である。筆者は、和語は単純なCV音節であり、しかも、音節数の少ない語の語頭という条件で考えている。

## ■特殊な民族、特殊な言語

日本語がドウダコウダというときには、きまって英語が引き合いに出されるので、英語が、あたかも、言語として理想的な、世界の標準言語であるかのように思い込んでいる人たちが少なくない。たとえば、英語には、一人称、二人称代名詞がひとつずつしかないので、相手が女王様でもyouとIとで話すほかないが、日本語には人称代名詞が豊富にあるから、アナタ様とワタクシとで話ができる、日本語はなんとすばらしい言語だろうという趣旨の知識人の文章を読んで驚いたことがある。中学レヴェルの英語力でも、英語をけなせば日本語が世界一になる。

二〇〇九年にプサンで、二〇一二年にはバンコクで、世界文字オリンピックが開催され、ハングルが連続優勝した。目的は、ハングルを世界共通文字にして識字率向上、経済発展、世界平和に貢献することであるという。学術会議の形式をとり、審査員はいずれも世界の専門学者ということになっている。右に話題にした日本の知識人の見識も、これに近い。

世界一ということは、特殊であることをも意味している。大野晋『日本語をさかのぼる』（岩波新書・1974）の「P→F→hの変化」という節は、つぎのように書き始められている。

こういう発音法の現代との相違の中で最も注意を要するのは、ハ行の子音である。ハヒフヘホの音は、現代ではha, hi, hu, he, hoと発音している。〔第五章〕

著者の念頭にあるのは現代の共通語だと思われるので、以下、その前提で問題点を指摘する。なお、「ha, hi, hu, he, ho」は、ほかの個所でも、また、この著者の他の著書でも同じなのでミスプリントではなく、著者がそのように認識しているからである。

話が古くなるが、ドイツ留学から帰国して、東京帝国大学博言学教授になった上田万年《かずとし》（1867-1937）が「P音考」（1898）を発表して、現代語のH音は、濁音Bの清音であるから、本来、H音でもないしF音でもなく、「純粋なる唇的清音」P音以外ではありえないことを論じ、国語学ではそれが定説となった。比較言語学のメッカに留学しても、五十音図の同じ行は同じ子音だという思い込みは改まっていない。大野晋もこの論文に基づいていると考えられる。

ハ・ヒ・フ・ヘ・ホをゆっくり発音してみると、［フ］の子音はローソクの火を吹き消すときのフッと同じで、上下の唇を呼気が摩擦する両唇摩擦音［ɸ］であるのに対して、英語などの［f］は上の歯が下唇を軽く覆ってその隙間を呼気が摩擦する唇歯音である。日本語話者の多くは、ファイル、フィルムなどの語頭子音を［f］のつもりで発音しているが、実はその音である。また、［ヒ］の子音は［ハ］とも［フ］とも違う軋《きし》み音《おん》［ç］である。発音してみよう、という筆者のアドヴァイスは大切である。当然ながら、ハ行の子音が「H音」だけでないことが、その後、学会の共通理解になり、音声学の初歩的知識があれば「H音」、「F音」などとは書かなくなっているが、たいていの国語学者は文法以外に無関心であり、大野晋もそのひとりであるから、十九世紀の国語学の定説をまったく疑っていない。

右の引用の後に、以下の新説が展開されている。引用部分にカッコが付いているのは、補入ということであろう。

（では〔p〕→〔F〕→〔h〕という変化は何故起ったのかについて従来説をとなえる人がないが、私はこれが日本人の顎の骨の後退という骨格の年代的変化と密接な関係があるのだろうと考えている。日本の縄文式時代の人骨では上歯と下歯とはぴったり咬み合わさっているが、弥生式時代以後、下顎が後に退き、相対的に上歯が前方に出る傾向がある。そして鎌倉時代の人骨、徳川時代の人骨と時代がくだるにつれて、下顎が小さくなり、下後方にさがって行く。そして出歯や、そっ歯が多くなりつつある。これは元来上唇の短い傾きのある日本人の上下の唇の合わせ方をしにくくする原因となる骨格的変化である。この変化の漸進と、ハ行子音の〔p〕→〔F〕→〔h〕の変化とは平行しており、次に述べる〔w〕子音の脱落も、発音機構の変化としては全く同一の原因によってひき起されている。）

「B音」は現在も健在なのであるから、この新説を主張するなら、出っ歯、反っ歯では両唇無声音が発音困難なのに、同じ骨格でも有声音なら両唇音を無理なく発音できることを証明しなければならない。

それだけではない。〔pa〕が〔ɸa〕を経て〔ha〕になったことによって日本語から姿を消したはずの〔pa〕が、パラパラ、バラバラのように〔ba〕と活写語の対《つい》になって健在であるし、それが外来語にふつうに使われていたりすることや、漢語の熟語で連濁と同じ機能を果たしている一般、絶品、三分前、一辺、根本《こんぽん》などのパ行音がハ行音に変化していない理由も説明しなければならなくなる。平安末期以来の『五十音図』では、後述するように、

「ハ・ヒ・フ・ヘ・ホ」の背後に濁音があったことをこの著者は認識していない。

この新説には日本語以外の言語がまったく考慮に入れられていないし、また、ここではハ行子音以外は論者の眼中にない。英語の father に当たる語が、ゲルマン語系のドイツ語で Vater（v の発音は［f］）、ロマンス語系のフランス語で père であり、原インドヨーロッパ語に遡るとそれらが同源であったことを知っていれば、ドイツ人やオランダ人は出っ歯、反っ歯であり、フランス人やイタリア人は歯並びがいいのかどうか、考えてみることができたであろう。その必要を感じなかったのは日本人は特殊な民族であり、日本語は特殊な言語だからである。

日本語のハハ（母）が文献時代以前にパパであったように、地球上のどこで生まれようと、乳児が最初に意味もなく口に出すのは両唇音と広い母音との結合した［pa］［ba］［ma］などであり、大人たちがそれを呼びかけと捉えて、パパ、ママ、ババなどを親族名称にしたために、言語の系統と無関係に広く分布している。なぜなら、それらの音は、乳児が自然に口から出てくるほど発音しやすい音だからである。『源氏物語』などには、乳母《うば》の意味で「まま」と言った例もある。

東《あづま》の人になりて、まゝも今に恋ひ泣き侍るは罪深くこそ見給ふれ（浮舟）

（出てゆけと追い払われた女は）東国に住みついてしまい、乳母も、いまだに恋しいと泣いているのを、残酷なことをしたものだとわたしは見ております、ということである。

前引のハ行音についての解釈には、「(こういう変化が)何故起ったのかについて従来説をとなえる人がないが」とあるが、これは、日本語だけに起こった変化ではないから、すでに〈唇音退化〉、すなわち、発音労力の節減という説明が広く通用している。しかし、そういう表面の現象だけを捉えた浅薄な理解で満足せずに、その言語の音韻体系にどういう変化が生じていたのかを説明しようと試みなければ、歴史的研究の名に値しない。

世界文字オリンピックの主催者たちも、たとえば世界の国名をハングルで書いて、外国人がどんな読みかたをするか調べたうえで進めるべきであった。国語を正課として重視する世界一の国々の人たちは、こういう盲点に気づきにくい。

安田(徳太郎)氏の論の中での、もっとも大きい誤りは、氏がレプチャ語を解しないだけでなく、実は日本語をよく解しないということである。古代日本語の特質を知らずに、日本語の系統を論ずることは、決して許されないことなのである。

(大野晋『日本語の起源』)

この厳しい批判を読んで襟《えり》を正す人たちが多いかもしれないが、日本語研究者をもって自認するなら、右に指摘したような認識で日本語について論じることが、これからは決して許されないと考えるべきである。

音声学や音韻論は歴史言語学の研究にとって不可欠の知識であるが、国語学の中心課題は国学の流れを引き継いだ伝統文法であり、音声についての研究は、ひとにぎりの人たちだけが関心をもつ特殊な分野として位置づけられてきた。そういう前近代的土壌がこういう残念な結果を生んでいる。言語は文法のみにて運用さるるにあらずを行動規範《maxim》にして再出発すべきである。

どうして？　が研究の出発点であるには違いないが、ひらめきを吟味せずに行動に移したら、こういう荒唐無稽の結論を導くことになるのは当然である。山に登るには相応の装備が不可欠であるように、言語を研究する場合にも、実りある成果を導くためには、当然ながら、その領域について最小限以上の基礎知識がなければならない。

純粋な動機で目的の完遂をめざしたこの研究者が日本語のカリスマであり続けた理由のなかばは、日本語研究に西洋の言語学は無用だと確信して、その重要性を認識していない言語学の素人論であったために、言語学の素人である大衆によくわかったからである。確実に伝わったのは真実に迫ろうとする情熱であった。

言語学についての識見は筆者もまた素人に近い水準ではあるが、唯一の違いは、言語学の素人がことばについて軽率に論じてはならないと考えていることである。

## ■カタカナ音声学で言語運用のメカニズムは理解できない

音声学や音韻論《phonology》は歴史言語学にとって必須の知識なのに国語学でほとんど無視されてきたのは、そういう方面の知識の必要を感じなかったからである。なぜなら、片仮名や平仮名は日本語の音を忠実に文字化する理想的な表音文字であると認識されてきたからである。後に述べるように、表音文字という便宜的呼称を文字どおりの意味として理解したまま疑おうとしなかったことが命取りになっている。

中国の周辺諸国の固有名詞や、仏典に出てくるサンスクリット語の呪文（陀羅尼《だらに》）などを仮借《かしゃ》、すなわち、外国語の音を表わすために、漢字の意味を捨てて表音文字として使用する方式に基づいて表記したのは中国人の知恵であったが、その方式を当てはめて日本語を表音的に表記しようと試みたのが上代の借字である。ただし、語句の境界を明示できなかったために音数律で区切ることのできる韻文にしか使えなかった。

九世紀になると角張った楷書体の借字に代わって、自由に続け書きができる曲線的な草書体の仮名が導入される。これは、日本語書記史の流れのなかで画期的な出来事であった。

草書体は、崩された過程の極限に当たる書体であるが、崩されかたには幅がある。本書の主題にとって大切なのは、楷書体と違って、草書体は続け書きが可能だったことである。漢字は表語文字で、ひとつひとつが意味をもっているから、運筆の都合で任意に続け書きにしても内容の読み取りに影響しないから続け書きがランダムに生じるが、仮名の場合には、音節単位の表音文字であるから、意味の単位をひと続きに書けば、読み取りが容易な散文を書くことができた。英語のアルファベットの筆記体が、どの文字も前後の文字と続けて書ける形を基本にしている理由も、仮名の場合と同じである。ただし、仮名は毛筆で書くので、続け書きのほかに墨継ぎや文字の濃淡、大きさ、太さなどの使い分けによっても語句の切れ目を表示することが可能であった。

契沖や宣長が古代語の資料としたのは、上代の文献のほか、主として、『古今和歌集』以降の歌集や『源氏物語』を始めとする仮名文の作品であった。彼等の書いたものを読むと、仮名文字で書かれた形が、そのままことばであると考えていたことがわかる。

書かれた形がほんとうのことばだという考えかたはヨーロッパでも支配的であったが、欧米の言語学は、そういう段階から脱皮して久しい。しかし現今の国語学は、いまだにそういう認識にとどまっている。それは用語の面に端的に反映されている。もっとも極端なのは国文法の理論であるが、近代的な文法論に取り残されつつある。

平安時代の間に、母音に挟まれたハ行子音［ɸ］がワ行子音［w］に変化した。変化の過程を追えば、無声子音の［ɸ］が有声化して［β］になり、それに近い［w］に合流したことになる。［β］という音声記号になじみがないかもしれないが、現代語アブナイ、帽子をカブルなどの［ブ］の子音である。これも発音して確認していただきたい。力まずにふつうに口にしてみると、ブタ［buta］の［b］は両唇を閉じて発音する破裂音なので瞬間的であるが、［β］のほうは、両唇が接近しても隙間がある状態で呼気が唇を摩擦して外に出る摩擦音なので持続が可能である

以上を整理すると、〈意味の単位の初頭では［b］、それ以外の位置では［β］〉ということである。それ以外ということは、日本語の場合、たとえば三音節語ならCVCVCVのCの位置であるから、〈母音に挟まれた位置では［b］が［β］になる〉と一般化できる。いわば、こんなところが音声学の入り口である。いきなり見慣れない記号が出てくると敬遠したくなるかもしれないが、発音してみると、［b］が破裂音とよばれ［β］が摩擦音とよばれる理由も理解できる。破裂音とは大げさな感じであるが、英語ではexplosiveであり、中国語では爆発音と訳されている。

このように、日本語話者でもそのつもりでよく聞けば聞き分けることができるが意味の区別に無関係な複数の音を、互いに異音《allophone》の関係にあるという。［b］と［β］とはたがいに位置異音《positional variant》の関係にある。このように余裕をもって受け止めると、国語学が無視している音声学が、そして、ことばの運用そのものが、とてもおもしろくなってくる。本書で触れることはできないが、どの言語にも、こういう見えない規則がたくさんあって、体系の効率的運

用に参加している。［b］と［β］との間のこの関係は世界のどの言語にもあるわけではない。それぞれの言語に独自の運用規則がある。その意味では、どの言語もすべて特殊な言語なのである。五十音図と英語のアルファベットとの知識だけで世界の言語の音を捉え、日本語の起源を追求しても、実りある成果が得られるはずはない。

　カハ《川》［kaφa］からカワ［kawa］に、カヒ《貝》［kaφi］からカヰ［kawi］（その後、さらにカイ［kai］）への一連の変化を、国語学では〈ハ行転呼音〉とよんでいる。「かは」の仮名表記は元のままであるが、ハ行の「は」は転じて、すなわち、ワ行音に転じて［wa］と読む、という意味である。発音が変わったのではなく、仮名の読みかたがワ行音に移った、という捉えかたであるから、音韻変化という概念はなかったことがわかる。江戸時代ならそれでもよかったが、というよりも、しかたがなかったが、我々にとっての大きな問題は、国語学では、いまだにこのような用語が大手を振って罷り通っていることである。

　十六世紀のほぼ半ばごろまで、京都方言では、［シ］の濁りと［チ］の濁り、［ス］の濁りと［ツ］の濁りは発音の違いで区別されていたが、それ以後、それぞれが合流した。その変化を国語学では、〈四つ仮名の乱れ〉とか〈四つ仮名の合流〉とかよんでいる。

　国語学の研究は、ほとんどが耳で聞いた音ではなく仮名文字で書かれている形で、あるいは、仮名文字で書いた形にしたうえで考えて結論を導いており、自分自身で発音して確かめようともしていない。筆者が、ときどき、発音してみてください、と書くのは、自分自身の発音を観察しないと頭のなかの理解で終わってしまうために、どういう変化が生じたのか把握できないからである。

前述したように表音文字とは表語文字と対比的に使用されている便宜的呼称であって、発音を忠実に写すための手段ではないから、忠実に写しきることはできない。国際音声字母も、同一の言語内で誤解が生じなければ簡略表記でよいことになっている。たとえば、英語bookの母音は、唇を丸くするが、日本語［ウシ］の［ウ］は唇の緊張をともなわないから、正確には［m］を上下反転した記号で表記する。しかし、日本語には円唇《えんしん》の［u］がないので、簡略表記で［u］を当てることが容認されている。

## ■語頭ラ行音節の脱落？

上代日本語にラ行音節を語頭にもつ和語がなかったことは日本語史の常識になっているが、上代語の特徴としてその事実を指摘するだけで、語頭にラ行音節をもつ語があると、音韻体系を運用するうえでどのような不都合があったのか、あるいは、それがないことにどのようなメリットがあったのかを解明しようとした研究はなされていない。なぜなら、従来の静態の研究にはそういう視点が欠けていたからである。

濁音と同様に、ラ行音で始まる自立語も存在しなかった。オノマトペに関しても、ラ行で始まるものは、かなり時代が下るまで指摘できない。中国語のl- の子音（来母）は、朝鮮漢字音の場合と異なり、日本漢字音では安定的にラ行で受け入れられていた。ただし、「硫黄 イワウ（古くはユワウ・ユワ）」は例外的にl-を脱落させている

〔沖森卓也編著『日本語史概説』朝倉書店・2010・第二章音韻史・八世紀の日本語・2・音配列の制限（肥爪周二執筆）〕

「濁音と同様に」は、この引用の直前の説明を受けている。濁音については、Ⅲ章で取り上げる。オノマトペは、もとフランス語。英語はオノマトペア。いわゆる擬声語・擬態語。筆者は活写語とよぶ〔『日本語の歴史』〕。擬声語・擬態語は声や音を真似た語、という意味であるが、それよりも、生き生きと描写した印象を聞き手に与える語と捉えるほうが適切だと考えているからである。

右の一節をもしも概論の講義で使ったら、「中国語の」以下の部分の説明を省略せざるをえない担当者が続出しそうである。ちなみに、「来母」とは、中国の伝統的音韻学で三十六字母（頭子音の種類）のひとつ、［l］をさす。IMVF/T（p.61）の語頭 l の位置にしか出てこない。「来」字の頭子音はその代表である。

「硫黄 イワウ（古くはユワウ・ユワ）」は例外的にl-を脱落させている」とあるのは、こ

の語が、おそらく実物の硫黄とともにコリア語に入り、コリア語でも［l］や［r］が語頭に立たないためにリウワウの頭子音［l］がコリア語で規則的に［n］に置き換えられ、さらにそれが［i］に置き換えられた語形が日本語に取り入れられたと推定される。「李」姓がイ姓になっているのと同じである（例．李明博《イミョンバク》）。

## ■ラ行音節は文中にどのように分布し、どのような機能を担っていたか

前節に指摘したように、これまでの日本語史研究では、八世紀には語頭にラ行音節をもつ和語がなかったという事実を指摘するだけで、そういう特徴的な語音配列が、当時の日本語を運用するうえでどのような意味をもっていたのかを説明しようとしてこなかった。

日本語と姉妹関係にある言語の存在が確認できない状態のもとでは、そういう問題に踏み込むことができないというのがその理由だったかもしれない。しかし、もっと大きな理由は、伝統的国語史研究の中心課題が、過去に存在したり生じたりした事象を発見したり確認したり、あるいは、それぞれを時間軸上に定位したりすることであり、特定の事象がその時期に存在して、日本語を運用するうえでどういう機能を果たしていたのか、あるいは、どういう機能を担うために新たな事象が生じたのかなどを解明しようということではなかったからである。言語は時間の推移につれて不可抗力的に、あるいは自然に変化するという立場か

らはそういう考えかたが出てこなかったのである。

ラ行音節が語頭に立たないという特異な語音配列則が、日本語の音韻体系がひとまず形成されて以後に生じたとすれば、日本語の系統論とは切り離して論じるべきことになる。

日本列島が人類発祥の地でないとすれば、いくつもの異なる言語の話者たちの寄り集まり、ないし、吹きだまりであったことは十分に考えられる。だとしたら、原日本語は、いくつかの、あるいはいくつもの言語の長期にわたる複雑な混合によって形成された可能性を考えてみる必要がある。

我々の当面の課題は、CV音節を基本とする音韻体系を効率的に運用するうえで、ラ行音節が語頭にないほうが好都合だという程度であったのか、あるいは、ラ行音節が語頭にあると、そのような音節構造の言語を効率的に運用するうえで障害になるために排除されたのか、そのどちらかであるという立場でその理由を解明してみる必要がある。

まず考えてみなければならないのは、原日本語にラ行音節はあったのに語頭に立たなかったとすれば、それらは、語の、あるいは文の、どういう位置に分布していたのかである。しかし、右のように問題を設定して答えをさぐろうとしても越えがたい壁がある。それは、原日本語と命名してみても、その具体的イメージを描けないことである。

日本語はどこから来たかの探求が理論的に成り立たないことは、すでに述べたとおりであるが、東アジア、東南アジア、そして南太平洋の島々などから渡って来た異なる系統のいくつもの言語を話す人たちが日本列島で混じり合い、意志の疎通や情報の伝達を図る手段として、曲がりなりにも言語とよべる体系を新たに形成した段階が原日本語の始まりであるとしたら、その段階までに、おそらくCV音節を基本とする音韻体系の素地はできていたと考えてよいであろう。

そこまでは言えるとして、当面の課題にとって大切なのは、その段階で、ラ行音節が語頭に立たないという語音配列則が芽生えていたかどうかである。どのような可能性を想定しても、直接には肯定も否定もできないから議論に値しないというのがひとつの立場である。すなわち、つぎの飛び石が遠すぎるので向こうに渡ることはできないからこれ以上の議論は断念しようということである。

現実の飛び石なら断念するほかはない。しかし、研究の場合には、向こうに絶景があることを証明しないと気が済まないなら、つぎの飛び石との間にもうひとつ飛び石があると仮定して、向こうに渡る方法がある。そういう理由で仮定される飛び石が作業仮説《working hypothesis》である。本人だけでなく、ほかの人たちも、仮定されたその飛び石を飛んで無事に向こう岸に渡り、絶景を見ることができれば、仮定された飛び石は、事実上《ヴァーチュアルに》、存在すると、すなわち、作業仮説は有効であると認められる。ただし、仮定の上にさらに仮定を重ねたら論の信憑性《しんぴょうせい》は著しく低下する。比喩を変えるなら、機械時計が動かないのは、全体の構造から考えてここの歯車がひとつ失われたからだと判断し、それを補うのが作業仮説であり、それで時計が動いたら、その位置にあった歯車の欠落が証明されたことになる。

我々も、目前の課題に取り組むまえに、おそらくこうだったであろうとか、こうなっていたのではないかとか、見込みを立ててみることにしよう。そうすれば、カモシレナイ、カラデハナイカのレヴェルから、カラニ違イナイのレヴェルまで絞ったうえで仮定の飛び石を適切な位置に据えることができるからである。言語は機械時計の歯車と同じようにすべての要因が一体となって機能するから、整合性が認められれば、ある程度以上の確率をもって実態に迫ることが可能である。

ラ行音節を語頭に置かないことが和語の語音結合則になったのは、その規則を組み込むと体系の運用効率が向上するから、あるいは、その規則を組み込まないと体系の運用効率が落ちるからだったに違いない。このように表現すると、まるで言語が自律的に体系を構築してそれを人間に運用させているかのような印象になってしまうが、現実には、その言語の話者たちが試行錯誤を繰り返しながら、すなわち、語頭にラ行音があると、聞き返されることが多いとか、間違った意味に理解されたとか、そういう負《マイナス》の経験をつうじて、少しずつ不都合が修正されつづけ、その結果、語音配列則とよべるまでに整然たる体系が形成されたと考えようということである。

ことばの変化は止めることのできない自然現象として、あたかも自然災害と同じように捉えられていたりするが、実際には、その言語共同体のメンバーが、ひとりひとりは自覚せずに、そして、結果は言語共同体の集団的選択として、いっそう使いよい方向に体系を組み替えた結果が言語変化なのである。

百年後の日本語はこうなる、などと予測する専門家がときどき現われるが、変化の兆候が顕著に認められる事例以外の予測は不可能である。なぜなら、社会がこれからどういう変化の過程をたどるか不明なのに、それに連動して変化する言語がどのような姿になるかを予測できるはずがないからである。その言語共同体の話者たちの集団的選択が変化を生じさせた、といちいち表現するのはめんどうなので、以下の叙述にも、生じた、と便宜的に表現する場合が多くなるが、基本姿勢は、生じさせた、である。

八世紀から二十一世紀まで、ほぼ千三百年の間にさまざまの変化が生じたために、美しい日本語がまるで別の醜い言語に変わってしまい、劣化が加速度的に進行中であると思い込んでいる、というよりも、思い込まされている読者がいるかもしれない。そのような考えかたはヨーロッパでも十九世紀まで支配的であった。日本語は膠着《こうちゃく》語だということになっているが、もとをただせば、言語は中国語のように文法をもたない孤立語から、日本語のように文法関係を示す語を添える膠着語へ、そしてヨーロッパ諸語のように語尾変化で文法関係を示す屈折語へと進み、古代ギリシャ語、ラテン語を絶頂に、あとは衰退の一途をたどっているという考えかたである。日本語本の著者たちの多くは、二十一世紀の今日でも、そのように信じて、あるいは信じているふりをして、急速に衰退しつつある日本語を滅亡から救うという大義名分のもとに、正しい日本語を売り物にしている。

## ■口頭でやりとりされるのが言語である

日本語についての議論になると、たいていの人たちは、無意識にいわゆる〈書き言葉〉を念頭に置いて考える。いわゆる〈話しことば〉はことばの仮の姿であって、文字化された形がほんとうの日本語だという潜在意識を植え付けられているからである。しかし、そもそも〈話し言葉〉という捉えかたが問題なのであって、口頭で話されるのがコトバそのものなのである。大切な事柄を確実に記録しておいたり、距離的に、あるいは時間的に、声が届かない人たちに伝達したりするために文字で書きとどめるのが書記《writing》であって、それは、ことばに基づいた別の情報伝達の手段であり、ことばに依存はしているが、ことばそのものではない。ただし、文字による情報伝達も可能であるから、書記の本来の機能が別のところにあることを承知のうえなら、（筆者の好みではないが）、〈書記言語〉とか〈書きことば〉とかいう用語を使用することが容認されてよいであろう。本題に戻るまえにそのことを確認しておく。英語にも written language ということばがある。

■ラ行音節の分布が担う聞き取りの効率化

口頭言語による情報の伝達は、すでに述べたように、つぎつぎと句節を継ぎ足してゆく連接構文の形式で進行する。書記テクストと違って、句点や読点を挿入しながら話したりしないのに情報伝達が成立するのは、発話のなかに切れ目を示すなんらかの仕掛が組み込まれているからに相違ない。

発話の切れ目は、名詞句、動詞句などの末尾にある。ひとまとまりの内容をひと息で話すことが無理ならば、句末、節末、文末のうちのどれかまで話して息を継ぐことになる。丁寧に説明すれば、息継ぎの間隔が狭くなるし、一気呵成《いっきかせい》にまくしたてれば間隔が広くなる。いずれにせよ、ふつうは相手が話の進行についてくることのできる程度の間隔で息を継ぐから、聞き手は、そこまでの内容を把握して、その続きを聞くことができる。しかし、早口では切れ目の間隔が長すぎるし、その逆もあるので、息の継ぎ目だけを目安にすることはできない。イントネーションは頼りになるが、それだけで十分ではない。利用できるすべての要因を投入して聞き取りの効率化を図ることが望ましい。といっても、特定の人物がこの仕掛を考えて組み込んだはずはない。

語幹が単音節の動詞を例に取ると、その数は列挙するのがめんどうなほどたくさんある。

動詞「切る」の活用型はラ行五段活用とよばれている。そういう文法用語を聞くと過去の悪夢を思い出す読者も少なくないであろうし、筆者自身も国文法は好みでないが、要するに、どの活用語尾もラ行音節だということである。平安時代には活用語尾に「ロ」がなかったので四段活用であったが、十六世紀から十七世紀にかけて、キラム＞キラウ＞キロー、という変化が生じて、活用語尾に「ロー」が加わり、歴史的仮名遣から現代仮名遣に切り替えられて五段活用になった。ただし、音韻変化によって出来た新しいこの活用形の名称は確定していないようである。

動詞のうちで抜群に多いのは、この活用型であるから、これらの動詞は、どの活用形で使われても必ずラ行音節が出てくることになる。日本語はSOV（主語＋目的語＋動詞）型であるから、この活用型の動詞が文末に来れば必ずラ行音節になる。切ラナイダロー、切ラレタラシイ、学校にユカセル、勉強サセル、のようにラ行音節で終わる助動詞が付けば、文の切れ目であることがいっそうはっきりする。切れる刀の（レル）は語末を表示する。

原日本語の段階でどの程度であったかはわからないが、八世紀には、ユ・ラユ、ナリ、タリ、ケリ、リ、ラシ、ラム、そして、少し遅れてメリと、ラ行音節の、あるいはラ行音節で終わる助動詞の数は現代語よりもずっと多く、使用頻度も高かった。

動詞「着る」は、「切る」と活用型が違うので、着ム、着テ、着ヨなど、ラ行音節の語尾のない活用形が三つあるが、それらも助動詞が付けば、語末や文末の表示機能はそちらで補われる。

日本語は動詞句が末尾にくるSOV型の言語であるからこそ、ラ行音節を切れ目の指標にすることができたのであって、英語のようなSVO型言語での文末は千差万別になるので、これと同じ手法を使うことはできない。ヨーロッパの研究者が中国語に文法がないと認めたのは誤りであったが、中国語も句末、文末は、限られた種類の語で表示される。

活用型や活用形の名称が頻出すると煩雑になるので、いちいち確認するのは省略するが、ラ行変格活用（ラ変）などと、名称は仰々しくても、四段活用の終止形アルを、文献時代以前に、使用頻度のきわめて高いアリに合流させて、アリで文を切ることも、アリを中止法にして、そのあとを続けることも可能にしたのがこの活用型なのである。他の活用型も、いくつかの活用形にラ行音節を含んでいるし、ラ行音節を含む助動詞が後接して文が終わる確率はきわめて高かったから、ラ行音節の末尾表示機能は有効に働いていた。

## ■日本語のR

説明を前節までにしておけば、好《い》いことずくめであるが、メリットとデメリットとは紙一重である。ここでは、ラ行音節の子音［r］が、すでに述べたように、発話のなかでムニャムニャになりやすいことが問題である。日本語は語尾がはっきりしないとよく言われるし、そうならないように訓練もされる。その場合の語尾とは句末や文末のことである。日本語はSOV型の言語である。Vは動詞句。学校文法で言えば、文末にくる動詞、助動詞で構成されるひとまとまりである。ナニがナニをドウシタ、ナニがドウダなどという、状態や判断、結論などが明示される肝心の部分にいくつもラ行音節が集中し、それらの発音がムニャムニャでは、話し手の判断を聞き手は確認することができない。

アシター　アメラシーカラ　ココニア　ダレモコナイダロ

このように表音的に書けば、あるいは、きちんと読み上げれば、読み違いや聞き違いは生じないが、発音など気にとめずに軽く口にすると、あいまいな［r］の発音が災いして、〈語尾〉がムニャムニャになりやすい。

近年のワープロソフトは、語句を最後まで入力しないうちにその先を予測して候補を示してくれる。ことばの場合は、それと原理がまったく同じではないが、あちこちの音が正確に聞き取れなくても、文脈から反射的に推定して脈絡をつけることができるので、〈句末、文末のムニャムニャにはラ行音節が多い〉という経験則に基づいて再構成《reconstruct》し、たいてい話し手の意図したとおりに聞き取ることができる。したがって、ムニャムニャがラ行音節の末尾表示機能を大きく損うことは少ない。確認するまでもないが、語頭のラ行音節には文脈に基づく即座の推定がきかない。

【追記】原日本語でラ行音節を語頭にもつ語がなかったという事実を拡大解釈して、現代日本語と大差がなかったと早合点してはならない。たとえば、原日本語のハ行音節の子音は［p］であり、その後、複雑な変化をたどっているので、現代日本語で［h］の子音をもつ音節は［ハ］［ヘ］［ホ］だけで［ヒ］の子音は軋《きし》み音の［ç］、［フ］は両唇摩擦音の［ɸ］になっている。ハ・ヒ・フ・ヘ・ホをゆっくり発音して確かめればよくわかる。一方、活写語は原日本語以来、現在に至るまで［p］であり、また、出版、絶品、立法など、漢語では語頭子音［h］の音節が連濁と同じ機能を果たしている（Ⅲ章）。語頭以外にハの音節がないのは、［h］の聞こえ《sonority》がきわめて低いためで、その点でラ行音節を思わせる。英語でも原則として［h］の音は語頭に限られている。

# Ⅲ章　清音と濁音

## ――二項対立が担う役割

音韻体系に清音と濁音との二項対立をもつ言語は世界のなかで日本語しか知られていないようであるが、その事実の存在が明示的には指摘されていない。日本語話者にとってはあまりにも当然のことで不思議だと思わないし、それ以外の言語の話者が、日本語にそれがあることに気づかないのも当然であった。この章では、その二項対立が日本語を運用するうえでどれほど大切な役割を果たしているかを例証する。

二項対立のありかたを一言で要約するなら、清音は無標（unmarked）で、濁音は有標（marked）という関係にあるが、その顕現は多様である。カラスの鳴き声がカアカアと聞こえるのは、快く感じるからではなく、うるさい度合いが我慢できる限界内にあるからである。その限界を越えるとガアガアの域になる。どちらに聞き取るかは、聞く側の心理状態しだいなので境界値は流動的である。

## ■上代日本語の濁音

前章に引用した『日本語史概説』には、「八世紀の日本語」の「音配列の制限」という節に、「古代日本語（字音語を除いた和語）には、後世の日本語には存在しない、いくつかの音配列上の制限がある」として、「濁音」について説明されている。

古代語には濁音で始まる自立語は存在しなかった。ただし、オノマトペに関しては、「鼻びしびしに〈毗之毗之尓〉（『万葉集』892）のような例が既にあり、「馬声蜂音石花蜘蟵荒鹿（『万葉集』2991）」は「いぶせくもあるか」と読まれるので、蜂の羽音は「ブ」であったと推定できる。後世、「うばふ・むばふ＞ばふ（奪）」「うばら・むばら＞ばら」「いだく・うだく＞だく」のように、語頭音節の脱落により、和語でも語頭に濁音が露出するようになった。

「鼻毗之毗之尓」は庶民のみじめな生活を赤裸々に詠んだ作品として知られる山上憶良《やまのうえのおくら》の長歌「貧窮問答歌」からの引用である。風が強く雨が交じり、みぞれに変わって、寒さに堪えきれず、鼻水が出っぱなしで鼻がビショビショになり…、という文脈である。注釈書はビシビシニを鼻をかむ音とみなしているが、ビシビシニのニに注目すれば、鼻水が出っぱなしで、鼻がビショビショになって、であろう。

「馬声《イ》蜂音《ブ》石花《セ》蜘蟵《クモ》荒鹿《アルカ》」は、つぎの歌の第四句である。原文の表記に目をとおしたうえで、あるいは、せめてひととおり眺めたうえで、筆者の説明を読んでいただきたい。なお、そのあとに示した訓読にはほとんど異論がないようである。

垂乳根之　母我養蚕乃　眉隠　馬声蜂音石花蜘蟵荒鹿　異母二不相而
たらちねの　母が養ふ蚕《かこ》の　眉隠り《まよごもり》　いぶせくもあるか　妹《いも》に逢はずして

（万葉集・巻十二・寄物陳思・2991）

はじめの三句は、〈自分を生み育てた母が眉をひそめるので、すなわち、（あの娘と逢ってはいけないと）不快な顔をするので、わたしは、母の育てている蚕《かいこ》が繭《まゆ》のなかにこもっているのと同じように家から出られず、腹違いの彼女に逢えないので、なんともイブセシという心境だ〉ということである。「眉」と「繭」とはマヨで同音。「石花」は海産の小動物というが、確定できない。文脈から判断すれば、気味が悪くて思わず尻込みしてしまうような生き物がふさわしい。

心のなかで、荒馬がヒヒンといななき、蜂がブンブン飛び、怖いクモが這い回り、鋭い角を振りまわして鹿が暴れる、とは、まさに、「いぶせし」、すなわち、うっとうしく、やるせない作者の心境そのものである。作者自身の文字選びではなく、文字化した第三者による工夫であっても、ここで詮索する必要はない。

『万葉集』には、この歌が「寄物陳思」、すなわち、思いを物によそえて詠んだ歌のひとつになっている。恋の心を「蚕」に寄せたと説明されており、否定する根拠はない。「馬声蜂音石花蜘蟵荒鹿」には、たいてい、「戯書」とだけ注されており、『万葉集』の代表的な戯書のひとつと位置づけている注釈書もあるが、この一首は、ふざけている心理的余裕などない切々たる恋の悩みの吐露であるから、印象に強く残るのは「蚕」よりも、恐ろしく手に負えない第四句の動物の姿である。

これらふたつの例は、いろいろの機会に引用されて広く知られているが、「鼻毗之毗之尓」は、庶民生活の惨状をなまなましく描写するために韻文語彙の枠を越えて使用されたものであり、「馬声蜂音石花蜘蟵荒鹿」も、イブセシという語だけでは直截《ちょくせつ》に表現しきれない、鬱屈した心を、手に負えない嫌な生き物どもの行動をつぎつぎと読み手に想像させて訴えている。どちらも韻文語彙の枠を外して使用されたことによって日の目を見た語形である。

文献資料に二例しか出てこないから、その時期の日本語にはまだ活写語がほとんどなかったとみなすとしたら、それは、一匹しか出てこないから、この家にはゴキブリがほとんどいない、と安心するようなものである。その生態を知っていれば、大群はどこに潜んでいるのだろうと怖くなるはずである。

鼻がグショグショだとか、蜂がブンブン飛び回るとか、こんなつまらない用例は日本語の歴史をたどるうえで、ほとんど役立たないと軽視すべきではない。なぜなら、活写語は、日本語が新しい音を必要とする場合にそれを供給する大切な地下の部品倉庫だからである。在庫がなければ即座に適切な語形を用意することも可能であった。「地下の」とは、フォーマルな場や書記テクストにめったに顔を出さない、既成の規範に拘束されない集団だからである。これらふたつの語も、用字の工夫のために地下の倉庫から臨時に持ち出したもので、和歌にはどこにも使われていない。

すでに述べたことから明らかなように、濁音音節を語頭にもつ語がなかったのは、そのようにしておかないと体系を効率的に運用しにくい仕掛が組み込まれていたからである。濁音音節が語頭に立たなかったのではなく、立つことを体系が拒んでいたのである。もとより、それは、個人の意志による選択ではなく、言語共同体の成員による集団的選択であった。

単純なCV音節を基本としつづけるかぎり、文化の進展にともなう語彙の増大に対応しきれなくなるのは時間の問題であった。たとえば、その当時の子供たちがキャーキャーと騒いでいたなら、［kja］《キャ》を地下の部品倉庫から取り出してきて音韻体系に組み入れ、語彙容量をふやすことは容易であった。［kja］が導入されれば、［kju］や［kjo］も必要に応じて導入されることになる。ただし、表記を固定させるには試行錯誤を経なければならなかった。

拗音、促音、撥音などは、中国字音から導入されたという考えかたが有力であるが、地下の部品倉庫としての活写語群から取り出して当てた可能性は否定できない。

中国語の漢字音を導入する場合、拗音で導入することができたのは部品倉庫に蓄えられていた音のなかからの選択が可能だったからだと考えるのが自然である。

いくつもの音韻変化がつぎつぎと生じて、音節の種類が増加してきたのは、体系に縛られない多彩な音を抱えている部品倉庫からの取り出しによるものが大きな部分を占めていたと考えられる。その意味で活写語は長い歴史をつうじて日本語の貴重な活力である。

なお、活写語とは別であるが、[ti]（ティ）は、敗戦後に英語から導入されたと考えられており、動機がそこにあったことは確かであるが、幼児でも、ミルクティー作ってよ、とスラスラ言えるのは、[ta]、[te]、[to] があるのに、日本語の音韻体系のなかにすでに組み込まれている［t］と［i］とを組み合わせたにすぎない [ti] の発音に苦労するはずはないからである。偶発的ブランクになっていた、すなわち、いつでも使える状態で空いていた音節を使っただけである。

## ■清音とは？ 濁音とは？ そして清濁とは？

日本語では、子音単位ではなく、後接する母音と一体になった音節を単位にして、清音と濁音という二項対立のセットを作って運用している。そのような言語は日本語以外にみられないのではないかと述べておいたが、そもそも清音とは、また、濁音とは、という定義を棚上げしておいた。

清むか濁るかなどという小学生でも知っているようなことをくどくど説明せずに、もっと専門的な問題を扱ってほしいと、イライラしている読者がいるかもしれないが、これから説明することは、日本語研究の専門家のほとんどがおそらくまだ気づいていない、日本語の神秘とでもいいたいほどの、独特のシステムの解明なのである。

試みに手元の『岩波国語辞典』（第七版・2011）を引いてみると、「清音」と「濁音」との解説は、何度も改訂を重ねた辞書とは信じがたいほど不統一で杜撰《ずさん》である。

清音……日本語で（特に濁音・半濁音に対し）濁音符・半濁音符をつけない仮名が表す音。例、「バ・パ」に対し「ハ」が、「ズ」に対し「ス」が、清音。

濁音……かなで表す時、濁点をつけて書く音。例、「タ」の音に対して「ダ」の音。↕清音

半濁音…パ行の音。▽パピプペポ、ピャピュピョの総称。

たとえば、ナ、マ、ヤ、ラの各行の音は清音のようでもあるし、ヂ、ヅに対する清音は、現代語でもチ、ツであると読み取れる。半濁音を清音および濁音と対等に位置づけていることは、後述するように事の本質に関わる問題である。各項の説明の不統一も少なくない。点検は読者に委ねたい。

つぎに引用するのは、それぞれ専門研究者が分担執筆した、専門知識を求める人たちのための辞典の一項目「清濁」からの抜粋である（カッコ内は本書の筆者による加筆）。

日本語の子音の中で、無声音を清音、有声音を濁音とし、両者の違いを清濁の区別という。清濁の区別は音韻意識に基づくものであり、音声学で割り切れない。カ・サ・タ・ハの各行の頭音を清音、ガ・ザ・ダ・バの各行の頭音を濁音というのが古来の音韻学にかなうものであるが、中国（「語」欠）の音韻体系と日本（「語」欠）の音韻体系が異なることと日本語の音韻に変化が起きたためにハ行を清音、バ行を濁音、パ行を半濁音というなど音声学的に説明のできないものとなったのである。（以下略）

〔『日本語学研究事典』明治書院・2007（前田富祺執筆）〕

筆者がこれから説明することと対比すれば明らかなように最初の定義がまったくの誤りであるし、それ以下の叙述も問題外である。観念的音韻論は言語学史に大きな足跡をとどめたが、「音韻意識」は執筆者の造語であろうか。意味が鮮明でない。そもそも、音声学で説明すべきでない問題を音声学で説明できるはずはない。あとで筆者の考えを述べるので、国語学と言語学とのアプローチの違いを理解していただきたい。

## ■中国音韻学の用語から漢字としてのふつうの意味を借用した二項対立のセット

〈清音〉、〈濁音〉という用語の由来が中国の音韻学にあることは間違いない。ただし、中国音韻学では、頭子音、すなわち、IMVF/TのI（語頭子音。p.61）を、清、次清、濁、清濁の四種に分類しており、清は無声無気音、次清は無声有気音、濁は有声音であるから、日本語の清濁のセットと同じ関係になっているわけではない。日本語は、中国音韻学における用語の意味と無関係に、日本語固有の二項対立を、漢字の辞書的意味を借用し、〈清音はきれいで濁音は汚い〉と捉えて利用したと理解すべきである。たいへん都合のよい利用のしかたである。日本語話者が、清音はきれいで濁音は汚い、という印象を受ける理由については、あとで実例をあげて説明する。英語の diamond や baby, boy, girl など、語頭の有声音に汚ないイメージはまったくない。

無気音とは、呼気をともなわずに発音される音、有気音とは、呼気をともなって発音される音である。口のまえに手のひらや紙片をかざして発音してみれば、その違いが簡単にわかる。日本語でも、英語でも、[p] [t] [k] など、無声の破裂音なら語頭で弱い息が漏れるが、有気音と無気音とが区別される言語の有気音はそれよりも呼気がずっと強い。

中国の首都北京を Beijing と表記するのは、多くの言語で有声音に当てる文字で無気音を表記し、無声音に当てる文字で有気音を表記する独特の方式だからである。日本語話者にはペイチンと聞こえるが、スペリングを読むとベイジンになる。

台湾では、台北を Taipei と表記する。大陸方式なら Daibei になるが、母語に無気と有気との対立がない日本語や英語などの話者が声に出して読んでも、母語に似た発音であるから理解できる。

韓国では、Pusan 行きに乗って Busan に着いたら降りるだけであるが、この国のローマ字表記がバラバラであることを知らずに乗った旅行者は、一瞬、途方に暮れるであろう。コリア語の破裂音は、有気音、無気音のほかに、もうひとつ、国際音声記号になく、ローマ字表記の難しい濃音とよばれる音を区別する、たいへん珍しい体系なのである。グローバルの時代であるから、それぞれの国のローマ字表記を統一すべきであろうが、世界一科学的な文字であると確信するハングルを全世界で使用すべきだという誇りがあるので、ローマ字などによる不合理な表記を統一すべき理由はないのかもしれない。

## ■ハ行音とパ行音との対応

前引の専門辞書と同じく、和英辞典の類には、清音と濁音とを、無声子音と有声子音との違いとみなして、それぞれに、unvoiced consonant, voiced consonant と訳語を示している。それで大半は問題なさそうであるが、ハ行とバ行との関係を無声と有声の違いでは説明できないし、そもそも、清音と濁音との単位は単音でなく音節である。

はひふへほ　ばびぶべぼ　ぱぴぷぺぽ

ha çi ɸu he ho　ba bi bu be bo　pa pi pu pe po

無声と有声との関係にあるのはパ行子音とバ行子音なのに、似ても似つかない、すなわち、調音のしかたも、聴覚的にも、たがいに異質のハ行音とバ行音とが二項対立のセットとして運用されていることには、過去に生じた音韻変化が絡んでいる。

ハ行子音は、それぞれに後続する母音を予期して調音点を移したことによって三種類の音に分裂しているが、それらに対応するバ行子音のほうは各行とも［b］で一貫している。なお、[ha], [he], [ho]に対する有声音を求めれば［a］［e］、［o］になる。自身で発音してみればすぐわかる。

こういう不規則な対応になっているのは、つぎの過程を経て変化したためである。

①二項対立が形成されたと思われる文献時代以前のある時期には、現在のハ行子音に当たる音は無声音［p］であったから、それに対応する有声音［b］との、音節による自然な清濁の二項対立が形成された。

②文献時代に入った八世紀ごろのハ行子音は、両唇破裂音、すなわち、閉じた唇の間を呼気が破って発音する［p］（この表現は［pa］を読者自身で発音してみれば簡単に理解できる）であっ

たが、両唇の狭い隙間を呼気が摩擦する両唇摩擦音［ɸ］に移行する過渡期にあったために、［p］と［ɸ］との間で揺れる期間がかなり長く続いた。ただし、その期間にも、活写語は聴覚的に［b］とのセットを保って［p］のままであった。そのために、ふつうの語は［ɸ］で定着し、活写語はつねに［p］で一貫していた。なぜなら、たとえば、パタパタ、バタバタの対のパタパタをファタファタにしたら、清濁のセットが崩れて活写語でなくなってしまうからである。したがって、文献時代以前からの［p］は、和語の場合、活写語専用の［p］とふつうの語の［ɸ］とに分裂したことになる。風が吹くとパタパタ音がするからパタ（旗）とよばれたのであろうが、音韻変化でファタになり、さらにハタに変化して活写語の籍から完全に離れ、普通名詞になっている。木の葉がパラパラ落ちる、バラバラ落ちるで清濁のセットになっていたし、現在もその関係は保たれているが、一方、すなおな音韻変化としてパラパラはファラファラを経てハラハラになり、雅の表現に使用されている。涙もその点では同様であるが、木の葉と違って、バラバラとは落ちなくなっている。滝のように涙を流して、という表現は、涙をバラバラ落として、に代わる上品な表現である。

むめのはな　みにこそきつれ　うくひすの　ひとくひとくと　いとひしもをる
梅の花　見にこそ来つれ　うぐひすの　ひとくひとくと　厭ひしもをる
〔古今和歌集・誹諧歌・1011〕

「誹諧歌《はいかい》」はユーモラスな和歌の総称。わたしは梅の花を見に来ただけなのだ。それなのに、「ひとく、ひとく」といやがっている、ということである。第四句は「人来《ひとく》、人来」とだけ理解されてきたが、亀井孝（1912-1995）は、小鳥一般の鳴き声ピーチク、ピーチク（p・t・k, p・t・k）に「人来《ひとく》、人来」を重ねた表現であると解釈した〔「春鶯囀」『国語学』39・1959『亀井孝論文集3』（吉川弘文館・1984）〕。

『古今和歌集』は十世紀初頭の成立であるから、まだ［p］と［ɸ］とが付かず離れずの状態にあった。〈連濁〉について考える際に説明するが、和語では活写語専用として音韻体系にとどめられた［p］は、［ɸ］と分裂する前後から、もうひとつの大切な役割を担うことになる。それについては次章で説明する。

③ふつうの語の［p］が［ɸ］に移行して以後も、［p］は音韻体系内に残されたので、［p］と［b］との親縁関係は保たれつづけ、ふつうの語における二項対立は音韻変化の影響を受けずに、母音［u］の唇音性に支えられてそのまま残された。［ヒ］は、［ɸi］から一時的に［hi］に移行したであろうが、口の開きが狭い母音［i］に引かれて現今と同じきしみ音［ç］になった。［hi］が聞こえ《sonority》のよくない音であることも、きしみ音化をうながしている。これらの変化によって、［フ］以外はバ行音と唇音性を共有しなくなったが、ハ行音とバ行音との二項対立は、音の特性の違いを超えて確立されていた。

## ■多音節化の回避

いくつかの異なる言語の話者たちが日本列島で出会い、ジェスチュアを交えてなんとか意志を疎通していた状態から進歩して、ようやく〈原日本語〉とよべるだけの言語体系が形成された時期には、名詞も単音節語が大きな比率を占めており、二音節名詞がそれに次いでいたと推定される。二音節語が語彙の収容力の限界に達すれば、三音節名詞が形成されるという多音節化の方向を取らざるをえない。CVを音節構造の基本とする以上、生活語彙がそういう順序で増加してゆくのは自然のなりゆきであるが、多音節語が一定限度を越えたら、情報伝達の効率が落ちてくるので、何らかの抑制策が必要になる。

調音点が離れていて結び付きにくかったり、既存の名詞と紛らわしい語形であったり、その他もろもろの理由で自然に回避される結びつきが少なくなかったはずなので、二音節名詞に許容される収容語数の目安を単純計算で算出するのは困難であるが、文化の進展につれて、収容能力《capacity》の限度を越えるのは時間の問題であった。この場合、必要になるたびに新しい語を作っていったら、あとから作られる語ほどCV音節の長い行列になって収拾が付かなくなるが、そういう事態は何らかの方法で必ず回避されるのが言語史の不思議であり、その不思議を神秘から引き戻して合理的に説明するのが言語史研究者の役割である。

CVというもっとも単純な結びつきの音節に固執せずに、CCVとかCVCとかいう複雑な構成の音節を導入すれば、問題解決がたいへん楽になることは確実であるが、それは机上の空論であって、言語共同体の集団的選択は、必ずなんらかの有効な解決策を見いだすはずである。過度の多音節化を避けるためにアクセント体系が形成され、その体系が整備されたりするのもひとつの対処法であり、日本語でも、現にその方向は採られているが、原日本語では、さらに効率的な手法として、清音と濁音との二項対立が活用されている。

今のうちに対策を講じないと日本語は滅びるという表現を振り回す半可通の専門家や評論家が少なくないが、乱れに適切な処置を講じなかったために言語共同体内の意志疎通が困難になったり不可能になったりした事例があることを筆者は知らない。そもそも、言語が滅びるとは、具体的にどういう状態になることをさすのか、説明を聞いたことがない。ローマ帝国の言語であり、中世ヨーロッパの共通語であったラテン語は、現在、唯一ヴァティカン市国の公用語であるが、日常の話者はいないから、ラテン語は滅びたのかもしれない。そうだとすれば、はたして、いつ滅びたのであろうか。イタリア語、フランス語などをはじめ、ロマンス語と総称される諸言語は健在である。ひとり娘が他家に嫁いで後継者はいなくなったが、孫やひ孫があちこちにいる状態を血筋が断絶したと見なすべきかどうかが問題である。複数の方言に分裂したとも言えるであろう。JANSON, Tore: *The History of Languages.* Oxford UP, 2012）は、言語の歴史についてそういう問題を取り上げ、斬新な考えを提起している。タイトルの定冠詞と複数形の languages にその内容が示唆されている。

## ■日本語から日本民族を切り離して観察する

言語研究のありかたとして国語学に致命的欠陥があることについては、具体例に即してたびたび指摘してきたし、生き残るためには、言語学的研究に方向転換する以外にないという見解も表明してきた。そういう転換は看板を塗り替えて日本語学にしただけで達成できるはずはない。体質改善であるから、当面は言語学の既存の方法をモデルにして追いつかなければならないことを覚悟する必要がある。ただし、追いつけ、追い越せのよびかけが本書の主旨ではない。特定の言語の研究は、対象とする言語の特性を把握したうえで進めなければならない。

近世国学の流れを汲んだ国語学では、漢学の素養がないと理解困難なさまざまの用語が使用されている。文法の用語に特にそれが著しい。そういう種類の用語に、また、それぞれの概念に、メリットとデメリットとがあるので、そのバランスを見極めたうえで有用と判断された場合には、難解な用語をわかりやすく改めたり、別の用語に置き換えたりすることが望ましい。しかし、なかには、前時代的名称をわかりやすく改めようと思っても、どうにもならないものがある。《清濁》、《連濁》、《音便》などがその典型である。それらの実体さえ把握できれば、外国語で説明することは可能であるが、外国語への単純な置き換えは不可能である。そういう用語を従来のまま使いつづけなければならないのは、どれも世界の諸言語のなかで日本語だけにしか指摘できない言語運用の独自の方式だったり、日本語にしか生じ得ない独特の現象だったりするからである。

ここまでの検討ですでに明らかになったとおり、清濁のセットが日本語以外の言語にもあることは知られていない。これは、日本語の運用に深く関わる注目すべき独自の特徴なのである。

日本語話者としての素朴な感覚では、(A+B) という構成の複合語でBの語頭が自然に濁音に変わるのは、そうしないと言いにくいからだろうという程度の認識である。日本語研究に従事してきた筆者にとっても、今年はミンミンセミが多いとか、ハサクラの季節になりましたね、などと言おうとしたら、間違わないように気を付けなければならないし、口にしてみると、どこか間抜けた感じの語形であることも事実である。本人がヤマサキですと言っているのに、関東育ちの筆者はヤマザキさんのほうが親しみやすいと感じることも事実である。しかし、それは、口腔の構造のせいではなく、言い慣れない音節連鎖を言い慣れるまで、多少の違和感があるからにすぎない。

Yale《イエール》大学の Samuel MARTIN (1924-2009) は、奈良県出身の国語学者、中田祝夫が、著書の奥付に「なかだのりお」と振り仮名を付け、版権には N. Nakata と記しているが、身近な人は教えてほしいと *The Japanese Language Through Time.* Yale UP, 1987. の「後世の連濁」の項に書いている。ご当人がどちらなのか自信がなく、どちらでもかまわないと思っていることを確かめて手紙で知らせたが、方言の記録を調べていないことを、この章を書き終わってから思い出したので追記しておく。

このような問題について、従来は、そういう現象があることを指摘するだけで、その現象が日本語を効率的に運用するうえでどのような役割を担っているかを問題にしてこなかった。前章で扱ったラ行音節の特徴的な分布などもその例である。

## ■《連濁》という現象

日本語話者なら、シブガキと聞けば、即座に｛シブ（渋）＋カキ（柿）｝、すなわち、〈渋い柿〉と分析できる。イケバナなら｛イケ（活け）＋ハナ（花）｝で、〈花器に活けた花〉、または〈花を花器に活けること〉である。このような熟語が日本語には数限りなくあるが、日本語話者なら語構成を瞬時に分析できる。それは、《複合語の後部成素の語頭が清音である場合、不都合な条件がなければ濁音化する》という原則が日本語の運用規則に組み込まれているからである。法則などと開きなおるまでもなく、この程度のことは日本語話者なら幼時から身につけている。

■ライマンの法則

アメリカの地質学の専門家ライマン（Benjamin Smith Lyman）は、一八七三年から一八七九年まで日本政府の招きで来日し、各地の地質調査に従事したが、その間、日本語を十分にマスターしただけでなく、どのような条件で複合語に連濁が生じたり、生じなかったりするかを法則化した精細な研究を一八九四年、*"The change from surd to sonant in Japanese compounds."*（日本語の複合語における無声音から有声音への変化）というタイトルで公表した。

たいていの日本語話者は、〈下に来ると自然に濁る〉、という程度の漫然たる認識であろう。濁らない場合も、せいぜい、アイガギ（合鍵）にすると言いにくいのでアイカギのままなのだろう、という程度の理由しか思いつかない。日本語本で〈正しい日本語〉を旗印にしているみなさんも、こういうことに口を出さないようであるが、事実上、だれも間違わないからであろう。しかし、外国語として日本語を学習する人たちにとって、これは、とても厄介な問題なので、どういう条件で有声化したりしなかったりするのか、規則を当てはめて判断したいと考えるのは当然である。たとえば、英語の複数語尾がどういう条件の違いで［s］になったり［z］になったりするのか、規則として覚えたいと思うのと同じようなことであるが、英語の複数語尾は先行する音によって自然に決まるし、逆に言ってもそのままつうじるので問題はない。しかし、日本語の連濁は、ひとつひとつ覚えなければならないほど恣意的な感じで、規則化しようとすれば、規則の条項がいくつになるか見当がつかない。日本語話者は成長する過程で語彙を広げるので複雑だという認識がない。ライマンは、日本語についての豊富な知識に基づいて、自分自身でその規則を帰納しようと試みたのである。日本の学者たちは、ライマンが帰納した諸規則を〈ライマンの法則〉とよび、それをさらに洗練させてきた。

　地質学者が自分の専門の仕事をしながら日本語を独力でそこまで深く研究したことにはおおいに敬意を表するが、それから百年以上を経た現在から見れば、当然ながら完璧ではない。日本語を独力で身に付け、そこまで研究した非母語話者《nonnative speaker》に現在の日本語研究でも到達していなかったレヴェルの注文を付けるつもりはないが、論文のタイトルに The change from surd（声帯を振動させない音《おん》）to sonant.（声帯を振動させる音）とあるとおり、この著者には日本語特有の清音と濁音との関係が理解されておらず、そのために、この現象が無声音《surd》から有声音《sonant》への変化と捉えられていることである。無声音から有声音への変化と見なしても規則化できる事例が多いことは事実であるが、たとえば、kusa＋hana＞kusabana（草花）のように、無声子音の有声化としては法則化できない事例が残らざるをえなくなる。

筆者として残念なのは、その研究のあとを承けた日本の研究者たちが、清濁の本質を理解せずにライマンの提示した諸規則を〈連濁〉の規則とみなし、それをいっそう整然と整理しようと努力してきたために、この現象の本質を捉えることができないままになっていることである。

一般に、個別言語の研究は、生得話者による研究と非生得話者による研究とを付き合わせないと完全を期しがたい。非生得話者は、突飛な解釈を大まじめに提示することもあるが、生得話者が、あまりにも母語に馴れすぎて意識しない大切な事象に気づいてくれることが少なくない。ライマンによる連濁の法則化の試みは、そういう典型的事例のひとつであったが、問題は、日本の有能な研究者たちがその研究の新鮮さに蒙を啓《ひら》かれて、ライマンの方法をあらためて吟味し直すことなしに、提示された法則をさらに洗練しようと努力し続けてきたことである。その経過を詳しく知りたい読者は、金田一春彦「連濁の解」(『金田一春彦著作集』第六巻〈原論文2001〉・玉川大学出版部・2005)を参照していただきたい。それまでの経緯をたいへん詳しく、またわかりやすくまとめたうえで執筆者の自説が提示されている。ただ、残念なのは、この論文の筆者もまた、連濁を、アクセントを含めて音韻論および形態音韻論《morphophonemics》の問題として捉えてしまい、意味との関わりを積極的に否定していることである。それは、戦争で交流が断絶されていたために、アメリカではすでにつぎの世代に移りかけていた一九五〇年代にようやく入ってきた方法、すなわち、主観を徹底的に排除して事実を客観的に捉えようとする記述言語学《descriptive linguistics》の影響である。ライマンの研究は、アメリカ記述言語学のバイブルであったLeonald Bloomfield（1887-1949）の*Language*（1933）より約四十年も以前であったが、方法は記述的である。

金田一論文の末尾の章には、「重要なのはその歴史的な研究」であると主張されており、つぎの一文で結ばれることになった。

> いずれにしても連濁の原因を明らかにするためには、個々の語の古い姿が明らかになることが必要である。（略）個々の語の古代の清濁には今と随分ちがったものがあって驚くことが多い。このような研究がもっと進んでどの語はいつ清んでいた、いつ濁っていたということが明らかになることが望ましく、連濁の本格的研究が出来るのはそのあとのことのようだ。

伝統的国語学の方法を捨てて言語学の方法に基づいた日本語研究に移行すべきだというのが、従来からの、従って本書においても、筆者の一貫した立場であるが、日本語独自の言語現象を欧米の言語学者は見逃しがちなので、すべてに欧米のモデルを当てはめて捉えてしまうと、せっかく掌中にある珠を無にしてしまいかねないことをも強調しておかなければならない。

## ■体系的変化か個別的変化か

先に引用した『日本語史概説』、「濁音」の一部を再引用する。

古代語には濁音で始まる自立語は存在しなかった。（略）『万葉集』にオノマトペの例はあるが（筆者短縮）後世、「うばふ・むばふ＞ばふ（奪）」「うばら・むばら＞ばら」「いだく・うだく＞だく」のように、語頭音節の脱落により、和語でも語頭に濁音が露出するようになった。

国語学の現在の研究水準に照らして右の引用に誤りはない。語頭音が脱落した原因として、〈［イ］と［ウ］とは口の開きの狭い母音で脱落しやすかった〉と追加すれば、いっそうよくわかるであろう。ウバラ［ubara］とムバラ［mbara］との関係は、ウメ［ume］とムメ［mme］との関係と同じで、ウ型はもっぱら上代文献およびそれ以後の片仮名文献に、ム型はもっぱら仮名文献に出てくるが、表記は異なっていても語形はどちらも同じである。ただし、そのことが学界の共通理解になっているかどうかは断言しにくい。

筆者が指摘したいのは、ムバラからバラへの語形変化を〈語頭音節の脱落〉と捉えて日本語史の一齣《ひとこま》として提示するなら、それと同じ音韻論的環境にある語にいっせいに生じた体系的変化であったのか、それとも、特定の条件を共有する少数の語に限って生じた個別的変化だったのかについての判断が示されなければならない。なぜなら、個別の事象を、過去に生じた単独の出来事としてではなく、それを日本語の流れのなかに位置づけなければ、日本語史のうえでどのような意義をもつのか評価できないからである。

### ■イバラ、ウバラの鋭い棘

たびたび確認してきたように、これまで、八世紀には濁音を語頭にもつ和語はなかったとされてきたが、例外として『万葉集』に少数の活写語の例があることが指摘されている。筆者は、当時のことばに、すでに濁音を語頭にもつ活写語がたくさん使われていたが、たまたま、現実的な生活を描写した歌を生々しく印象づけるために歌に詠み込まれたり、切実な恋の悩みを詠んだ歌の心を理解させるための工夫としての用字に使われたりしたことによって、韻文語彙の枠を破って『万葉集』に顔を出したのであって、当時のことばには、活写語が豊富に使われていたはずだという推定はすでに述べたが、バフ（奪）、バラ（茨）、ダク（抱）は、体系全体の動きではなく、なんらかの理由で生じた個別的変化であるから、『万葉集』にたまたま顔を出した活写語と違って、それぞれの語がもっていた、あるいは、それらの語が共有していた、なんらかの条件があったからだと考えなければならない。

思いを寄せている男性が家を出て自分のもとに向かう様子をこっそり物陰で見て、先回りして彼を待つために、「うばら、からたちにか、りて、家に来てうち臥《ふ》せり」という一節が

『伊勢物語』にある（六三段）。平坦な道ではなく、山道を、木に絡みついているイバラの鋭い棘《とげ》や、カラタチの枝の、刃物のように鋭い棘に傷つきながら必死に走り、家で横になって彼が来るのを待っていた、ということである。自生のイバラから一次的に連想されたのは、その白い花ではなく、鋭い棘が刺さったときに味わったことのある、あの激痛である。野生化したカラタチも、可憐な白い花ではなく、イバラ以上の太く頑丈な棘であった。

## ■語頭の濁音による汚いコトバの類型

日本語の美しさに心酔する文章はいくらでもあるが、下品さや汚さを論じた文章を筆者は読んだことがない。ただし、探したこともない。

現代語に、濁音を語頭にもつ、つぎのような一群の語がある。筆者自身の知っている東京方言から、思いつくままに順不同で列挙してみよう。

びり、ばか、べろ、どろ、ぐず、ぼろ、げろ、ぼる、ずるい、ぐれる、どなる、びびる、ぶれる、じれる、ずれる、だべる、ばける、だます、ばれる、ぐずる、ごねる、ばらす、ずぼら、ぐずる、ごねる、ださい、だらしない、ぶんなぐる、ぶちまける、ぶっこわす、じれったい、ぼろ、ずぶとい、げす、ずれる

もっとあるから、読者自身で探してみてほしい。死者の霊に飲食物を供える「施餓鬼《せがき》」は

仏事であるが、生意気なガキだ、などというガキや麻薬などの類をさす隠語のブツなどは、漢語の籍を離脱して、汚い和語に移籍している。

各地の方言に、それぞれ独自の、同じような語があるはずであるが、どれもこれも、日本語本などに美しいと自讃されている和語であるか、和語化した漢語である。大部分は卑語《vulgarism》であるから教科書には載っていないが、だれでも知っている。大阪のアホウは東京のバカより柔らかいが、ドアホウという強烈な決め手がある。

ダサイやボッタクルなど、近年の造語もあるが、文献資料にめったに顔を出さないので、大部分は、いつから使われているのか不明である。言えることは、どれもこれも、和語の、あるいは和語ふうな感じの語の語頭の濁音がもつ、俗で下品な、または汚い語感をねらった造語だということである。

水谷静夫（1926-2014）『日本語の曲り角』（岩波新書・2011）には、ヒッタクルはよいがボッタクルは東京の田舎だった新宿が、戦後、盛り場になって生まれた語のひとつであり、ボルは巻き上げること、したがって、ボッタクリとはボリヒッタクルことで、「新宿語として発生する以前には、日本語には存在しなかったはずです」と、下賤な語として紹介されている。しかし、これは、ボルとヒッタクルとのそれぞれ半分を組み合せて作った語で、言語学ではカバン語《portmanteau》とよばれている類型に属している。ひとつの旅行鞄《かばん》にふたつ分を詰めこんだという意味であろう。語頭の濁音の汚なさが生きている。そういう悪徳行為が日本社会に存在する限り、このことばは生きつづけるであろう。

孫が、祖父、祖母をジジ、ババとよぶのは無標《unmarked》の［titi］，［papa］（いずれも古形）と区別する後述の有標化《marked》であるから悪意はない。老人を軽侮する語形はジジー、ババーである。カカーと同じように語末母音の長音化が軽侮の指標になる。

英語の場合、下品な行為や嫌な動物の名などにsn- で始まる語が多いことがよく知られている。

snail snake snap snare snarl snatch sneak snipe snitch snob

手元の辞書でそのあたりの語をずっと見てみると、こういう意味の語が並んでいるなかに、snell（頭が切れる）とか snug（気持ちがいい）などもランダムに交じっている。英国の歴史を反映して、英語の語源は多彩であり、これらの語の出自も一定していないが、日本語の濁音で始まる語群のように、マイナスの含みで集まったわけではないので例外があるのは当然である。上代の日本語はラ行音節と濁音とが語頭に立たなかったと日本語史の本に書いてあるが、濁音が語頭に立たないという規則を逆手にとって、後世に、濁音で始まる汚い語、下品な語を作ったのであるから、英語の sn- の場合と違って、こちらには例外がない。

## ■脱落したのか、させたのか

以上のことを確認したうえで、話題を戻そう。

イバラ・ウバラ＞バラという変化は、端的に表現すれば、語頭音節が狭い母音だったり半端な鼻音だったことが原因で、いつのまにか自然《ひとりで》に落ちてしまったわけではない。日本語話者たちの集団的選択が、弱い語頭音を脱落させて鋭い棘を露出させたのである。筆者は、集団的選択という曖昧な造語で読者を煙《けむ》に巻いているわけではない。言い換えるなら、濁音の前の狭い母音［i］や独立性の弱い子音［m］が耳で捉えにくいことに乗じて、邪魔な頭音節を振り捨ててしまったのである。ごく自然な口調で［ibara］とか［mbara］とか、何度か口にしてみれば、これらの語頭音を〈弱い〉と表現した理由がわかるはずである。

邪魔な語頭音節を振り捨ててしまったと、わかりやすく表現したが、計算して語形変化を生じさせることはできない。大切なのは、どうして語頭音節が邪魔になっていたのかである。バラという語形の形成過程を模式的《schematic》にたどるなら、話し手がふつうにイバラと口にしたのをバラと聞き取り、濁音を語頭にもつその語形が特別の表現効果を発揮することに気づいて、以後、バラと言うようになり、聞き手がその語形の表現力を評価して、しだいに広まったという過程があったはずである。集団的選択とは、言語共同体のメンバーの多くが、そろって同じ反応を示すことである。ただし、ひとまとめに集団とよんでも、柔軟に新しい方向を取るのは、いつの時代にも若年層である。

我々は、バラの花を美しいと感じ、その芳香を愛《め》でる。それが動かせない真実であるとしたら、和語の語頭の濁音が下品だとか汚いとかいう語感をともなうという前掲の帰結は御破算にせざるをえなくなる。そうだとすればバラは珍しい例外と見なさざるを得なくなるが、そういう御都合主義で処理してしまったら論証の信憑性《しんぴょう》が失われる。

## ■痛いバラ線

昔話になるが、筆者が少年だった一九三〇年代、住宅地で仕事をする職人さんたちが、工事中、出入禁止のために張りめぐらす有刺《ゆうし》鉄線を「バラ線」とよんでいた。太い針金の切り口がバラバラに付いているからバラ線なのだと思い込んでいたが、あとになって、バラ線のバラは、庭に咲くあのバラであることを知って驚いた。調べてみたら、バラはバラでも花ではなく棘のことであった。それならよくわかる。『新明解国語辞典』(第七版)の漢字表記は「刺線」となっている。

出自に基づく分類なら、イバラ、ムバラは和語であるから、当然、バラも和語である。しかし、現今の我々が［bara］と聞いて一次的にイメージするのは、濁音を語頭にもつ、棘の鋭い枝や幹ではなく、その美しい花である。それも、野生ではなく洋風の花である。語頭に濁音をもつ語が下品な印象、汚い印象をともなうのは和語の場合であって、漢語や外来語には原則として当てはまらない。美女もダリアも美しいし、ベストは最高である。

和語の「いばら」は、語頭音を払い捨てたことによって外来語感覚の美しい「バラ」に変身する第一歩を踏み出したが、華麗な変身を遂げたのは、野生のイバラが生活に縁遠くなり、観賞用の外来種が導入されて以後である。ヘボンの『和英語林集成』（初版・1867）によると、植物体をさすだけでなく、花をもバラとよんでいる。

BARA, a Rose 茨, A rose bush. *Bara no hana*, a rose, *Bara no toge*, thorn of a rose.

〔美国平文《ヘボン》先生編訳『和英語林集成』初版・1867〕

### ■濁音が喚起する内包の、段階的変化

イバラ、ウバラからバラへの変化は、下品さや汚さではなく、棘の痛さの強調であった。ウバフからバフへの変化も行為の激しさの強調であり、イダクからダクへの変化は行為の下品さではなく、強く抱きしめる行為の強調である。バフ（奪）は姿を消したが、イダクの語頭音節が脱落してダクが生じて以後も、イダクが使い続けられているから、不可逆的な語形変化ではなく別語の派生とみなすべきである。遡って、『万葉集』の「鼻ビシビシに」は、現今の日本語話者がその語形から下品さや汚さを感じ取っても文脈がつうじるし、そもそも

清潔な場面ではないが、時代を考慮するなら、汚さよりも、貧民の生活のみじめさの象徴とみなすべきかもしれない。いずれにせよ、濁音のもつこの特性が、八世紀にはすでに芽生えていたことになる。

前節に、濁音を語頭にもつ語が下品な印象、汚い印象をともなうのは和語の場合であって、漢語や外来語には原則として当てはまらないと述べたが、「原則として」とは、その語がさす対象が、下品な、汚い、恐ろしい物体や概念である場合には、語頭の濁音が、下品さや恐ろしさを増幅するからである。爆弾、髑髏《どくろ》、骸骨、獰猛《どうもう》、残酷、便所、愚弄、没落、罵《ば》詈雑言《りぞうごん》などがそれに当たる。

外来語を日本語の感覚で受け止める事例もある。ドラキュラなどは活写語の類型を当てはめて、気味悪くドラリキュラリと暗闇のなかを徘徊する怪物を連想させる。こんな活写語を即席に作っても理解できるところに活写語の特性がある。

小夜《さよ》曲と訳されているセレナーデを国語辞典で引くと、出自がドイツ語、フランス語と書いてあったり、フランス語だけだったりする。スペリングの末尾はどちらも de であるが、［de］と発音するのはドイツ語の Serenade のほうだけである。ただし、ドイツ語では語頭のSの発音が［z］になる。夜、恋心を寄せる女性の家の軒下で心を込めて弾いた曲がゼレナーデでは聞くに堪えない騒音になってしまうので、日本語でセレナーデにしてしまったとすれば、語頭濁音の汚さの回避である。十代の末ごろに、イギリスの小説を読んでいてbumpkin《バンプキン》という語が出てきたので、反射的にカボチャ野郎、すなわち、野暮ったい田舎オヤジを連想した。辞書を引いたらほぼ的中していたが、あとでよく調べたら語源は小さな樽をさす古いオランダ語であった。背が低い太ったオランダ人男性をからかったのがもとで、カボチャは無関係であった。英語では、汚いことばの語頭子音を濁音化させることなどあるはずがなかった。不思議な偶然に驚いたが、カボチャ野郎のイメージは未だに頭にこびり付いている。

ブタという名称の起源は不明であるが、日本語話者には、その語形が汚い動物をイメージさせる。なき声をブーブーと濁音で聞き取り、ブタにされてしまったのかもしれない。

## ■ふちをあけてうちたまへと

以下の引用は、第三の勅撰集『拾遺和歌集』(1006)哀傷部の和歌(1350)の詞書である。伝本は後世の写本なので和歌にまで少なからず漢字が当てられている。しかし、原本では、和歌はもとより、詞書も、年号や天皇の名、官職名、寺院名、また、ふつうに口にしているのに仮名では適切に表記できなかった「京」や「屏風」などの漢語以外はすべて仮名で書かれていたはずである。以下には、読みやすいように、直接に取り上げる傍線部分以外は、適宜に漢字を当てて引用する。

聖徳太子、*高岡山辺道人の家におはしけるに、飢ゑたる人、道のほとりに臥《ふ》せり、太子の乗り給へる馬、とどまりてゆかず、ふちをあけてうちたまへと、後《しり》へ退《しりぞ》きて止《とど》まる、太子、すなはち馬より下りて、飢ゑたる人のもとに歩み進み給ひて、紫の、上の御衣《ぞ》を脱ぎて、飢ゑ人の上に覆ひ給ふ（略）

（藤原定家書写のテクストに基づき、振り仮名を添えた）

＊「たかをかやま」が、このあとの和歌では「かたをかやま」となっている。

聖徳太子が高岡山に住む、神仙の道を修めた道人のもとを訪れたとき、食に飢えた者が道の傍らに横たわっていた。太子は「ふちをあけて」馬をお打ちになったが、太子の乗った馬は、あとずさりして、そこに止《とど》まっている。太子は、すぐに馬から下りて、飢えている人のところまで歩いて行かれ、最高位の人が着る紫色の袍《ほう》（いちばん上に着るお召し物）を脱いで、その人の上にお掛けになった、ということである。

ここで問題にしたいのは、傍線を付けた「ふちをあけてうちたまへと」の部分である。

『拾遺和歌集』藤原定家筆　安藤積産合資会社蔵

ここだけを抜き出したら、「縁《ふち》を開けて打ち給ふ」などと意味不明になってしまうが、この場合の「ふち」は、馬を打つ道具であるから、鞭《むち》でなければならない。マ行音節に対応する濁音はないが、現代語でも、［ブ］を［ウ］の濁音になぞらえて、ウチノメスをブチノメス、ウチコロスをブッコロスと、物騒な語形を作って使っている。

〈必要は発明の母〉の原理で、同じ意味で、もっと強い含みの表現になる語形がほしいのに、ストレートにそれが作れないので、というより、作れなくても、調音点の近い濁音を借りて目的を遂げている例である。言われた側も、どういう意味と含みの語であるかを即座に理解する。ノク、ノケル《退》の乱暴な語形がなければ、ドク、ドケルを作って使う。言語には、そういう柔軟性がそなわっている。みんながその語を聞いて便利に使うようになれば社会的に通用するようになる。ただし、そのときには、使い始められた初期の新鮮な印象は薄れている。

以上の理由で、「ふちをあけてうちたまへと」は「鞭《ぶち》を上げて打ち給へど」という意味に読み取るべきことになるが、そういう乱暴な行為が、たぐいない人格者であったはずの聖徳太子にふさわしかったかどうかが最大の疑問になる。怖がって動こうとしない馬の態度にさすがの太子も怒り心頭に発して、思わず馬をブチのめしたということになるが、聖徳太子といえども人間であったなどという、その場限り《ad hoc》の説明はすぐに破綻する。なぜなら、烈火の如く怒ったはずの太子が、つぎの瞬間に馬から下りて、きわめて慈悲深い行動をとる人物に変身したりすることなど考えられないからである。

その時代、力を込めて振りおろす場合にムチをブチとよぶ習慣があったかどうかを文献資料で確かめるのは困難であるが、調べて確かめる必要はない。なぜなら、このような文脈でこのように使えば、日本語話者なら、パターンに合わせて理解できたはずだからである。

馬が梃子《てこ》でも動こうとしないので、鞭を高く振り上げて強く打つ構えを描写するために、ブをムの濁音になぞらえて表現し、その語形を耳にした聞き手も、あるいはその表記を目にした読み手も、この場合のブチはムチを強めた語形であることを、すなわち、鞭を高く振り上げて打つ、という表現であることを日本語話者なら即座に理解したであろう。

太子は、強く打とうとして鞭を高く振り上げたものの、かわいそうでさすがにそれはできず、ふつうの打ちかたで馬を打ったのである。なぜ筆者がそのように読み取るのか。それは、詞書に「ふちたまふ」ではなく、「うちたまふ」とあるからである。

非現実的な仮定であるが、もしも、この詞書の作者が聖徳太子の人格を傷つけたいと考えたなら、「ふちをあけてふちたまへと」と書き換えるだけで十分であった。なぜなら、嫌がって前に進もうとしない馬を思い切りブチノメシタという表現になるからである。物の弾みで思わず高く振り上げてしまったけれど、かわいそうで強くは打てず、あきらめて馬から下り、歩み寄ったところに聖徳太子のやさしい人柄がにじみ出ている。

古典文学の研究者のなかには、詞書の解釈をスキップして和歌だけを読み、見当外れの解釈をしていることに気づかない人たちがいるのは残念である。(『みそひと文字の抒情詩』)

この事例を根拠にして、十一世紀初頭にはムチをブチとも言い、ウツをブツとも言った、などと単純に説明する日本語史であってはならない。こういう文脈のなかで、書き手が臨機に案出した語形だと考えるのが真実に近いであろう。この文脈におけるブチは、既成の規範から外れた語形だからこそ読み手に強く印象づけることができた事例のひとつとして記憶しておきたい。ついでに、もうひとつ注目したいのは、優雅な表現で優雅に描写することをたてまえとする勅撰集でも、それが心をよくとらえた表現であれば収録されていること、そしてまた、聖徳太子の慈悲深さを表わすエピソードのあとの、親のない飢え人を憐れむ太子の和歌と、それに応えて太子の慈悲深さを賛美した飢え人の返歌とをセットにして、この勅撰集の最後の巻、死者を追悼する「哀傷」の末尾をかざっていることの意義をも見逃してはならない。

規範に合わないこういう事例が書記テクストに出てきた場合、それ以前と仮名表記が違っているから音韻変化が生じたのだと即断して処理してしまうことに後ろめたさを感じないとしたら、それは、みずからを音韻論とか音韻史とかいう狭い枠のなかに閉じ込めて、文献資料に見いだされた仮名表記の違いだけに注目し、その事例を文脈に戻してもういちど捉えなおそうという姿勢で文献に対していないからである。

書記は言語に基づいているが、書記の目的は事柄を記録することであるから、比喩的に言えば、大きく歪められた、言語の鏡像である。したがって文献を資料にしてことばを復元しようと試みる場合は、その時期におけるその言語についての基礎知識が不可欠である。

強く打つ、という気持ちを聞き手に伝えるために、［ウ］と同じ口つきで呼気を強くすると、［β］になる。［β］は［b］の異音《allophone》ではあるが日本語の語音配列則では語頭に立たないし、子音だけでは音節にもならないので、この場合は自動的に［bu］になる。以上が、強く打つ行為を表わすブツをウツから派生させた心理的過程についての説明である。

ブツは臨時に作り出された語形であったとしても、濁音化までの筋道に無理がないので、同じような過程で語頭音節が濁音化することがしばしば起こり、それが造語のパターンになって、語頭に濁音をもつ語形が強さ、下品さ、汚さなどの含みをともなう語に特化されたのが、さきに列挙した語群が成立するもとになったと考えてよいであろう。

## ■一音節＋ジル型動詞

文献資料に顔を出しにくい語なので、いつごろから登場しはじめたのか確かめにくいが、つぎのような〈一音節＋ジル〉というパターンにも、イヤラシイ、あるいは、屈折した心情を表わす動詞が集中している。語頭ではないが、二音節目のジが音象徴《sound symbolism》としてそういう感覚を醸《かも》し出しているように感じられる。ただ、音象徴を不用意に持込むと水掛け論になるので、事実としてそうなっているというだけにとどめておく。

あじる、いじる、お《怖》じる、なじる、かじる、ねじる・ねじまげる、はじる、よじる、もじる、こじる・こじあける・こじつける、（穴を）くじる、（鼻を）ほじる、やじる、にじりよる

現代語ではどれも第二音節がジであるが、オジル、ネジル、ハジル、ヨジル、モジル、などは、十六世紀ごろまでの関西方言では、オヅル、ネヅル、ハヅル、ヨヅル、モヅルだったはずである。平安時代に連体形であった活用形が、この時期には終止形としても使われるようになっている。ただし、どの語も平安時代から使われていたとは限らない。また、ヂであった語のほうがジであった語よりも多いことからみると、前者に後者が合流した確率が高そうである。アジルはアジテーション《agitation》を縮約したアジの動詞化であり、ヤジルは、ヤジウマ《野次馬》などを縮約した名詞ヤジ《野次》の動詞化である。前者は外来語、後者は近代の造語であるが、どちらも下品な行為という点で似かよっているだけでなく、たまたまこのパターンになったために、まるで同源のような印象である。

政権与党が参議院で過半数を割っていると法案の審議が円滑に進まない。与党はそれをネジレ現象とよぶ。一音節＋ジル型の特性に気づかずにそうよんだのであろうが、結果として、これはたいへん巧みな命名である。なぜなら、ネジレは陰湿な現象なので正常化するのが当然なのに、それを阻止している野党は不届きだと有権者は理屈抜きで感じるからである。イジメ、イジワル、ミジメ、ニジム、チヂレなどにも、いやらしさの含みがオーヴァーラップするが、クジラ、ヒジキ、ミジンコ、シジミなどは圏外にある。

## ■例外の処理

**①マジルの場合**……この動詞は、語形そのものから癖のある臭いが漂《ただよ》ってくることはないから、この語形を説明できなければ、前節で設定した規則は危なくなる。

ケジル、ウジル、ソジル、ヌジル、ヘジル、…。どこかの方言にあるかもしれないが、もしもあったら、ろくな意味ではない、と直感する。これは、日本語話者が共有する感覚であろう。そうだとすれば、語頭に濁音をもつ和語と同様に、この場合も、濁音節が絡んだ特別の語形が特別の意味と結び付いた事例であると考えなければならない。

語形がマジルに近いがジル型ではないマザルという動詞があることに着目しよう。

ヘボンの『和英語林集成』（初版・1867、第二版・1872）では、Majiru マジルの項目はあるがMazaru の項目はなく、第三版（1886）でそれが追加されている。ふたつ示されている訳語はMajiru の訳語の最初ふたつと同じで、簡単な用例が添えてあるだけである。それに対して、Majiru には訳語が六つもあり、用例も詳しい。初版の段階ではまだマザルが流通していなかったか、辞書に載せる必要がないと判断されたかであろう。十九年後になって、これも入れておこうという程度の扱いになっている。したがって、この簡単な調べを目安とするなら、マザルという語形は明治期に入ってしばらくしてから広がった語とみてよさそうである。かなりの誤差を見込んでも、マジルは早くからあって、マザルがあとから加わったことは確かである。同義のようでもあるが、百円玉に一円玉がいくつも混じっているのは、だらしない状態であるのに対して、一円玉が混ざっていたら、取り除いて百円玉だけにすべきことを含意すると筆者には感じられる、ただし、深く考えるとどちらがどちらなのかわからなくなる程度の違いである。

たとえば、グリーンのシャツを着たグループが街で暴力的行動を繰り返していると、もともとグリーンが好きで着ていた人たちは同類と思われるのを恐れて他の色を着るようになるのと同じように、たまたま〈一音節＋ジル〉の形であったマジルが、だらしない含みで理解されるのを避けて衣替えしたのがマザルであるが、現在も着替えの最中のようにみえる。

**②トジルの場合……**マジルと違って別の語形への転換ではなく、分散逃避が選ばれている。

じっと目を閉じて故郷を偲ぶのは上品なことばづかいで詩的でさえあるが、眼科の医師は、三分間、目をツブッテいてください、と言う。筆者はホチキスでトジルが、世間にはトメル派が多いようである。入り口のドアをトジテくださいと頼むと、シメテくれる、しかし、本はヒラク、トジルのセットで固定しているようである。

語頭の濁音は、語音配列の空白を利用して増殖したが、一音節＋ジル型は、先住者がいるところに割り込んだので、完全な引っ越しは難しく、一部は、当分、残したままになる場合もあるということなのであろう。ただし、本をトジルとか、目を閉じるとか、用法を慣用句《set phrase》に限定して、この型の放つ悪い臭いを消している。

**③らじるらじる……**NHKのラジオ放送をラジオ以外の機器でも聞けるシステムが「らじるらじる」である。奇妙な名称ではあるが下品さはない。ラジオのラジに動詞活用語尾を添えた形だとリスナーが分析するから語構成は〈らじ＋る〉であると認識されるので、いやらしさも下品さもない。

### ■濁音の汚さ

かつて、国語研究所の所員が、研究ジョなどという汚らしい機関には勤務できないという理由で突然辞任したとのことで話題になったことがある。当時は、ずいぶん潔癖なかたもいるものだと驚いたが、筆者にも、それにつながる経験がある。

集中講義の最初の時間に出席簿を見ながらヤマザキさんを指名して小さな質問をしたら、ヤマサキですと言ってから、わかりません、と答えたので、ごめんなさいと軽く謝った。ところが、最後の日に出席をとって、その女性をヤマザキさんとよんでも返事がないので見わたしたら彼女は出席していた。前回のことを思い出して、あわててヤマサキさんと呼びなおしたがこちらを見返しただけだった。そのときは彼女の心理が理解できなかったが、考えてみたら、きれいな印象の苗字をザキなどと汚い名前で二度もよばれたことに我慢できなかったに違いない。どうやら、その地方ではサキがふつうだったらしい。その逆に、ヤマザキさんがヤマサキさんとよばれても、きれいなよびかたをしてもらったと喜びはしないであろうが、多少の違和感をおぼえる程度ですむであろう。ただし、日本語の運用について考える立場からは、次節に取り上げるような現象まで、同じことだと片付けるべきではない。

## ■地名「白金」の語形

芝白金は東京都港区の高級住宅地である。東京の住人でも縁のない人たちはシロガネと読むであろうし、それで間違いなく通じるが、シロカネと公式に定められており、各種交通機関もそれに従っているのに、シロガネ族の新しい住民が増えてくるので古くからの住人は穏やかでないようである。

この地名の由来は、室町時代に銀《ぎん》を大量に蓄えていた白金《しろかね》長者にあるという。となると、その時代に銀はシロカネだったはずであるし、現に文献上の証拠もある。

『万葉集』の「しろかねも　くがねも　たまも　なにせむに」で知られる山上憶良の歌（巻五・803）のシロカネは古い写本に「銀」とあるのを訓読したもので証拠にならないが、一一〇〇年前後に編纂された漢和字書『類聚名義抄』を、その百年ほどあとに改編した同名の辞書の複数の写本が残っているので、以下、そのひとつ、観智院本の当該部分の図版に基づいて説明する。図版は「金」部の最初の三行で、一行目上端の「八十八」は「金」部の部首番号である。

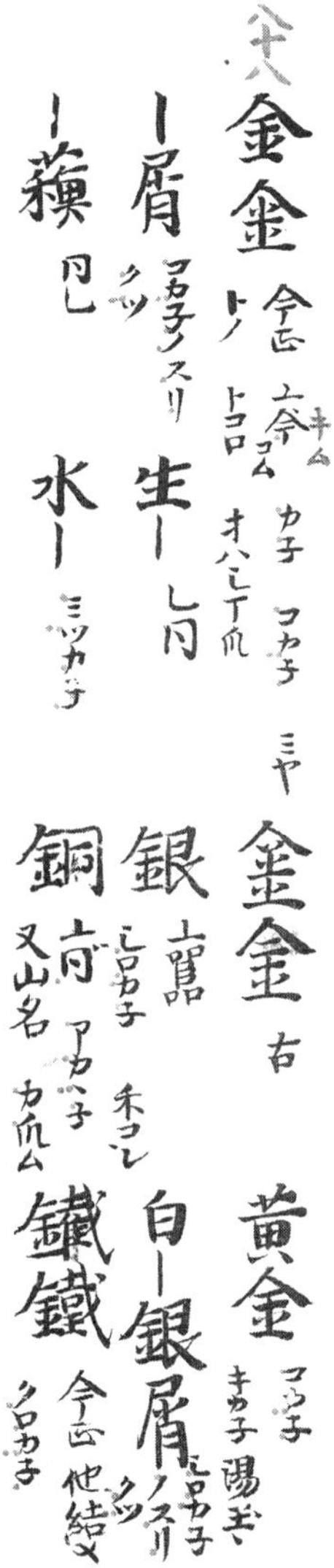
観智院本『類聚名義抄』天理大学附属天理図書館蔵

前ページ二行目図版拡大

同三行目

図版二行目の「銀」字に「シロカ子」という和訓がある。「子」は、子丑寅の「子《ネ》」である。シロカ子の四つの片仮名の左側にそれぞれ、声点《しょうてん》とよばれる高低抑揚を示す小さな点がある。字の左下は《低》、左上は《高》であるから、アクセントは《低低高高》である。現代東京方言は、第一音節と第二音節との高さが必ず違うので、これと同じアクセントの語はない。

三行目の「水ー（銀）」に「ミツカ子」がある。「ツ」には《高》の位置に横に並んだふたつの点がついている。これは、現代の濁点のもとになった濁声点であるが、この段階では、ひとつの点は非濁、ふたつの点は濁で、高低抑揚と濁／非濁との表示を兼ねている。ミには点がひとつであるが、清濁に無関係の文字なので、濁に対して非濁である。「カネ」の部分は「シロカネ」と逆の《低低》の声点になっており、アクセントは《高高低低》である。

以下、一行目には、「金」、「黄金」の「コガ子」があり、三行目には、「銅」の「アカガ子」、「鐵（鉄の旧字）」の「クロガ子」がある。

郵 便 は が き

料金受取人払郵便

神田局
承認

1330

差出有効期間
平成 28 年 6 月
5 日まで

101-8791

504

東京都千代田区猿楽町 2-2-3

笠間書院 営業部 行

■ 注 文 書 ■

◎お近くに書店がない場合はこのハガキをご利用下さい。送料 380 円にてお送りいたします。

書名 冊数

書名 冊数

書名 冊数

お名前

ご住所 〒

お電話

# 読　者　は　が　き

●これからのより良い本作りのためにご感想・ご希望などお聞かせ下さい。
●また小社刊行物の資料請求にお使い下さい。

**この本の書名**＿＿＿＿＿＿＿＿＿＿＿＿＿＿＿＿＿＿＿＿＿＿＿＿

本はがきのご感想は、お名前をのぞき新聞広告や帯などでご紹介させていただくことがあります。ご了承ください。

## ■本書を何でお知りになりましたか（複数回答可）

1. 書店で見て　2. 広告を見て（媒体名　　　　　　　　　　　）
3. 雑誌で見て（媒体名　　　　　　　　　　　）
4. インターネットで見て（サイト名　　　　　　　　　　　）
5. 小社目録等で見て　6. 知人から聞いて　7. その他（　　　　　　　　　　　）

## ■小社PR誌『リポート笠間』（年2回刊・無料）をお送りしますか

はい　・　いいえ

◎上記にはいとお答えいただいた方のみご記入下さい。

お名前

ご住所　〒

お電話

ご提供いただいた情報は、個人情報を含まない統計的な資料を作成するためにのみ利用させていただきます。個人情報はその目的以外では利用いたしません。

以上をまとめると、十二世紀後半から十三世紀前半ごろには、銀と水銀とが、それぞれシロカネ、ミヅカネで、鉄と銅とが、それぞれ、クロガネ、アカガネであった。
それよりもずっと下《くだ》って、十九世紀の半ばを過ぎても、左の例のように銀はシロカネのままであり、別形としてシロガネもあるという言及はないから、室町時代にシロカネであったことは間違いない。同書第二版、第三版も［シロカネ］である。

SHIRO-KANE、シロカネ、銀、n. Silver. Syn. GIN.　（『和英語林集成』初版1867）

## ■現行方式の濁点の起源

個々の文献の目的によって多様ではあるが、おおむね十一世紀から十三世紀ごろにかけて、漢文訓読の用語を中心に編纂された漢和辞書や仏典の音義などの和訓に前掲図版のような形式で、和訓の個々の片仮名の清濁が声調（高低・抑揚）と一体で表示されており、それらを合わせると、その語のアクセントと各音節の清濁が、そして、清濁にかかわらない音節は声調を知ることができる。

前節の図版の範囲では、声点が片仮名の左上と左下とだけに加えられているが、十一世紀から十二世紀の初頭ぐらいまでは、高く始まって低く終わる《下降調》の音節があって、《低》よりも少し上の位置に声点が加えられているし、また、その逆に低く始まって高く終わる上昇調の音節もあって、それは片仮名の右上に声点が加えられている。《下降調》は十二世紀末ごろまでに《高》に合流したので、そして、この図版が基づいた観智院本のテクストは、声調をよく理解していない人物によって転写されているので確認できない。

あらためて考えると、たとえば、「加」字の右側を省略して片仮名のカにし、「牙」をもとにして片仮名のガにするという方式を採れば、文字の外側に濁点を付けたりしないで済んだはずである。tとd、kとgとのような別々の文字による書き分けである。『古事記』や『万葉集』などの借字は、漢字の字形のままで、おおむねそういう書き分けをしており、文字の外側にシルシを付けたりしていない。もとをただせば、中国で外国語の発音を写すために工夫された「南《な》無《む》阿《あ》弥《み》陀《だ》（仏《ぶつ》）」式の表記である。

濁音であることを示すなんらかのシルシを文字の外側に付けるとしても、右上や右中央、右下などに小さな「○」や「く」などをつけてもよいし、点にしても、ひとつ付ければ十分のはずである。もとより、仮名の場合も理屈は同じである。

ここで、まず、平安時代の声点が声調と清濁とを一体にして加えられていたことを思い出す必要がある。順序を追えば、平安初期からテクストの文字に濁音表示の点がランダムに加えられ、十一世紀になって、『日本書紀』の歌謡などの文字の声調を表示する声点が工夫されたが、やがて、それに複点の濁音表示を相乗りさせて表記するようになったのが、図版に示したような形式である。

漢和辞書の和訓などは、同じ仮名表記の語でアクセントや清濁が異なる複数の語がある場合、どの語であるかを声調と清濁とを抱き合わせた声点で区別する方式がとられるようになった。たいへん便利ではあったが、声点がなくても、その和訓が添えられた漢字の部首から判断して、同じ仮名表記の他の語と区別できる場合が少なくないし、その和訓のどこかに濁音の仮名があるかないかだけわかれば他の語との見分けがつく場合も少なくなかった。そういう和訓にまで声調を表示することは無駄だったので、声調と結合しない濁音専用の符号が求められたのは当然の成り行きであった。

文字の左側には声点が密集していたが、右側はほとんど空いていた。ただし、「訴」字の和訓「ウタフ」の「ウ」の右下に声点を付けて「ウッタフ」と読ませた、たいへん珍しい例がある（図書寮本『類聚名義抄』）。結論だけにとどめるが、これが、促音をツで表わす始まりになっている（『日本語の音韻』〔「日本語の世界」7〕第七章）。これを計算に入れれば、あいているのは文字の右上だけになる。

先に述べたとおり、文字の右上は、本来、上昇調の声点のための位置であったが、和語の場合には上昇調の音節がきわめて少ないだけでなく、単音節語や語頭だけに限られているために必ず清音であるから、その位置に単点があれば上昇調の表示であり、複点があれば声調と無関係の濁音表示になる。たとえば「歯」の訓「ハ」の右上に付いているひとつの点は上昇調を表わす声点である。

現行の濁点が、なぜ文字の右上にふたつの点で定着したのか、枝葉を捨ててその筋道をたどると、以上のような歴史的事情が明らかになる。そしてもうひとつ、毛筆を使用しているど不用意に筆先を紙に付けてしまい、それがたまたま仮名の右上付近であると、汚れなのか上昇調の声点なのか、はたまた濁点なのか判別困難になってしまうことも、濁点がふたつの点として定着したことの理由だったたであろう。

## ■連濁の機能

岩波国語辞典　はらつづみ【腹鼓】腹をふくらませて、つづみのように打ち鳴らすこと。「たぬきの━」「━を打つ」（十分食べて満足する意にも）▽「はらづつみ」とも言う。

新明解国語辞典　はらつづみ【腹鼓】十分に食べてはった腹を鼓に見立てた語。腹づつみ。「━を打つ〔=腹いっぱいに食べて満足することのたとえ〕」↓鼓腹

どちらの辞書も、「はらつづみ」を見出しにして、もうひとつの語形を、コメントなしに

別形として書き添えている。

筆者もこの語の存在は子供のころから知っていたが、どちらの語形であったのか思い出せない。昭和初期に作られた童謡「証城寺の狸囃子《たぬきばやし》」の「おい等《ら》の友達ァ、ぽんぽこぽんのぽん」は、この語を思い出させるが、どちらの語形も使われていないし、狸の腹は最初からふくらんでいるから、それ以上ふくらませる必要はない。まして、現今のような飽食、ダイエットの時代となると、満腹のあとに待っているのは満足どころか反省や後悔であろうから、いよいよ縁遠くなっている。

伝統芸能に暗い筆者にとって、鼓《つづみ》のイメージは、太鼓を細く小型にしたような打楽器という程度であるが、若年層の読者には筆者なみの知識の人たちも少なくないであろう。

以上のような現状を踏まえて推測するなら、問題の語形が、［ズ］と［ヅ］とが合流して同音になった十七世紀以降に作られたとすれば、当初は［ハラツズミ］であり、容易に｛ハラ＋ツズミ｝と分析できたが、鼓が日常生活から遠くなり、食料もしだいに豊富になって、満腹になる機会も多くなり、盛り上がった腹を思わず叩きたくなる機会もあまりなくなった。社会がそういう状態になっても、この語を口にする機会があれば、五音節もあるのだから複合語だろうと判断して、無意識に語構成を分析することになる。なぜなら、途中に濁音節があれば、それ以下が後部成素である確率が高いからである。

〔ハラツズミ〕には濁音節がひとつだけなので〔ハラツ＋ツミ〕と分析されるが、それでは、前後のどちらも意味をなさないから、これは訛った語形に相違ない。〔ハラ＋ツツミ〕であれば、前部成素ハラ（腹）は抽出できる。だとすれば、後部成素は意味を確定できなくても〔ツツミ〕であるから、最初の音節ツは連濁でズになる、という簡単な分析を経て修正された語形が〔ハラズツミ〕である。この推論が正しければ、前引のふたつの辞書が別形を「はらづつみ」としているのを「はらずつみ」と改めるべきことになるが、これは筋道として、ということであるから、辞書の編纂者にクレームをつけるほどの事柄ではない。

『明鏡国語辞典』の「はらつづみ」の項では、「はらづつみ」が「誤用」と断じられている。この辞書の編者はそういうたぐいの語の正誤を論じた日本語本のシリーズで著名な国語学者であるが、誤用という判断の根拠は示されていない。この付言は、ダメだと言ったらダメなんだ、という問答無用の決めつけである。生活が豊かになれば腹いっぱいに食べるのがふつうになって嬉しさはないし、娯楽が少なく、伝統楽器だけを奏でていた時代と違って欧米風の芸術のほうが身近になり、素朴で貧困な時代の生活を反映した語の意味が理解できなくなり、語構成分析を誤って、もとの意味の半分は取り戻したが、いずれ、この語自体が消えてゆくであろう。そのかわりに、現代生活にもっと必要な語がカタカナ語を中心に増えつつある。こういう新陳代謝を絶え間なく繰り返して、つねに社会と歩みをそろえて更新され続けるのが言語であり、その流れを解析するのが言語史研究の役割のひとつである。書店には「残しておきたい美しい日本語」というたぐいの本が目につくが、そのことばを残しておきたければみんなが使いつづけるほかはない。だれも使わなくなったことばを残すことはできないし、残す必要もない。

もしも、語頭に濁音をもつ和語が最初からあったなら、複合語の後部成素になった語の最初の音節に連濁を生じさせて複合語であることを表示することができなかったのであるから、文献時代以前に、語頭に濁音を置かない語音配列則を設けたことの意義は絶大である。列車にたとえれば、和語の先頭には連結器が付いていて、直前の車両に連結できたということである。連結作業が完了すれば濁音化によってそのことを表示する仕組みである。

たとえば、英語の場合、Air（空）＋port（港）→airport（空港）という複合表示が可能である。air portならふたつの語の単純な連接であり、air-portなら、ほぼ複合語の段階にあることを示すことができる。しかし、口頭言語ではそういうことができないので、アクセントで区別することになる。日本語式なら連濁でairbortにすれば、耳で聞いて容易に判別することができる。

例示して念を押すまでもないが、あえて確認しておけば、日本語以外の言語に清濁の二項対立はないから、無声の破裂音（p, t, kなど）や摩擦音（s, ʃ）などは清音として機能することはないし、有声の破裂音（b, d, gなど）や摩擦音が濁音として機能することもない。〈対立する二項の緊密な協働〉と表現したのは、こういうことである。ただし、この協働が効果を発揮するためには、語頭に濁音をもつ和語がないだけでなく、複合語の前部成素と後部成素とのどちらにも濁音が含まれていないことが条件になる。なぜなら、ひとつの語に複合の指標がふたつあったら、｛甲＋乙丙｝なのか、｛甲乙＋丙｝なのか判別できない場合が生じるからである。

ハラ＋ツズミ（発音表記）にそのまま連濁が生じるとハラズズミになって、前部成素と後部成素との境界が見分けられなくなるので、もとの語形を優先させると、ハラツズミになり、複合語の指標としての連濁が犠牲になるが、この場合は、その語形でひとまず定着した。しかし、楽器の「鼓《つづみ》」が日常生活から遠くなるにつれてハラツヅミではハラツ＋ツミと分析されて不自然になり、意味の明白なハラを確保して、ハラズツミに変化する方向をとるのは自然の成り行きであった。正しい語形に戻せと主張するなら、楽器の「鼓」を大衆の日常生活に復活させ、ときどきご馳走をたらふく食べるほかはない。

東京の秋葉原は、もと「秋葉《あきば》の原」であったが、鉄道の駅を役人がアキハバラと命名したために、その後は電気街のアキハで通用していたが、いつのまにか若者の街アキバに変身した。「秋葉原」を「秋葉」にしてしまえば自然にアキバになる。ただし、小回りの利かない公共交通機関の駅名や停留所名の表記は「あきはばら」のままである。

　連濁による複合の表示、あるいは、その裏返しとして、連濁しないことによる非複合の表示ができなかったら、CVという単純な構成の音節では、適切な長さの範囲で複合語を自由に作ることができないために語彙の増大に対応できず、行き詰まりになってしまったかもしれない。しかし、日本語の歴史を跡づけてみると、進化が行き詰まるたびに、なんらかの方法で新しい道が開かれていることに驚かされる。と言っても、筆者がそのように感じるようになったのは、どんなに小さな事象でも、それを日本語の体系のなかに位置づけて包括的視野から捉えることができるようになってからのことである。どれが正用でありどれが誤用であると個別に審判していても、日本語の大きな流れは見えてこない。

　連濁を生じた複合語は数限りなくあるが、聞いた瞬間に語構成を分析できるのは、《和語どうしが複合して一語になると、後部成素の語頭音節が清音の場合、不都合な条件がなければ濁音化する》という仕組みが組み込まれているからである。不都合な条件とは、たとえば、シロカネやミヅカネの輝きを失わせたくないという気持ちが働くような場合である。このような感覚は、日本語話者なら子供の時期から身につけている。

## ■濁音の二面性

前述したように、漢語の語頭の濁音は、和語のそれと違って汚さや強さの含みを感じさせないのが基本であるが、爆発とか無礼とか、それ自体の意味が恐ろしさや汚さなどをともなう語の場合には、語頭の濁音がそういう含みを増幅させる。比喩的に表現するなら、目を閉じて静かに眠っているネコがかすかなネズミの足音に敏感に反応して爪を立てるような反射的反応である。

ヨソ者や転入者が「白金」という地名をシロガネと読むのは、それを複合語として認識し、連濁させるだけのことであるから、日本語話者としての自然な反応であって、汚さなどまったく意識しない。伝統的な地名を汚す結果になろうなどとは夢にも思わない。しかし、シロカネが、白く光り輝く貴金属をさす美しいコトバであり、それが住民の誇りであるがゆえに汚い濁音を拒否し続けてきたシロカネの地の先住者にとってはシロガネなどという汚いよびかたが我慢できないという心理は理解すべきである。それは、ヤマザキさんとよばれて憤然とした若い女性の心情につうじている。長い年月をかけて、いつのまにか新しい言いかたに耳がなれてしまえば問題は自然に解消する。

水銀は毒性の金属であるが、その輝きはシロカネの比ではない、それをミヅガネなどという心ないよび名で濁す気にはならなかったのであろう。こちらは、印肉の原料や漢方薬などに使用されたために漢語が優勢になって、和語のミズカネは自然に使われなくなったようである。

連濁によって生じた濁音が、語頭の濁音としての含みをも同時に獲得する場合がある。たとえば、邪悪なことを企む人物をハラグロイという。クロイの語頭音節クがグに転じたことによって、すなわち、清音が濁音と交替したことによって、ハラとクロイとの二語ではなく複合した一語であることの指標として機能していると同時に、出来上がった複合語の意味に即して、連濁で生じた濁音節グが、この場合は、悪い含みをもつ語の語頭の濁音と同じように機能している。外来語のグロテスクも反射的に嫌なことばとして認識される。

肌が白い人をイロジロだという。語構成はハラグロとよく似ているが、連濁で生じた濁音にいやらしさを感じることはない。メジロはかわいい小鳥であるし、三羽ガラスはほめことばである。

### ■連濁の応用

『類聚名義抄』（観智院本）の「牛」部に、つぎの例がある。「―」は先行項目「牛」字の反復。

牛　ウシ［高高］　　黄―　アメウジ［低低低低濁］
乳―　チウジ［低低低濁］

「牛」は単独でウシであるが、東アジアから導入された飴《あめ》色のウシはアメウジ、乳牛はチウ《乳》ジで、後部成素がウジになっている。ちなみに、一九六〇年代の学園紛争で名を馳せたのは唐牛《カロージ》委員長であった。

ウシのシが複合語の下位成素の第一音節ではなく第二音節で濁音化している。はたして、これを連濁と見なしてよいかどうか、はなはだ疑問である。

理屈を捏《こ》ねるまえに、シが濁音化していないアメウシという語形を読者自身で実際に発音してみよう。間違わないように気をつけてア・メ・ウ・シ、と各音節をゆっくり、はっきり発音すれば「飴牛」であるが、もっと自然な速度で三度ぐらい繰り返してみよう。話し手は「飴牛」のつもりでも、聞き手にはメとウとがひと続きになるので「飴」と「牛」との複合語であると分析できなくなり、伝達が成り立たない。チウシとなると、チューシとかチュシとか、意味不明になってしまう。なぜなら、ウシの語頭が母音であるために、アメの末尾［e］とウシの語頭［u］とが母音連続になり、ふつうの速度で口にすると、一体化して二重母音《diphthong》になり、分離不能になってしまうからである。そこで、連濁からの類推《analogy》で語末のシを濁音化すると語末がはっきりして、二重母音が前後の成素に分離するので「アメ」が抽出できるし、意味不明になったチュージもチウジになって、「乳」が析出される。この類推は母語話者の直覚による判断である。その直覚を当時の人たちが共有していたからこそ、集団的選択で濁音化による語構成の確保に成功したのである。

　ウシがウジになる奇妙な濁音化が、前部成素の安定化であったとすれば、濁音のまことに見事な利用である。ぜひ自分で発音しながらこの筋道をたどってみて、これが空理空論でないことを確認していただきたい。

　ここで問題になるのは、アメウジ、チウジになったら、ウジ（蛆）、すなわち、ウジ虫と混同してしまうではないかということである。家畜の糞にウジ虫は付きものである。そこで、調べてみると、平安時代にウジ虫はウジでなくウシであり、アクセントも、つぎのように、ウジ虫が［高高］、牛が［低低］で、高低が逆だったために混同の恐れがなかったことがわかる。

虫蛆　ウシ［低低］〔『類聚名義抄』（観智院本）虫部〕

牛　ウシ［高高］〔『類聚名義抄』（観智院本）牛部〕

　ウシは複合語になっても、前引のように、アメウジは［低低低低《濁》］、チウジは［低低低《濁》］で、ウジ虫とは明確に区別されていた。

　それから約四百年たらず後の1603年、イエズス会の宣教師たちが長崎学林で刊行した『日葡辞書』には、Meuji（雌牛）、Vouji（雄牛）、Ameuji（黄牛）またはAcauji（赤牛）、の項目がある（カッコ内の漢字は筆者。以下も同じ）。ただし、乳牛に当たる項目はない。

ヘボンの『和英語林集成』第三版（1886）には、O-ushi《オウシ》（雄牛）、Chiushi《チウシ》（乳牛）、Ame-ushi《アメウシ》（黄牛）がある。

百年単位のとびとびであるが、十七世紀までは「＝ウジ」の語形が保たれていたようであるが、十九世紀には、現在と同じになっている。なお、キリシタン文献の日本語は九州方言である可能性が考えられるが、中央のことばであったことが検証されている。神について語ることばは品格がなければならなかった。

＊参考　「唐牛」姓は青森県に約五百人。読みかたは、カラウシ、カロウシ、カロウジ、カラウ、トウギュウ（「苗字由来ネット」による）。「黄牛」その他の姓は記載がない。

## ■清音の役割

世界中のどの言語も、音韻体系のなかにたくさんの音をもっており、そのなかには日本語と同じ音も少なからず含まれているが、無声子音とそれと対になる有声子音とがどちらも同じ母音と結び付いた音節を二項対立のセットにして運用しているのは日本語だけであり、そのセットが、日本語を効率的に運用するうえで、どのような役割を担ってきたか、また、現に担っているかについて考えてきたが、ここまでに取り上げたのは、どれもこれも、濁音の機能ばかりで、清音の存在をないがしろにしてきた印象を免れないであろう。しかし、それは、濁音の担っている役割のすばらしさに目が眩んで、清音の存在を忘れていたからではない。このセットが緊密な協働の関係にあることを主張した以上、もう一方の清音についても、同じ目でその機能を解明すべきことは当然である。

カラスの鳴き声は？　と尋ねられたら、日本語話者なら、必ずカアカアと答えるであろう、ほんとうは状況に応じていろいろの鳴き声を使い分けていても、それが日本語としてのカラスの鳴き声だからである。しかし、美しい音楽に耳を傾けているときにすぐそばで鳴かれたら？　と追加質問されたら、おそらくガアガアと答えるであろう。なぜなら、日本語には、そういう場合のカラスの鳴き声など決っていなくても、やかましいと感じたら、清音を濁音に置き変えて、我慢できない気持ちを表明するのが日本語運用の公式だからである。活写語の場合には、ブルブル・プルプル・ベロベロ・ペロペロのようにバ行の対がパ行になる。パ行は半濁音とよぶのがふつうであるが、機能にもとづいて分類すれば活写語の場合には清音に相当する。秋の紅葉《もみじ》がハラハラは詩的であるが、パラパラ、バラバラでないと活写にならない。ただし、ハラハラするには、バラバラするという活写語のセットはない。

カラスのふだんの鳴き声はかわいいので清音で聞き取っているわけではない。日本の人たちはたいていカラスが嫌いであるが、鳴くたびごとに腹を立ててもしかたがないので我慢しているだけである。清音で聞き取っているのは、我慢の限界内にあることを意味している。

美しいの反対は汚いであるから、あるいは、静かの反対はうるさいであるから濁音になるわけではなく、ふつうだ、あたりまえだ、我慢できるという限界までが清音の領域であり、その限界を越えると濁音の領域になる。したがって、同じ状態を、人によって、あるいは、そのときの虫の居所しだいで、我慢できたり我慢できなかったりということになるから客観的な境界はない。乳児が夜中に泣きだすと、母親にはオギャア、オギャアと聞こえ、隣人にはギャアギャアと聞こえるということである。泣き声の大きさには関係がない。やけどの跡がヒリヒリするのは軽度であるか治りかけの状態である。海岸の砂がサラサラして気持ちがよいとしたら、予期していた感触がザラザラだったからである。

以上を要約すると、清濁の〈清〉とは積極的に肯定する〈清〉の状態も含まれるが、基本的には〈非濁〉である状態をさすとみなすべきである。したがって、いちいち、ふつうだ、格別の異和感がない、がまんできる、と明示的に確認する必要はないので、清音には独自の機能がほとんどないように見えることになる。いわば、便りが無いのは無事の知らせというようなことである。

原則は右のとおりであるが、その原則を杓子定規に当てはめると例外が出てくる。貴金属の王者はキンであり、貴金属であってもギンの価値はそれに及ばない。清音と濁音とのセットではあるがその違いは相対的であって、シロカネとよばれていた銀を汚く感じていたはずはない。

金も銀も漢語であるが、古代中国語の漢字音を写した日本字音は、平安時代まで金はキム[kim]、銀はギンであった。コリア語は現在でも韻尾の［m］と［n］との区別を保っているから、金属の金はクム（姓はキム）で、金属の銀はウンである。中国原音でも、また、現代中国語（普通話）でも、コリア語でも、金と銀とが音のうえでセットになっていない。清音とか濁音とかいうカテゴリーは和語における二項対立であって漢語には当てはまらないという原則を破って、絶妙なセットを形成している。長男が金太郎、次男が銀二郎という方式の命名は、長男が全財産を相続するという法律のもとで、その順位を示していたが、法律が改正され、すべての子が平等に相続することになって姿を消した。

## ■有標性（markedness）

清音と濁音とは、不可分のセットとして体系の運用に協働しているが、両者の関係は対等なのであろうか。また、主役と脇役との関係だとしたら、どちらが主役なのであろうか。

これまでの検討から得られた結果を総合すると、活躍が目立つのは断然濁音のほうであって、清音は、いわば閑職にすぎないようにみえる。野球の花形は投手であって、捕手は黙々と単純な仕事をこなしているだけのように感じられる。女房役などという前時代的な位置づけでよばれたりもするが、投手がどれほど巧みに投球しても、捕手の勘が狂ったら勝ち目はない。

鉛筆の芯と軸の塗装とが同色の場合、黒と赤とを並べれば、目を引くのは赤のほうである。黒は地味で、存在感が薄い。しかし、鉛筆を貸してくださいと頼むと、貸してくれるのは必ず黒である。赤を貸してもらいたければ、赤鉛筆を、と言わなければならない。もしも相手が赤しか持っていなかったら、赤でもいいですかとか、赤しかないんだけどとか言うはずである。鉛筆とだけ言えば黒をさすのが社会の決りであり、そのほかの色は、すべて特殊な鉛筆だからである。

今朝、お母さんがね、といえば、それは自分の母親をさしている。学校ではハハと言いなさいと教えるが、おかあさんがね、と言えば、だれの、と尋ねられることはない。

これらの例からわかるように、限定をつけないほうが標準であって、特定する語や接辞などが付くのは、その類には属していても、特殊な、あるいは補助的な存在である。

一般に、同類に複数の種類がある場合、ふつうの種類、標準的な種類を《無標(unmarked)》とよび、同類ではあるがそれと別の特徴や条件をもつものを《有標(marked)》として区別する。

女医、女弁護士、女検事、などは、社会通念として男性が就くはずの職業に就いている特殊な存在の女性である。婦人警官（婦警）は女性警官と改称されたが、「女性」という標識が付いているから有標であることに変わりはない。女だてらに、とか、男勝《まさ》り、とかいう語がふつうに使われていた時代の感覚である。ちなみに、一九六〇年代の初頭、筆者が米国の大学で着任の挨拶をした相手は学部のチェアマン《Chairman》であったが、一九八〇年代初頭のときはチェアパースン《Chairperson》に、一九八〇年代末のときはチェア《Chair》に挨拶した。この期間に、大学の管理職でも女性は有標でなくなっていたのである。

## ■あめつちの誦文に濁音なし

博学で知られた源　順《みなもとのしたごう》（911-983）の家集『源順集』に「あめつちの歌、四十八首」がある。読みやすく漢字を当て、濁点を付けるが、もとは全文が仮名だったはずである。四十八首のそれぞれの和歌が、「あ」で始まり「あ」で終わるという形式で貫かれており、しかも、八首ずつ、春・夏・秋・冬・思（故人への思い）・恋になっている。誦文の成立は九世紀に遡ると推定されるが、この組み立ては源順ならではの、知恵を絞った名作である。「あ」の和歌の末尾の仮名「あ」は水田の畦道《あぜ》。単音節名詞で生き残っている。

つぎに引用するのは、最初の四首である。

|あらさじと　打ち返すらし　を山田の　苗代水に　濡れて作るあ|

|めもはる（春・遙）に　雪間も青く　なりにけり　今こそ野辺に　若菜摘みてめ|

―つくば山　咲ける桜の　匂ひをば　入りて折らねど　よそながら見つ―
―ちぐさにも　ほころぶ花の　茂きかな　いづら青柳　縫ひし糸すぢ―

四十八首の首尾の仮名を並べると、つぎの誦文が浮かび上がる。

あめつち　ほしそら　やまかは　みねたに　くもきり　むろこけ　ひといぬ
うへすゑ　ゆわさる　おふせよ　えのえを　なれゐて

天地星空　山川峰谷　雲霧室苔　人犬上末　硫黄猿　おふせよ　えのえを　なれゐて

誦文について説明するまえに、右の四十八首について必要な説明をしておこう。

①日本語は一語のなかに母音の連接を許さないから、和歌の末尾に母音音節を置こうとするとその前の仮名がCVのVなので、母音を付けるとCVVになるが、付けるのが単音節のアなら、そこが語の切れ目になるので問題がなかった。そのために、廃語になりかけていた「畦《あ》」を使って切り抜けている。同様に、イは「蜘蛛《くも》の糸《い》」、ウは「心憂《こころう》」で終わっているが、オの「果て果てはしお」と、エの「山は筑波え」とは無理をしている。

②和歌の語彙は和語だけなので、ラ行音節で始まる和歌は反則になる。そこで、ラは「らに（蘭）も枯れ」、リは「りうたう（竜胆＝リンドウ）も」、ルは「瑠璃草《るりくさ》の」、レは

「れふし（猟師）にも」、ロは「艪《ろ》も舵《かぢ》も」というように、日本語によくなじんだ漢語を使って違和感を少なくしている。

この誦文の成立は九世紀の早い時期と推定されるが、同じくすべての仮名を重複なしに網羅した後発の誦文〈大為尓《たゐに》〉や〈以呂波《いろは》〉と違って、この誦文を読み上げてみると、濁音がひとつも出てこないことがわかる。「星空」はホシ（と）ソラで、ホシゾラではない。なお、この誦文の末尾近くに「え」がふたつあるのは、ほぼ九世紀前半ごろまで、現在のエに当たる音が、ア行の［e］とヤ行の［je］とに言い分けられ、聞き分けられていたので、この誦文がその時期以前に成立した証拠とされている。ただし、源順の時代、十世紀には［e］がすでに［je］に合流しており、したがって、現在のエに当たる母音音節は姿を消していたので、アイウ［je］オ、ヤイユ［je］ヨの時代になっており、『源氏物語』の時代、十一世紀の初頭までに［o］がワ行の［wo］に合流して、アイウ［je］［wo］になっていた。その状態は十六世紀まで続いている。

ここでの大きな問題は、この誦文を作成した人物が、濁音音節を意図的に排除して清音だけでこの誦文を作ったのか、それとも、結果として、たまたま濁音が入らなかっただけなのかということである。全体の分量がこの数倍もあれば偶然の確率はゼロに近くなるし、半分しかなければ問題にもならないが、なんとも悩ましい数である語頭に濁音はなかったので、問題は第二音節である。二音節語の第二音節は十六個所ある。ナ、マ、ヤ、ラ、ワ各行は清濁に無関係であるから、単純計算はできないが、無作為に濁音音節が入る可能性はかなり低くなる。

四十八の仮名を重複させずに網羅するという条件のもとに、セットに出来るふたつの二音節語を探すのは至難のわざであったから、誦文の作者は、だんだん無理な組み合わせになるのを覚悟しながら「うへ・するゑ」、「ゆわ・さる」まで作業を進めたが、そこまでで断念し、残った十二の仮名は、意味不明ではあっても、日本語らしい形になるようにまとめている。すなわち、「おふせよ」は動詞の命令形を思わせるし、「えのえをなれゐて」はナントカのナントカをナントカして」という形になっている。この方面の研究の先駆者大矢透（1851-1928）は、「エノエチ」の部分を「榎の枝を」と解している。この誦文が作られた時期には、「榎《え》」は［e］、枝《え》は［je］であったから、重複ではない。

ここまでくると、筆者は、このまま結論を導いてよいのだろうかと、不安にならざるをえない。なぜなら、意図的に誘導はしていないが、これが筆者にとって、もっとも都合のよい状態だからである。

研究に携わる人間の心には、おだて役と厳しい批判者とが同居していなければならない。この場合は仮名の総数が少ないために批判者が完全には納得しないので、暫定的な考えとして記しておくが、日本語話者には濁音を有標とみなす感覚が身についているので、かりに、すべての仮名を重複させずに網羅するという同じ条件で別の人物が別の誦文を作ったとしても、濁音音節は最初から選択の対象にならなかっただろうということである。

## ■有標のマークとしての濁点

片仮名の体系が形成されたのは平安初期であるが、はじめは清音と濁音とを区別せずに同じ片仮名が当てられていた。訓を付ける対象は仏典のテクストのなかの漢字であったから、たとえば「履」字に傍書された「ハク」が〈剥ぐ〉や〈吐く〉でないことは文脈から容易に判断できたからである。しかし、日本で編纂された漢和字書などで、たとえば、知らない漢字に和訓が「ハク」と記されていても文脈がないので、可能性をひとつにしぼるのが困難であったから、清濁の違いによってどちらかの意味になる場合、文字の右側に単点を付けて濁音であることを表示する方式が工夫されたが、十一世紀後半になると、声点による声調表示が導入されたので、それに相乗りしてふたつの点を文字の周囲に書き添えたのが現今の濁点の起源である。現在でも点をふたつ付けるのは、非濁音には単点を、濁音には複点を付けた方式の名残である。中世になると声点が使用されなくなったので、濁ってはならないことを表示するために、必要に応じて単点の不濁点を加える方式が一部で行なわれるようになり、近世まで続いたが、明治期に学校教育が普及し、濁音に必ず濁点を付ける方式が確立されたので、不濁点は不要になった。

■ 仮名と濁点とを続け書きできない理由

日本語で育った子供たちも、日本語を学習する他言語の話者も、まず教えられるのが『五十音図』である。教育用に変形された現今の『五十音図』には最後に「ん」が添えられており、そのほかに四行の濁音仮名や、「きゃ、きゅ、きょ、しゃ、しゅ、しょ」の拗音なども加えられているので、音節の総数は五十よりずっと多いし、図というイメージにも合わなくなっているのに『五十音図』とよばれているのは、平安末期に整えられた形が5×10=50種の片仮名を方形の枠に収めた図になっており、その形で受け継がれてきたからである。ただし、十一世紀には、まだ方形の図に整えられておらず、共通の子音をもつ片仮名を五字ずつまとめた形のものを「五音《いん》」とよんでいた。

ここで疑問になるのは、仮名にせよ片仮名にせよ、表音文字なのに、どうして、清音と濁音との明白な違いを無視して五十音図に同じ席を割り当てられていたのか、ということである。たとえば、英語でkとg、tとdとを同じ文字で書くことなど考えられないにもかかわらず、筆者自身を振り返っても、そういうものだと疑問もいだかず、不自然だとも思わなかった。

この章では濁音を中心に扱ってきたので、濁点には深入りしなかったが、ここで、これまで指摘されていなかった、そして、筆者自身も明示的に指摘したことがなかった、濁点の注目すべき特徴を明らかにしておきたい。

その疑問を解くカギは、濁点を、仮名文字に密着させず、わずかに離して、その外側に付ける形式になっている理由を考えてみることである。

さきに確認したように、〈あめつち〉には濁音を含む語がひとつも含まれていなかったが、五十音図の祖型に当たる、「図」の形式にまだ整えられていなかった「五音」の段階から、独立した濁音の行はなかったし、Ⅳ章で扱う本居宣長の『音便ノ事』の冒頭に、「皇国ノ古言ハ五十ノ正音ヲ出《いで》ズ」と断言されていることは、日本語話者の、どのような潜在意識を反映しているのかを考えてみることである。

五十音図にはア行、ヤ行、ワ行に重複する文字があるので実際には四十七字であるが、本居宣長の念頭にあったのは五列十行の五十音図である。この表を構成しているのは無標の仮名だけであり、濁点を付けると濁音を表わす仮名はそのなかに含まれている。抽象のレヴェルをひとつ上げて、黒芯でも色芯でも鉛筆であるというレヴェルの認識である。

フランス語の強・弱・湾曲のアクサンの記号やドイツ語のウムラウトなども、文字のソトに加えるが、それらは、おおむね、同字別音や親縁関係にある音の違いを示す符号である。それに対して、濁点は、無標の音を表わす仮名に対応する有標の音を表わす符号であることが大きな違いである。

急いで書くと仮名と重なる場合があるとしても、基本になる無標の仮名を書いたあとで、それに対応する有標の符号を付けるが、文字と符号とを密着させず、無意識に、わずかな距離を置いて付ける習慣が定着している。何十年も日本語を書きつづけていても、指摘されるまでその事実がなにを意味するかなど考えてもみないが、この離し書きには、清濁とは何かという疑問への答が隠されている。

仮名入力の日本語ワープロで濁音仮名を入力するには、清音の仮名を入力したあとで、濁点のキーで濁点を付けるという二度手間になるが、それをめんどうだとは思っても、文字と符号とは別次元だという意識があるので、不合理だとは思わない。まず漢字の偏を入力し、つぎに旁《つくり》を入力するのとは、まったく違う次元の操作なのである。

筆者がそのことに気づいたのは、清音と濁音との二項対立が日本語を運用するうえで担っている役割の重要性と、その運用原理とを解明したことが先にあったので、その目で見れば、なるほど、仮名と濁点とは続け書きしないことを前提にしており、その不便を解消しようという動きもないのは、濁点が文字の一部ではなく、付加される識別符号であるという意識を、日本語話者が歴史をつうじて共有してきたからなのだ、と思い至った。濁点も声点も、ともに文字に加える識別符号であったからこそ、平安時代に声点と濁点とが自然な形で共生できたし、平安時代の仮名文学作品は、その識別符号を導入しなかったにすぎないことも合理的に説明がつく。

リンゴが必ず下に落ちるという当然の事象に物理学者のニュートンでなければ意義づけられなかったのと同じように、これもまた、その目で見れば、という手順を踏んだうえで、はじめてその事実を説明できるささやかな発見である。

読者も、ゆっくり、指先の動きを確かめながら「ぎ」とか「ず」とか、また、「ザ」とか「ダ」とか書いてみて、仮名を書き終わった位置から、その仮名の右上に筆先を移動する厄介な操作の意味を、自分の手の動きによって理解していただきたい。「が」は右上に三つの点を続けては打たない。

こんな些細なことを大げさに強調することに呆れた読者が多いかもしれないが、実は些細なことではなかったのだとぜひ気づいていただきたい。

『古今和歌集』や『源氏物語』など、平安時代の仮名文学作品は清濁を書き分けない仮名で書かれている。それは、続け書きや墨継ぎなどによって語句の単位を明示できたので、書き分ける必要がなかったからだということを筆者は理論的に説明し、そのあとの著作でも同じ立場を貫いてきたが、その時期に現在と同じような方式の濁点が発達していたとしても、仮名文にはそういう手段を使わなかったはずである。

仮名の字形は縦書きによる続け書きを前提にして形成されているので、基本として、直下の文字にスムーズに続けられる字形になっているので、仮名の右上に濁点を打つために筆先を紙からいったん離して濁点を打ち、そのあとで後続の仮名を書いたりしたら続け書きがそこで切れてしまい、語句の境界を表示する機能が損われてしまう。効率を優先すれば、そして、効率を優先するのが当然であるから、濁点を仮名の右上に定着させることはありえなかったはずである。

筆記体のアルファベットも続け書きできる形になっているが、英語の場合なら、綴りを書き終わったあとで、「i」と「j」とに点をひとつ、また、ふつうの字体のtなら短い横線を書き加えることになるが、文脈があれば語の切れ目を見誤ることはないし、点や線を付け忘れても、別音の文字として読まれることはない。

【追記】ブチという語形を詞書の作者の臨機の造語と考えたが、すでに通用していた俗語だったかもしれない。いずれにせよ、「給ふ」で行為を表現する人物にふさわしいことばではない。

# Ⅳ章　音便形の形成とその機能

緊張して話す場面では気を付けの発音になり、リラックスして話す場面では休めの発音になる。語形変化は、休めの発音を気を付けの発音に転用することによって生じる場合が多い。

この章では、音便形の形成によって、日本語の運用にどのようなメリットがもたらされたかを解明する。また、音便形と非音便形とが新旧の語形ではなく、表現の違いを積極的に表わしていたことを実例に基づいて証明する。

## ■音便についての共通理解

音便という語は国語の時間によく出てくるので、おなじみのはずであるが、どういう現象をさすのかとあらためて質問されたら、発音しやすいように生じた変化ですと、学校で習ったとおりに返事するほかない読者がほとんどであろう。しかし、その説明では、動詞と形容詞だけに音便が生じているのは、活用があると発音しにくいのでしょうか、と質問されただけで立ち往生になる。

この章では、音便とよばれている現象にメスを入れて、それが日本語の運用のうえでどのような機能を果たしてきたかを解明する。学校で習ったことを予備知識にすると混乱してしまうし、また、本居宣長の考えた音便と直結させた知識を前提にして以下の説明を読みはじめたら、筆者の説明を最初から受け付けないまま放棄するほかないので、音便についての現今の共通理解がたいへんグズグズであることをまず理解していただく必要がある。以下には建設のための破壊から始めることになるが、現今の共通理解を否定したあとに、もっと合理的な説明を提示できるはずである。

## ■辞書の解説を調べてみる

現行の国語辞典のなかから、大型一種、中型二種を任意に選び、「音便」の項を以下に引用する。
どの辞書も、解説の最後に、イ音便、ウ音便、撥音便、促音便の四種がある旨を記しているが、煩雑になるので、その直前までを引用する。

『広辞苑』第六版（岩波書店・2008）

国語学の用語。音節の一部が脱落して、もとの音とは違った音に変わる現象。「咲きて」が「咲いて」、「早く」が「早う」、「飛びて」が「飛んで」、「知りて」が「知って」になる類。一般に、……

『岩波国語辞典』第七版（2011）

語が連接する時、発音しやすい別の音に変わる現象。特に……

『新明解国語辞典』第七版（三省堂・2012）

国語の単語・文節の一部分に起こった発音の変化。……

どれも似たような解説だという印象かもしれないが、筆者がいくつも並べたことにはなにか理由がありそうだと考えて、表現の違いに気をつけて、もういちど丁寧に読みなおしてみれば、どれもこれも正確には理解できない解説であることに気づくはずである。この章における最初の問題は、読者が学校で習って覚えている音便についての説明が、でたらめに近いということなのである。

国語辞典なのだから現代語についての説明だと思い込んでしまうし、変化の説明も前二種は現在時制になっている。『新明解』は過去時制である。『広辞苑』の最初の例を見ればわかるように、現代語にsakiteという語形はない。この変化が本格化したのは平安時代である。ただし、あとで述べるように、音便形が生じてからも、もとの語形が長い期間にわたって音便形と共存しており、場面に応じて使い分けられていた。

『広辞苑』では、「音節の一部が脱落して、もとの音とは違った音に変わる現象」と定義され、四つの例が提示されているが、この定義では四種の音便のそれぞれに問題がある。

イ音便……sakite＞saite　CV音節に、音節の一部という表現は適切でないが、音節[ki]の一部[k]が脱落して、もとの音[k]とは違った音、この場合はゼロに変わったことになる。混乱のもとは、音《sound》と音節《syllable》とを区別せずに「音」とよんでいるからである。音節[ki]が音節[i]に変わったというつもりの表現なのであろうが、わかりにくい。

ウ音便……ɸayaku＞ɸayau　これもイ音便と母音が違うだけで右と同じ結果になる。

撥音便……tobite＞tonde　音節の一部ではなく音節がそっくり入れ替わっている。

促音便……sirite＞siQte（Qは促音）これも音節がそっくり入れ替わっている。

現代語にサキテという語形はないこと、また、現代の共通語にオハヨウという挨拶ことばはあるが、ハヤウ《ハヨー》という形容詞の活用形はないことに読者は気づいたであろうか。平安時代の畿内方言に生じた変化についての説明であればその旨を断わるべきなのに、まるで現代の共通語に生じている変化であるかのような説明のしかたになっているので、読む側も現在時制の表現につられてそのように読んでしまう。こういうおおらかすぎる解説が世に出てしまうのは、執筆や編集に携わったのが国語学関係の人たちなので、近世の国学者の感覚を引き継いでおり、音声学や音韻論に無頓着だからである。

『岩波国語辞典』の定義は、「語が連接する時、発音しやすい別の音に変わる現象」となっている。「語が連接する時」という条件が付いているのは、たとえば、平安時代の日本語では、「花咲き、(鳥歌う)」に音便が生じて、花サイにはならず、花サキテのように、テやタリなどが付いた場合に限って、サイになる可能性があったからであろう。しかし、ほとんどの読み手はそこまで推察できないので、書き手の独り合点になる。右に引用した辞書のなかには、「一般に」とか「特に」とかいう限定をつけたものがあるのは、縮約された語形をなんでも音便とよぶ習慣が残っているからであろう。それも読者にはつうじない。

## ■国文法の切片主義

伝統文法に基づく学校文法では、サイテを〈動詞連用形+助詞テ〉と分析するので、「語が連接する時」と表現されているが、サキテがサイテになっていることは、サイテの形が、運用上、ひとつの語として機能することを表わしているから、すなわち、音便形は融合の指標なのであるから、偶発的な連接と同じに扱うべきではない。こういうところに、伝統文法の切片主義の後進性が露呈している。切片主義とは、語を意味の最小単位まで分析し、それらの切片の意味の和として語の意味を理解しようとする手法を否定的に捉えた筆者の造語である。〈品詞分解〉という奇妙な手法を金科玉条として生徒に押しつけ、文法嫌い、古文嫌いに追いやっている元凶がこの切片主義である。どの外国語を習っても、また、現代国語にも、品詞分解などという作業はない。水を、水素と酸素とに分解し、それらの性質の和として水の性質を説明できると信じているとしたら、混合と化合との違いを認識していないからである。品詞分解なる手法によって、生き生きした表現が、バラバラ事件の被害者の悲惨な断片死体なみになってしまうことを学校文法の指導者たちは深刻に反省すべきである。

『新明解国語辞典』では、音便が「単語・文節の一部分に起こった発音の変化」と解説されている。「単語」の変化は、形容詞ハヤクがハヤウになるような場合であり、「文節」の変化は、サキ＋テがサイテになり、トビ＋テがトンデになり、トリ＋テがトッテになるような変化をさしているのであろう。「文節の一部分」には、トンデのデも含まれることになる。ただし、この定義では、「一部分」がさまざまの部分でありうるために音便の範囲が広がりすぎて意味をなさなくなる。

■わかりやすい説明の落とし穴

ここで取り上げた三種のなかでは、『岩波国語辞典』だけが、「音便」を「発音しやすい別の音に変わる現象」と定義している。筆者は、これがいちばん多いだろうと予測していたので意外に思い、公立図書館で他の国語辞典を調べてみたところ、つぎのふたつにこれと同趣旨の定義が見いだされた。

『日本国語大辞典』第二版（小学館・2001）

①発音上の便宜に従って音が変化すること。②（略）

『明鏡国語辞典』第二版（小学館・2010）

発音しやすいように語中・語尾の音が他の音に変化すること。

黒板に sakite と書いて、「k」を消して見せれば、生徒は即座に納得するであろう。音がひとつ少なくなったのだから、当然、もとの語形より発音しやすくなっているはずだと理解するからである。もとより、先生はトリックを使ったつもりはないであろうが、我ながらうまい説明を考えたものだと自讃せずに、どこかに落とし穴がないかを点検してみよう。

ほとんどの読者が〈音便〉と聞いて思い出すのは、おそらく、「発音しやすい別の音に変わる現象」という『岩波国語辞典』の解説であろう。発音が便利になるから音便なのだという、読んで字の如しの説明は説得力がある。イ音便、ウ音便は、子音を消して音便形になるから、これで説明できそうなので、ほんとうはよくわからない撥音便と促音便まで、わかったような気持ちになる。先生はそれが正しいと信じていたであろうし、習った生徒たちも疑問をいだかずに、ひたすら暗記したに違いない。

「音便」とは、〈発音が便利なように〉という意味に分析できるので、この説明は簡単に、〈定説〉になってしまい、そのために、根本に戻って洗いなおそうという動きが出てこないのかもしれない。しかし、日本語話者ならば、ちょっと頭の体操をしてみただけで、こういういい加減な説明は再起不能になる。

①〈書きて〉が発音しにくいなら、どうしてカキテ（書き手）には音便が生じなかったのか。そもそも、カキテを発音しにくい日本語話者などいるであろうか。

②四種の音便は、動詞の連用形語尾にテ・タリが続いた場合と、形容詞の連体形（例・白い）と連用形（例・白う）だけである。文法機能の違いが、発音の難易と関係があるはずはない。

③促音便、イッテ、ノッテ、タッテ、などをすらりと言える外国語話者はあまりいない。コリア語話者は、はじめ、ノッテをノ＋ッテと分析する人が多い。それは、コ

リア語に、濃音とよばれる喉頭破裂音があるからであって、他の言語の話者には当てはまらない。

④右の説明が正しいなら、最初に、どうして発音しにくい語形を作り、我慢して使いつづけたあげく、平安時代のある時期になって、いっせいに発音しやすい形に変化したのであろうか。

右にあげた程度の疑問のひとつやふたつはすぐに頭に浮かぶはずであろうし、ひとつ見つかれば、そのあとは芋づる式に同じような疑問がわいてくる。

筆者がかねてから不審に思っていたのは、文科系の大学ならたいてい国語学専門の教員がいるし、中学や高校には数え切れないほどの国語科担当教員がいて、毎年こういうことを教えているはずなのに、どうしてこれほど見え透いたマヤカシの説明がいつまでも訂正されずに放置されているのかである。そのことに気づいた人がひとりもいなかったとは考えられない。こどもには難しいので、という逃げ口上が用意されているにしても、せめて、「発音しやすいように」を削除すべきである。

最初に引用した安易すぎる説明のほころびを、教える側も習う側もどうして見破れなかったのだろうと考えてみたら、そこに意図されないトリックがあったことに気がついた。それは、教科書の編集に携わった専門家が狭義の文法しか知らなかったために、こういう幼稚な説明を思いついてその説得力にみずからだまされてしまい、大学の国語学や高校の国語科担当教員のほとんども、そのとおりだと納得してしまったからである。日本語を縦割りで捉えれば、音便は正しい日本語を守るために万人必須とされている狭義の文法、すなわち、構文論ではなく、特殊な領域とみなされている音韻の問題であるために、無知に近い人たちが大部分だからである。sakite が saite になれば、子音［k］の分だけ発音の労力は軽減されるかもしれないが、この語音脱落が、〈意味のひとまとまりのなかに母音連続を含まない〉という、文献以前から守られてきた語音配列則を破った変化であるとしたら、すなわち、音便形が成立したことによって意味の境界を判別するための大切な指標となる語音配列則が無効になってしまったとすれば、これは、カキの種とおむすびとを交換してしまったどころでは済まない大損失である。しかし、そういう損な取引が言語体系に生じるはずはない。

体系的言語変化は、いっそう効率的な伝達を可能にする方向への組み替えである。これが筆者の導いた経験則であるが（『日本語はなぜ変化するか』）、もしも、右の解釈が成り立つとしたら、この変化は言語の守護神が、打つ手を誤ったか、さもなければ、その経験則は見せかけにだまされた帰納だったのかということになる。しかし、そういう結論を導くまえに、経験則に、もうすこしこだわってみよう。

## ■音便形の位置づけ

『万葉集』には、愛する女性をワギモコ（和伎毛古・和伎母故その他）とよんでいる事例がたくさん出てくるが、それらのなかに一例だけ、ワガイモコがある。

和《わ》我《が》伊《い》母《も》古《こ》我《が》　偲《しの》ひにせよと　付けし紐《ひも》　糸になるとも　我《わ》は解かじとよ

（巻二十・4405）

ほかならぬわたしのあの妻が、これを見てわたしを思い出してくださいと言って付けた腰紐なのだから、よれよれの糸になってしまってもわたしはこれを解いたりしない、という意味である。紐を解くは、異性との交わりをさす慣用的婉曲表現。

ワギモコ（wagimoko）はワガ・イモコ（wagaimoko）が複合してひとまとまりの語になっている指標として母音連接［ai］の［a］を脱落させた語形であるが、ただ一例だけのワガイモコは、最終巻の巻二十に作者名を記して収録されていることからわかるように、複合する以前の古い時期の語形ではなく、逆形成《back formation》（逆成）でワギモコを語源に戻し、ワガとイモコとに分離してワガを強調し、〈ほかならぬ、このわたしの妻〉という気持ちを強調した表現と読み取ることができる。初句末尾の「我《が》」も、ワレという意味を込めた、表語と表音とを兼ねた用字である。読み手も反射的にこれが逆形成による前部成素の強調であることを見抜いて、作者の意図どおりに理解したであろう。

　このような表現が可能だったのも、ひとまとまりの語には母音連接を含まない、すなわち、母音連接があれば、そこが語と語との接点であり、したがって、独立した二語の連接であるという語音配列則が生きていたからこそであった。ちなみに、逆形成は証拠に基づかない原形の推定であるから、音節構造がきわめて単純な日本語では自由自在に古形らしきものを作り出すことが可能である。したがって、右の事例は疑う余地がないが、復元された語形は落語のネタと一線を画しがたいことを念頭に置いておかなければならない。もっともな解釈よりも、もっともらしい解釈のほうがはるかに多いと思っておけば間違いない。その解釈を提示した人物の肩書きの軽重は、逆形成された語形の確からしさ《probability》を判定する基準にならない。大切なのは、軽率な判断をしない研究者だという実績である。

　サキテが音便化してサイテになったことによって、右の語音配列則が日本語から失われたのではないかという疑問をはじめに提起したが、依然としてその語音配列則は健在であるから、サイテ、トンダなどのサイ、トンなどは動詞の語幹に準じる機能を果たしており、それに後接するテ、タ、ダなどは活用語尾に準じる機能を果たしていることになる。これまでそのような解釈の可能性について論じられたことはなかったので、この形は便宜的な非公式の語形という認識のもとに音便形として扱われてきた。

## ■キリシタン宣教師の段階的日本語学習

ここで、思い出されるのは、I章で紹介した、イエズス会の宣教師たちによる『平家の物語』と『エソポの寓話集』との編纂方針である。前者は日本語の読み書きにまだ十分には習熟していない段階の人たちのために、日常のことばで叙述した学習書であるから、名詞と、それに後接する助詞との間に空白を設けて格関係がわかるようになっていたが、後者は、宣教師が説教などで使うのにふさわしい上品な日本語の実践編で、名詞と助詞とをひとつの綴りにしてあることであった。

ポルトガル語はラテン語系の言語（ロマンス語）であるから、名詞の格《case》は日本語のように格を示す辞を名詞に後接させるのではなく、名詞の語形変化で表わされるので、『エソポの寓話集』のような表記方式がなじみやすいが、馴れないうちは、助詞を切り離したほうがその格に対応する適切な助詞を選択することができる。ちなみに、現代英語は格の区別をほとんど失っているが、人称代名詞にその片鱗が残っている。宣教師たちの母語では、すべての名詞が格による語形の違いをもっていたと想像すればよい。

## ■規範文法と記述文法

『岩波国語辞典』には、「発音しやすい別の音に変わる現象」、また、『明鏡国語辞典』には

「発音しやすいように語中・語尾の音が他の音に変化すること」と説明されているが、はたして、サキテは発音しにくいが、サイテなら発音しやすいなどと言えるであろうか。

「東京特許許可局」は意図的に作られた実在しない官庁であるが、漢語は、ひとまとまりに発音するので、これほどでなくても、発音しにくい熟語が出来てしまう可能性がたしかにある。しかし、和語の動詞や形容詞に成人の日本語話者が発音しにくい活用形など、日が暮れてもなかなか探せない。

口に出して言ってみると、サキテは言いにくいが、サイテなら言いやすい。これは確かである。なるほど、音便とは、「発音しやすい別の音に変わる現象」なのだと納得する。しかし、言いにくいのは、「花がきれいに咲きています」などと言い慣れていないからにすぎない。表現を変えるなら、この結びつきでは発音器官が滑らかに動かないわけではなく、経験で身につけた文法に合わないために抵抗があるからである。「ウグイスの声が聞きたければ、ここに朝来てみなさい」と声に出してみて、言いにくいはずのサキテという音節連鎖が含まれていたことに気づかなかった読者が多いはずである。それは、同じ音節連鎖でも、「朝来て〜」は、経験で獲得した文法に適《かな》っているからである。学校文法は、特定の文法学者が理想的だと考える言いかたを身につけさせるために人為的に構築した、矯正を目的とする〈規範文法《prescriptive grammar》〉である。それに対して、〈経験で獲得した文法〉は、幼時から生活をつうじて自然に体得した、その言語共同体のメンバーが共有する発話のルールだからである。そのような成文化されていないルールを整理すれば〈記述文法《descriptive grammar》〉になる。前者は〈かくの如くあるべし《sollen》〉の文法であり、後者は〈かくの如くあり《sein》〉の文法である。

記述文法の記述《description》とは、文字で書き記《describe》すことではなく、正誤の判定や取捨選択をしないで現実の状態をありのままに描きとどめることである。本書における考察全体をつうじて必要なのは日本語を記述的にとらえて考える姿勢である。それに対して、規範文法の規範とは、どのように行動すべきかを文書で指示するという意味の英語 prescriptive の訳語である。医師が処方箋《prescription》を書き、薬剤師はその指示どおりに薬を調合する。その指示を無視して薬の種類や分量を調合することは許されない。同じ患者の症状に対して別の医師がかなり違う内容の処方箋を書くことは珍しくない。不勉強な医師は、大学で大先生に習った特効薬を七十歳を過ぎても処方し続ける。学校文法が時代に合わないのはそのためである。行政と企業や学者集団などが一体になった原子力村の存在が二〇一一年の大震災で暴露されたが、学校文法村の存在は見抜かれていない。正しい日本語、美しい日本語の純真かつ無邪気で多少とも民族主義的な人たちは、気づかないうちにその支持者になって指示を待っている。

「花サキテが」が「花ガサイテ」になったのは、「発音しやすい別の音に変わる現象」ではなく、経験で獲得する文法が徐々に変化することであるとしたら、日本語に、突然、理由もなくそういう変化が生じたとは考えにくいので、この変化が生じるには、順当な過程を踏んでいるはずである。

## ■〈気を付けの発音〉と〈休めの発音〉

この節以下に出てくる〈気を付けの発音〉と〈休めの発音〉について、あらかじめ説明しておく。集団に対する号令にヒントを得た筆者の造語である。

どの言語でも同じであるが、日本語も、日常生活では、祝辞や弔辞を読むときのように、緊張して一字一句を丁寧に発音しているわけではないし、また、相手によって、場面によって、個々の語句をきちんと発音して話したり、くつろいだ気分で話をしたりする。筆者は、X線写真や心電図を撮るたびに、ハイ、力を抜いてください、と注意される。そういう力んだ構えで音声器官から出る音が気を付けの発音であり、力を抜いて楽にした発音が休めの発音である。英語の話し手どうしの会話をそばで耳にしても、口先でぺらぺら話しているので、馴れないうちはほとんどわからない。なぜなら、こちらは外国語として覚えた気を付けの発音を予期して構えているのに、向こうは力を抜いた〈休め〉の発音で話しあっているからである。日本語の耳にはホスピタル《hospital》のはずの語がハスペロだったり、ウオーターのはずの語がワーラだったりでは、聞き取れるはずがない。ごめんなさい《pardon?》、と聞きなおすと、ゆっくり［hospitl］とか［wɔːtə］とか言ってくれるが、気を付けの発音は、多少とも不自然な発音でもある。ハスペロとかワーラとか聞こえたのが hospital とか water とか反射的に同定できるようになるまでには、しばらくかかる。そういう日本式純正英語だけが学校で教えられていたのは、さほど昔の話ではない。小学校から英語が正課になっても、伝統方式の入学試験が続くかぎり、休めの発音は減点で、気を付けの発音が正しいとみなされるであろう。帰国子女は英語の試験で苦労するという。

読者の注意を喚起したいのは、いつの時代のどの言語でも、ふだんは休めの発音で話をしており、音韻変化は、そういうゆるんだ、あるいは、多少ともだらしない発音を生かして生じる場合が多いことである。

多様な音声記録媒体が発達している今日と違って、過去における日本語の状態を解明する作業は、現在の諸方言の調査結果と、文献資料の解釈とを天秤《てんびん》にかけて慎重になされなければならないが、両者の方法から導かれた結果を統合《integrate》することはなかなか難しい。心電図をマニュアルどおりの手順で操作することはできても、熟練した専門医でなければ、得られたグラフを読み解いて的確な診断をくだすことはできない。アメリカの大病院で、いずれも年配の担当医とナースとが、たがいに遠慮のない口調で筆者の心電図について真剣に議論する場に同席して説明を受け、データの読みかたの微妙さを痛感し、我が身の仕事を振り返って自信喪失に陥った経験がある。なによりも危険なのは知ったかぶりである。筆者は、若い時分から、もっぱら文献資料を扱ってきて、各地の方言についての研究成果を適切に生かす力を養ってこなかったために、東京および近辺の方言を念頭に置きながら、文献資料を中心にしか考えられないことを許していただきたい。

## ■ツイタチの原形

本居宣長の「音便ノ事」については後述するが、その最初にあるのは「イト云音便」の条であり、その第一番に置かれているのは「朔《ツキタチ》【月立】チツイタチ」という項である。ツイタチとは、〈月が立つ日〉、すなわち、〈月が始まる日〉であるから、本来の語形はツキタチであるはずなのに、ツイタチという〈音便〉で言っている、ということである。

古い文献資料を探しても、出てくるのはツイタチばかりでツキタチという語形は確認できない。理論的に推定されるだけで文献上に確認できていない語形であるから、歴史言語学の論文では*tukitatiと表記する約束になっている。この変化は、文献時代以前に生じたと推定される。ツキは月輪をさすだけでなく暦月にも使われるので、この語形自体は月輪の満ち欠けの初日をも、暦月の初日をもさすことが可能であるが、文献に出てくるのは、どれも後者の用例であり、その意味として現今でもふつうに使われている。

原日本語の段階から音節構造はCVであり、単音節語や二音節語が多くを占めていたために、ラ行音節を語頭に置かない、という語音結合則が定着したのは、きこえ《sonority》の度が低い［r］の音が語頭にあると聞き誤りを招きやすかったことによる混乱を未然に防ぐためであった、という解釈をII章で述べたが、それも、日常生活では休めの発音がふつうだったからである。気を付けの発音なら、語頭に限らず、どの位置にあってもはっきり［r］と聞き取れたはずである。

書記文献を資料とする場合に忘れてならないのは、特別の条件が加わらなければ、字面に表われているのは気を付けの発音に基づいていることである。そういう資料に基づいてその当時のナマの発音を推定するには、なによりも音声学の基本知識が不可欠である。

筑波祢尓　由伎可母布良留　伊奈乎可母　可奈思吉児呂我　尓努保佐流可母

（万葉集・十四・3351）

つくばねに　ゆきかもふらる　いなをかも　かなしきころが　にのほさるかも

東歌《あずまうた》、すなわち、関東地方の東部から東北地方の人たちの作品である。筑波山が見える範囲に居住する人物の作であろう。確かにその地方の訛りらしき語形や語法は出てくるが、筑波山に雪が降ったのか、それとも愛する女性が真っ白な布を干しているのか、ということであろうと現代の東京育ちの筆者にもほぼ見当がつくことは、丸出しの東国方言そのものではないからである。結論だけを言えば、ヤマト方言の話者がかろうじて理解できる程度まで東国語らしさを交えたのが東歌なのであろう。——ということで本題にもどろう。

原形として推定されたツキタチは、気を付けの発音をしたよそ行きの語形であって、日常生活でいつもそのように発音されていたという保証はない。というよりも、たぶんそれと同じには発音されていなかったのであろう。ツキを前部成素とする語群に、いっせいに同じ音変化が生じたために、すなわち、体系的変化の結果として、ツキタチが、ある時期にツイタチと発音されるようになったわけでもない。なぜなら、月夜、月見、月影などは、ツイヨ、ツイミ、ツイカゲなどになっていないからである。もしも、そのように変化したなら、どれも意味不明になってしまったであろう。同一言語共同体のメンバー間でいっせいに理解できなくなってしまう体系的変化は生じない。これは言語変化についての公理のひとつといってよい。理論では証明できないが、日本語の長い歴史がその事実を経験的に裏づけている。法則といわずに公理《axiom》といったのは、経験則によって裏づけられているからである。

ツキタチからツイタチへの変化はいっせいに生じた体系的変化のなかのひとつではなく、この語だけに生じた個別的変化であった。それは、ツキタチのままでは、効率的伝達に支障を来たすなんらかの外的条件が生じたからだとすれば、どのような不都合だったのか、また、語形をツイタチに変えたことによってその不都合が解消されたとすれば、その理由も解明しなければならない。さらに、ツキタチからツイタチへの変化を可能にする音声学的にみて無理のない通り道《path》があったのかどうかも確かめなければならない。なお、中世のある時期までタ行音は［ta, ti, tu, te, to］であったから、文献時代以前に形成されたツキタチの語形は［tukitati］であった。

月輪をイメージせずに無意味な音連鎖として［tukitati］と口にしてみると、早口になればなるほど、タ行音節に挟まれた音節［ki］の子音［k］の破裂が弱くなり、ツイタチに限りなく近くなることを読者も自身で確認してみていただきたい。こういう極端に早口の不明瞭な発音をスラーリング《slurring》という。スラーリングでツキヨ、ツキミ、ツキカゲを発音しても、聞き取れないほどまで［k］の破裂が弱まることはほとんど起こらない。

ツキタチという音節連鎖をスラーリングで口にしてみると、限りなくツイタチに近くはなるが、それは、この音節連鎖でそうなりやすいという意味であり、休めの発音とは、ふつうに発音することであって、この語をいつでもスラーリングで発音するわけではない。

破裂音、摩擦音、有声音、有気音などという音声学の用語は、呼気が発音器官のどの部分をどのように通過するかの違いによる命名であって、呼気の強さは、特定のその音であることが即座に同定できる程度を下回らないことが前提になっている。それに対して、休めの発音では、呼気の強さがその下限を越えて曖昧になる場合もある。ただし、そういう事態が生じても前後の音に支えられて語形が修復されることが多い。月輪がイメージされているかぎり、ツキタチの［k］の破裂がかなり弱まっても語形の修復はおおむね可能であった。

ここまでの考察でわかったことは、①ツキタチという語形は、休めの発音の場合、ツイタチに自然に近づく通り道があったこと、そして、②もとの語形を安定的に維持するには、［k］の破裂をある程度以上のレヴェルに保ちつづける必要があったことである。

我々の当面の課題は、ツキ《月》を前部成素とする複合語のなかで、どうしてツキタチだけに語形変化が生じてツイタチになったのか、その理由を解明することであるが、そのカギが、右にまとめた二項のなかに、もはやほとんど露出している。そのことに気づいた読者も少なくないであろうが、順を追って次節でその理由を説明する。

## ■ツキタチからツイタチへ

原日本語の話者たちは、月日の経過をどのようにして知ったのであろうか。その最小単位は、夜と昼との規則的交替であり、その上の単位は月輪の満ち欠けの周期であった。約29.536日であるから暦月にほぼ一致しているが、一年間に半月以上のズレを生じるので、おおむね三年に一度の間隔で、閏月《うるうづき》を設けて調整しなければならなかった。したがって、暦月の初日と月輪の満ち欠けの初日とのズレがしだいに広がって無視できなくなる。時間の経過を三十日程度の周期に基づいて区切ることは便利であっても、社会構造が複雑化してくると月輪の満ち欠けだけを基準にして運営することによる不都合がしだいに多くなって暦月のツキを月輪のツキから切り離すことが必要になったが、そのためには、暦月の初日であるツキタチのツキから月輪のイメージを消しさることが必要であった。

すでに確かめたように、ツキタチという音節連鎖は、休めの発音では［k］の存在が薄くなりがちであるから、［k］の破裂にブレーキをかけずにツイタチになった段階の休めの発音を気をつけの発音に格上げして、きちんと発音してもツキタチにふたたび戻らなくすることによって問題は解決された。

もしも、月輪のイメージを消そうという力が働かなかったなら、意識下でコントロールされて、休めの発音でも［k］の破裂がある程度以下になることはめったになく、したがって、ツイタチに定着することもなかったであろう。

## ■言語現象を縦割りで捉えたのでは真実に迫れない

ツキタチからツイタチへの変化が生じた理由を明らかにしようとする場合、だれも、それを文法論の問題として解明しようとはしないであろう。あとであらためて取り上げるが、本居宣長は卑しい漢字音にかぶれて生じた〈音便〉であるという立場のもとに、この事例をまず第一にあげているが、現在、そういう立場を支持する人はゼロに近いであろう。言語学や国語学についての初歩的知識があれば、あるいは、そうでなくても、音の変化であるから音声学や音韻論の問題だと考えるであろう。その立場をとるなら、休めの発音における第二音節の破裂音［k］の、破裂の弱化が可能性として浮かび上がるはずである。しかし、ツキヨ、ツキミ、ツキカゲ、ツキアカリなどにはツキタチ＞ツイタチに並行した変化が生じていないので、音声学からのアプローチはデッドロックに突き当たり、つぎの扉の向こうに行けなくなってしまう。そのジレンマから抜け出すためには、問題の原点に立ち戻って、発話の目的が意志や情報の伝達であることを思い出さなければならない。

伝達したい事柄を受け手と共有する音韻体系に基づいて受け手に送られ、受け手はその内容を理解する。メッセージが二語またはそれ以上に及ぶときは、それぞれの単位を、決められた方式に整えたうえで、決められた順序に発話しなければならない。そこで文法が重要な役割を果たすことになる。要するに、意味があってこその音声であり、文法であり、文体であり、その他もろもろなのである。言語は意味を伝達する手段なのであるから、意味をないがしろにして言語の本質に迫ることはできない。ツキタチからツイタチへの変化は、我々にそのことを教えてくれる。

前項で取り上げたアメリカの記述言語学は、客観的に捉えることができない意味を最後に回して、音声学、音韻論、形態音韻論、形態論、と順次に積み上げていったが、結局、記述的方法では意味に迫ることができなかった。そのジレンマを克服したのが、二十世紀後半から二十一世紀初頭まで、特にアメリカを中心とする言語学で支配的であったノーム《Noam》・チョムスキー《Chomsky》（1928-）の生成文法《generative grammar》である。現在の言語学は、さらにそのつぎの段階に進んでいる。ただし、記述言語学は万能薬でなくなっただけで方法自体が否定されたわけではなく、現地《フィールド》調査《ワーク》にとって最低限の知識であろうが、国語学の研究者の多くはほとんど関心を示そうとしない。前を向くと落差が大きすぎるので、それを見ないですむように後ろ向きに歩いているようにみえる。日本語は特殊な言語であるから日本人にしか理解できるはずはないと信じつづけて安心し、多機能の電算機がどんどん進歩しているのに、ソロバンのほうがずっとすぐれていると確信していたのでは、単純計算にしか腕を振るう機会はない。筆者自身には胸を張って公言する力などないが、この状態がいつまでも続くことを危惧しているので、心ある人たちに訴えるのが精一杯である。こういう基本姿勢に対して異論がある国語学の研究者は、抽象論でなく、研究成果によって、国語学の基本姿勢を次世代に伝える意義を主張するなら、議論によって相互の立場の違いを鮮明にすることができる。

## ■ツゴモリの形成

ツイタチの対語はツゴモリ（晦日）である。もとの語形は〈ツキ《月》が（山に）コモル《籠》〉で、ツキゴモリに相違なさそうであるが、ツイタチと同様、文献上にもとの語形は確認できない。この場合には、［ki］の子音［k］だけでなく、［ki］が音節ごと脱落して月輪のイメージが完全に払拭されている。ただし、それは結果を捉えた表現であって、本書の視点から表現するなら、月輪のイメージを消し去ることによって、聞き手がこの語の意味を迷わずに把握できるようにしようという言語共同体の集団的選択の結果であった。要するに、社会組織が複雑になったために月輪のイメージが邪魔になったということである。ただし、月輪のイメージを消し去るだけなら、ツイゴモリにしてツイタチとセットにすればよかったはずなのに、どうして母音［i］を道連れにして音節ごと脱落させてしまったのであろうか。

この音節脱落は、それに先行してツキタチがツイタチになっていなければ起こらなかったはずであることに注意したい。なぜなら、ツイタチという語形がすでに社会的に確立されていなければ、ツゴモリという語形がそれと意味上のセットとして認識されなかったはずだからである。ツイタチという語形が通用していたからこそ、ツイタチが四音節、ツゴモリも四音節というセットで、〈立ち〉と〈籠もり〉との意味が生き残り、語呂のよい対語を形成することができたのである。

## ■言語の各カテゴリーは一体として機能する

ツイタチとツゴモリとのセットの形成過程を、意味を無視して、音声学や音韻論だけで説明することはできない。天の配剤を思わせるほどの見事な出来ばえは感嘆に値するが、この見事なセットを作ったのは当時の日本語話者たちにほかならない。ただし、これを、優秀な我々日本民族の英知の結晶であるなどと考えたら、言語変化のメカニズムの機微が空虚な民族主義に覆い隠されてしまう。この語形変化を音声学、音韻論、意味論など、既成のどの領域でも単独では解明できないことは明らかである。本書冒頭の「お読みになるまえに」で述べた時計の歯車の比喩を思い出していただきたい。

Science《サイエンス》とは、〈知識〉とか〈知る〉などという意味のラテン語に由来しており、さらに遡れば、〈木材を縦に割る〉という意味の原印欧《インドヨーロッパ》語（PIE）に結び付くとされている。日本語ではscienceを科学と訳している。大学の学部は伝統的に複数の学科で構成されており、学科ごとに必修科目や自由選択科目が開設されていた。科とは動物界のネコ科やイヌ科、植物界のバラ科やイネ科などの科に相当するから、これはラテン語よりも原印欧語の概念に近いようである。

融通の利かない縦割り行政の弊害がしばしば問題になるが、いっこうに改善されない。大学の組織も縦割りになっていて、各学科間の積極的交流はないのがふつうであった。近年はそういう殻を破る動きが出ているが、国語学は、文法、音韻、語彙、意味、方言など複数の分野に分割されている。歴史的研究も、縦割りをしたうえで、もうひとつ、上代語、平安時代語、中世語、近世語、現代語に細分されて碁盤目割りともいうべき状態になっており、個々の研究者は思い思いの蛸壺に潜り込んでいる。こういう制度の最大の問題点はどれかひとつの蛸壺に入っていれば、他の分野について何も知らなくてもかまわないという不文の免罪符が与えられていることである。それは、他の蛸壺に余計な口を出すなという不文律でもある。近年は学科の名称が大きく様《さま》変わりしていて蛸壺に潜っていられないように見えるが、日本語史研究に関する限り、名称だけの化粧直しにすぎないのが現状のようにみえる。

連濁とか音便とかいうのは音韻論《phonorogy》や音韻史の問題であるから文法や語彙などには関係がないという共通認識が国語学では確立されている。たとえば、アカガネやクロガネなどには早い時期に連濁が生じているのに、シロカネやミヅカネにはどうしていつまでも連濁が生じなかったのか、その理由を音韻《phonology》だけの問題として捉えたのでは説明のしようがないので例外として残さざるをえなくなる。

現今では〈音便〉が、事実上、四種の〈音便形〉に限定されているが、本来は、ツイタチやツゴモリのような語形が宣長の考えていた〈音便〉の典型であった。

■休めの発音を気を付けの発音に格上げした分裂

宣長が取り上げなかったもうひとつの類型について検討しておこう。サヨーナラ↓サヨナラ↓サイナラ、というような関係であれば、「発音しやすい別の音に変わる現象」とか、「発音しやすいように語中・語尾の音が他の音に変化すること」などという、辞書による音便の定義が当てはまりそうにみえるが、たとえば、『新明解国語辞典』では、「さようなら」と「さよなら」とが、ふたつの見出しに分けられて、それぞれ、つぎのように解説されている。

**さよう【然様】**—なら（感）〔「さようならば」の省略表現〕「そういう事情でありますならば、これでおいとまします」の意を含めて、別れを告げる挨拶の言葉。↓さよなら

**さよなら**「さようなら」の短呼。〔各地の方言では「さいなら」とも言う〕（略）

「さようなら」の項の解説は起源の説明であって、現代語の説明になっていない。「短呼」は誤りではないが無意味な解説である。筆者の用語で言えば、前者は気を付けの発音であり、後者は休めの発音である。トール（通る）の長音はトル（取る）との対比において音韻論的に対立しているが、サヨーナラのヨーはサヨナラのヨと音韻論的に対立していない点で大きな違いがある。それは、この挨拶ことばは、心をこめる度合いに比例して伸縮自

在だからである。実験したことはないが、ごくふつうの発話を十人程度の人に書き取ってもらえば、サヨーナラとサヨナラとのふたつのグループに分かれる可能性がある。ストップウオッチでどちらであるかを判定する違いではない。ちなみに、英語になったサヨナラに伸縮自在の母音はない。日本語はsing-song《歌を歌う》アクセントとよばれる高低アクセントであるが、英語は強弱《stress》アクセントなので、このような場合、時間の差では表現しないからである。こういう事例が音便から除外されていると、辞書の定義による〈音便形〉とは、そもそも、どういう語形をさしているのかがあらためて疑問になってくる。

ここまでの検討で明確になったのは、どの辞書の説明も、音便という語形変化が、現代語に、あるいは現代語にも、生じているような説明になっていることである。今後、もしもヘクとかタムとかいう動詞が形成されたなら、発音しやすかろうとなかろうと、ヘイテとかタムッタなどという形をとることが義務づけられている点で活用形と同じであるから、音便と名づけて語形の由来を現在時制で説明し、特殊扱いをするのは筋違いである。

学校文法は、口語文法と文語（古典）文法との二本立てになっているので、前者はナマの現代語に基づいているはずだと思い込んでしまうが、実際には、文語文法の原型《プロトタイプ》が近世にすでに形成されており、それを系統的にした文語文法に最小限の手を加えて口語文法が作られたという経緯を知っていれば、音便についての説明が現在時制になっている理由も理解できる。こういうことは音便だけに限らず、一事が万事と考えてよい。文語文法の骨組みが出来あがったあとになって、歴史的仮名遣で「かかむ《書》」、「とばう《飛》」であったのが、現代仮名づかいで「かこう」、「とぼう」と改められたのを機会に、それまでのアイウエ四段の四段活用にオの段を加えた五段活用に変更されたが、活用形の名称を文語文法から受け継いでいるために、「かかむ《書》」が未然形だったのを平行移動して、「かこう」も未然形と認定し、未然形の既成の枠にそのまま押し込めている。日本語の文法そのものが難しいのではなく、国学以来の伝統を墨守しようとする文法家たちが、学習者の立場など考えずに、わかりにくいままに放置してあるのが実情なのである。「かこう」、「とぼう」などを現代語の用法に合わせて、たとえば未来形などと改称しただけでも、かなり親しみやすくなるはずである。

佐伯梅友（1899-1994）は、文語文法の四段活用を〈アイウエ活用〉とよび、口語文法の五段活用が一見して〈アイウエオ活用〉であることがわかるように、活用表の最下段に〈志向形〉を新設してオ段の活用語尾をそこに置いたが、文法教育の指導的立場にあった研究者が実践しようとしたこの斬新な試みは教科書編纂者に支持されることなく終わったようである〔森野宗明他編『佐伯文法』三省堂・1980〕。異端の教科書で習った生徒が高校や大学の入試で不利になるという理由だったのかもしれない。

## ■音便形はどういう要求を満たすために形成されたか

辞書には、音便を、「発音しやすいように（略）他の音に変化すること」などと説明されているが、そもそも、発音しにくい方向に言語変化が進行することなどありえない。同じ条件を共有する語群がいっせいに同じ変化を起こす体系的変化の場合には少数の語が言いにくい語形になってしまうことも生じるが、そういう事例は、言いやすい語形に個別に修正されている。たとえば、平安時代にカハ《川》はカワに、カヒ《貝》はカヰ《kawi》に、ファファ《母》はファワに変化したが、十七世紀に語頭のファがいっせいにハ《ha》に変化した。しかし、ハワ《hawa》では言いにくく、聞き取りにくいのでハハ《haha》に再変化した。これなら、チチ、ジジ、ババなどの親族名称の類型であるから、落ち着きがよくなっている。

音便についての辞書の解説が現在時制になっていることに問題を感じたので調べたところ、手元にある範囲では、前述したように、『新明解国語辞典』だけが「国語の単語・文節の一部分に起こった発音の変化」と、過去形の表現になっていた。

和語の単語の内部に母音連接が含まれることはない。したがって、母音連接はふたつの語の境界がそこにあることの指標になる、という日本語史の常識で考えるなら、平安時代の人たちにとっては、母音の連接を含む saite（サイテ）は語音配列則に基づいて、sa+ite（サ+イテ）と反射的に分析される。ただし、それをひとまとまりとして使うことには違和感がともなったはずだと考えるのは教条的《ドグマティック》にすぎるであろう。思い出してほしいのは、語形変化はしばしば、気を付けの発音を休めの発音に格上げして生じることである。

この事例の場合、いつでも ha・na・sa・ki・te と几帳面《きちょうめん》に発音していれば変化が入り込む隙間はないが、ツキタチの第二音節キの子音［k］と同じように、サキテのキも休めの発音では破裂が弱くなりがちであるから、ストップをかける要因がなければサイテの形で実現されやすくなる。すでにこの形で密着して使われていたためにこの融合にストップをかけずに定着させたのがイ音便形である。

音便形の形成過程をたどるのに、ここまでは変化という語を便宜的に使ってきたが、言語の場合、変化とは、新しい形が古い形と置き換えられる現象である。しかし、音便の場合、音便形が成立して以後も、それまでの語形が長期にわたって共存しつづけたところに一般の語形変化との大きな違いがある。イ音便の場合は新しい語形を生じたメカニズムがツキタチからツイタチへの変化と同じであるし、形容詞のウ音便も単純な子音脱落であるが、促音便、撥音便の形成は、明らかに新しい体系を構築するために生じさせた変化である。

結果からみれば非音便形が消失して音便形だけが残ることにはなったが、ふつうの語形変化と比べると、もとの語形の存続した期間があまりにも長すぎたようにみえることには、なにか特別の事情ないし理由があったと考えなければならない。

両者の関係で見逃してならないのは、残存した語形と派生した語形とが、上位と下位とのセットとして使い分けられていたことである。

言語変化は自然現象ではない。その言語共同体のメンバーたちが、運用上の不便や非効率を解消するために集団的選択で生起させた結果であるという一貫した立場からここでも考えてみよう。

音便形と非音便形とをセットとして編成しなおしたのは、文中の動詞句（以下、日本語については形容詞句をも含めて動詞句とよぶ）で、なんらかの違いを表明するのが便利であるという集団的選択が作用した結果であるとしたら、我々が解明しなければならないのは、それがどういう違いだったのかである。

## ■タカイコ、アキラケイコ

これまでは、動詞に生じた音便について考えてきたが、ここで、形容詞の音便形に目を移そう。

むかし、西院《さいゐん》の帝《みかど》と申す帝おはしましけり、その帝の御子《みこ》、たかいこと申す、いまそかりけり〔伊勢物語・三九段〕

日本では、伝統的に、漢字で書いた形がほんとうの名前であると認識されていたためでもあろうが、内親王（皇女）でも貴族の娘でも、記録には漢字で書かれているので女性の名の正確な読みかたはわからないのがふつうである。そのために、春子《しゅんし》とか定子《ていし》とか音読している。『伊勢物語』の御子の名、タカイコも漢字で「崇子」と記録されているが、右の例は仮名文学作品のなかに出てくるので仮名書きになっている。タカイコのタカイは、形容詞タカシの連体形タカキのイ音便形である。

特に注目したいのは、タカキコではなく、タカイコだということである。末尾のコは、現代でも、ひと時代前まで圧倒的多数を占めていた女性の名、洋子、正子などのコである。[takai]は、[takaki]の末尾音節[ki]の子音[k]の破裂が休めの発音では弱くなり、聞き手にはタカイと聞こえがちになる。そういう語音配列則の特徴を利用して、タカキからタカイを派生させた語形で、音脱落による縮約形であるから、ツキタチをツイタチに移行させたのと原理は同じである。

語形が縮約されるほど他人行儀《フォーマリティー》の度合いが低くなり、それに反比例して親密感を増すのがふつうであるが、皇女の名となると、その点はどうだったのであろうか。

皇女という地位を考えると、砕けた印象の名前はふさわしくなかったとも思われるが、親がかわいい娘に付けた名前だとみれば、何の問題もなさそうである。そこが公的存在である皇子と私的存在である皇女との社会通念の違いだったのであろう。

『栄華物語』（梅沢本）の裏書に、藤原良房の娘「明子」にアキラケイコと仮名を添えた例がある（日本古典文学大系『栄花物語』上）。これも形容詞アキラケシの連体形アキラケキの音便形である。アキラケシとは、清純なとか、清らかなとかいう意味の形容詞であるから、アキラケイ＋コ《子》である。アキラ＋ケイコと切って読むと意味を取り違える。

我々の当面の課題にとって注目に値するのは、もしも平安時代に形容詞連体形の音便形がまだ形成されていなかったなら、生まれた皇女にこういうかわいらしさを込めた命名ができなかったことである。皇子の名はその地位にふさわしい威厳のある名でなければならなかったが、皇女には、音便形を選択することによって、上品な印象で、しかも、親しみのもてる名を付けて親の愛情を表現することが、音便形が確立されたことによって可能になったことになる。

「子《し》」は、中国で、孔子や孟子などのように、尊敬すべき人物に付ける接尾辞であり、飛鳥時代、隋に派遣され、冠位を受けた小野妹子《おののいもこ》の「子」などもそのような意味だったであろうと言われている。ただし、「子」はよいとしても、男性の名がなぜ「妹」であったのかは不明である。古い時代にはこのように男性にも「子」が付けられた例があるが、平安時代には上流の女性に限られたようである。

文法では、タカイコ、アキラケイコのタカイ、アキラケイを形容詞連体形のイ音便形と説明すれば終わりであるが、右の説明からわかるように、音便を生じないままの語形が健在であることを前提にしてこその音便形であることを、すなわち、四角張った印象のタカキ、アキラケキがなかったなら、タカイコ、アキラケイコのかわいらしさを発現できなかったことを確認しておきたい。言語変化は語形の交替であるが、音便形の形成はフォーマルな語形とインフォーマルな語形との使い分けのための分裂《split》であった。

平安時代のアハレは、母音に挟まれた［ɸ］が［w］にいっせいに変化したことによってアワレになり、アハレという気持ちを強調した語形としてアッパレを生じたことによって、かわいそうな〈哀れ〉と、ほめことばの〈天晴《あっぱれ》〉という、まったく違った意味の語に分裂している。これは個別的に生じた語形分裂であるが、音便形の形成は体系的に生じた語形分裂であった。

### ■和歌に用いられた音便形および漢語

和歌に音便形が使われなかったことはよく知られているし、事実上、そのとおりではあるが、勅撰集につぎの珍しい例外があることも見逃すべきではない。

きちかうのはな　友則

あきちかう　のはなりにけり　しらつゆの　をけるくさはも　いろかはりゆく

（秋近う　野はなりにけり　白露の　置ける草葉も　色変はりゆく）〔古今和歌集・物名《もののな》・440〕

「物名」とは、題と同じ仮名連鎖を詠み込んだ和歌である。「隠題《かくしだい》」ともいう。この場合は「桔梗《きちかう》の花」、すなわち、秋の野に咲くキキョウの花である。

和歌そのものは説明が不要なほどであるが、意味を考えながら読むと、音数律に引かれて、「きちかうのはな」が埋め込んであることに気づかないまま最後まで読んでしまう。

「秋近う」のチカウは形容詞チカシの連用形チカクの、そのウ音便形である。天皇に献上する勅撰集の和歌であるから、本来なら折り目正しい「秋近く」とすべきなのに崩れた語形チカウを使わざるをえなかったのは、和歌は和語だけで詠むことが鉄則なのに、和語とは語音配列則の異なる漢語「桔梗《キチカウ》」を含む七字の仮名連鎖を詠み込んだ部分を、そこに隠し題が埋め込まれていることに気づかずに読み進んでしまうほど違和感なしに重ね合わせた腕前を評価して、反則に目をつぶったのであろう。漢語キチカウも見事に和語の仮名連鎖にとけこんでいる。

## 平安時代の仮名散文における非音便形と音便形との使い分け

### ■ナキ給ふとナイ給ふ

つぎの引用は、『源氏物語』若紫の一場面で、少女（紫の上）の父親（兵部卿宮《ひょうぶきょうのみや》）が、娘を預けている乳母のもとから帰ろうとするときの描写である。「こしらふ」は、なだめたり、すかしたりすること。

　暮るれば帰らせ給ふを、いと心細しとおぼえてな《(泣)》い給へば、宮、うちな《(泣)》き給ひて、
（略）かへすがへすこしらへおきて出で給ひぬ

幼い娘が泣いている状態は「な《泣》い給へば」と「泣き」の音便形で描写されているのに対して、父親のほうは「うちな《泣》き給ひて」と、非音便形で描写されている。

これらふたつの例だけから帰納すると、大人が泣く様子は非音便形でふつうに描写し、子供が泣く様子は音便形でかわいらしく描写しているという解釈になりそうであるが、つぎのように、大人が泣く様子は音便形でも描写されている。泣いているのは光源氏である。

　いかならむ世に、人《ひと》伝《づ》てならで聞こえさせむとて、な《泣》い給ふさまぞ心苦しき（紅葉賀）

あまりの悲しさに、身も世もなく大声をあげて泣き崩れたという表現である。前例の紫の上はまだ少女であるから、世間体を考えて自制したりしていない。

　朝夕の光、失ひては、いかでか世に長らふべからむと、御声もえ忍びあへ給はずな《泣》い給ふに、御前なるおとな《大人》しき人など、いと悲しくて、さと、うち泣きたる、そぞろ寒き夕べのけしきなり（葵）

「朝夕の光」とは、光源氏の威光。その体面を考えて声を押し殺すこともできず、激しく

お泣きになるので、お仕えしている年配の女性たちもたいへん悲しくなって、節度をわきまえながらも、いっせいに泣いている、ということである。この例でも音便形と非音便形とが対比されている。

## ■カキテ《書》とカイテ

手は悪《あ》しげなるを、紛らはし、さればみて書いたるさま、品《しな》なし（夕顔）

書いた文字が最悪であることをごまかして、気が利いたような書きかたをしている様子は品格がない、ということである。しゃれた書きかたをしているが、こんなのは書いたと言えないという評価が音便形を選択することによって表現されている。

雛《ひな》遊びにも、絵描《か》い給ふにも、源氏の君と作り出でて、きよらなる衣《きぬ》着せ、かしづき給ふ（若紫）

ひな人形の遊びにも、また、絵を描《か》くにも、これは光源氏さまだという外見に作って、上品な衣服を着せてお仕えなさっている、ということ。幼い女児なのでまともな絵になっていないことが音便形で表現されており、それがほほえましさにもなっている。

このように見てくると、音便形は、すでに述べたように、発音の便宜のために自然に生じたわけではなく、休めの発音を定着させたことによるフォーマルな語形とインフォーマルな語形とへの分裂であったことが実例によって裏づけられている。

■イミジクとイミジウ

『源氏物語』の全巻をつうじて、イミジクもイミジウもたくさん使われているが、物語のなかにおける両者の分布をみると、大きな違いがある。すなわち、イミジウは、あちこちに不規則に分布しており、目だった集中が認められないのに対して、イミジクのほうは、ところどころにかたまって分布していることである。結論を先取りするなら、物語のなかでは、緊迫した場面にイミジクが使われている。立場を換えれば、イミジクによって読み手は緊迫感を味わうことになる。各用例ごとに文脈を示し、その部分の解釈を確定しながら証明することは本書のサイズが許さないので、以下には、いくつかの例をあげるにとどめておく。深入りして確かめたい読者は『源氏物語索引』(新日本古典文学大系・岩波書店・1999)などで、ふたつの語形の分布のしかたを比較してみるとよい。雑纂の『枕草子』などと違って、話線《storyline》に沿った長編であるからイミジクの偏った分布がすぐわかる。それに飽きたらなければ、せめて問題を含む一帖だけでも文脈をきちんと抑えて読んでみるとよい。

堤《つつみ》のほどにて御馬《うま》よりすべり降りて、いみじく御心地まどひければ、かかる道の空にて、はふれぬべきにやあらむ、さらにえ行き着くまじき心地なむする、とのたまふに

（夕顔）

光源氏が、好きな女性を連れて人の住まない院に立ち寄り、一夜を過ごしたところ、その女性は嫉妬する女性の生き霊《りょう》に殺される。光源氏は後ろ髪を引かれながら従者の惟光《これみつ》とともに家路につく。馬に乗る力もなく、惟光が助けて乗せた、という叙述に続く部分。

馬からきちんと降りることができず、ずるずると滑り落ち、たいそう心が乱れているので、このような、どこの道とも知れぬ場所で、行方知らずになって家にたどり着けないに違いなさそうだ、とおっしゃったということ。「イミジク御心地まどひければ」は、乱心の極限に達したために、という表現。この場面でイミジウでは切迫感が伝わらない。

心地こそいと悪《あ》しけれ、いかならむとするにかと心細くなむある、まろはいみじくあはれと見おいたてまつるとも、御ありさまは、いとゝ《疾》く変はりなむかし（略）とのたまふ（浮舟）

病気のために気分が悪くてとてもたまらない、どうなってしまうのかと心細い、わたしはこの上なく深くあなたを愛しておりましても、（わたしが死んだら）あなたの身の上は、たちまち変わってしまうでしょうね、ということ。命をかけた恋だったという表現。イミジウあはれでは、通りいっぺんの軽い表現になってしまう。「見おい」は、「見おき」の音便形。自分の行為を卑下した表現。

これらふたつの例だけでも「夜更《ふ》けていみじうみぞれ降る夜」（帚木）などとの違いは明らかである。

『源氏物語』を資料とする非音便形と音便形との関係は、ここで検討を打ち切って結論としたほうが歯切れがよいが、次節で取り上げる大切な問題が残っている、

## ■校訂者による場面理解の相違

そのころ、高麗人《こまうど》の参れるなかに、かしこき相人《さうにん》ありけるを聞こし召して、宮のうちに召さむことは宇多《うだ》のみかどの御誡《いまし》めあれば、いみじう忍びてこの御子を鴻臚館《こうろくわん》に遣はしたり、御後見《うしろみ》だちて仕う奉《まつ》る右大弁の子のやうに見せかけて率《ゐ》て奉る（桐壺）

次代天皇の候補がふたりいて微妙な情勢であった。ひとりは光源氏、もうひとりは女御の生んだ年長の男子である。そこで、朝鮮半島から来ていた相人《さうにん》（占い師）に光源氏の相を見てもらうことにした。ただし、相人を内裏に入れてはならないという勅命があるので、「いみじう忍びて」光源氏を、後見役めいた立場の人物の子息に見せかけて相人のいる外国人宿舎に行かせた、というのである。

この「いみじう忍びて」は、青表紙本として知られる藤原定家の校訂した『源氏物語』のテクストである。青表紙本系の写本はたくさんあるが、すべてイミジウであり、例外はない

（『源氏物語大成』）。ところが、源親行が校訂した河内本は、こちらも写本がたくさんあるのに、どれにもイミジウもイミジクもなく、「忍びて、この御子を」と続いている。

藤原定家も源親行も、ともに十三世紀に活躍した人物である。書写とか校訂とかいう用語を使うと、作者のオリジナルを写し取ったり復元したりする作業と誤解されがちであるが、どちらも、証本として家門に伝えるために、伝存していた写本の問題箇所を自分が解釈したとおりに理解できる形に整えたものである。親行がどういうところをどのように書き換えたかを推察する手掛かりはないが、『土左日記』は、紀貫之自筆本を定家の長男、藤原為家が忠実に写し取ったテクストが残っており、定家自身による校訂テクストも残っているので、つぎの比較からわかるように、どこをどのように書き換えたかを具体的に知ることができる。為家本の「ん」は平安時代の子音音節［m］を表わす。

為家本……をとこんすなる日記といふものををむなんしてみむとてするなり

定家本……乎とこもすといふ日記といふ物を、むなもして心みむとてするなり

現代の感覚では、作者自筆本の表現を書き換えたりすることは文化財の破壊行為になるが、定家としては、鎌倉時代の人たちにとって難解であったり、誤解されたりしやすい個所を書き換え、よくわかる形で伝えようとしたものである。このような照合が可能な作品は、『土左日記』が唯一である。それなりの分量があるので、細かく検討すれば、『源氏物語』の

青表紙本についても、どのような語句や表現に定家がどのように加筆した可能性があるかをパターンとして推察できそうである。ただし、紫式部筆の原文を具体的に復元することまではとてもできない。（『古典再入門』）

右に引用した桐壺の巻の一節を、皇位を争いあう水面下の動きのひとつと読むのが自然であるとしたら、「イミジウ忍びて」どころか、「イミジク忍びて」という表現が期待されそうなのに、定家は「イミジウ忍びて」と、ある程度まで厳重なイミジウという表現で校訂し、親行は、〈いちじるしく〉と強調する場面ではないと判断したことになりそうである。

内裏の外における行動を隠したと読み取りかねないが、隠すべき相手は、宮中にいる皇位継承のライヴァルの母親や、彼女に近い人たちである。彼らの目がある内裏では、後見人の子に見せかけてポーカーフェイスで、さりげなく抜け出させたということなら、イミジクやイミジウを付けないのが自然であろう。おそらく親行はそのように判断し、定家は、隠して行動する心理を推し量ってイミジウを付けたのかもしれない。そうなると、どちらが正しいと簡単には言い切れない。『源氏物語』が紫式部の書いたストーリーであることは確かでも、細かい表現を問題にする場合には、現存テクストの用語や表現には、作者よりも二百数十年後の人たちが理解できるように書き改められた個所があることを念頭に置く必要がある。

## ■本居宣長の「音便ノ事」についての誤解

『日本国語大辞典』第二版は、「音便」の項に、①として、「発音上の便宜に従って音が変化すること」と解説したあとに、九世紀の悉曇《しったん》研究書から近世までの用例を列挙し、②として、「音韻の脱落、同化、交替などをいい、（音便形の名称略）の区別がある。（略）これを国語学上の用語として規定したのは本居宣長であるが、宣長は連濁をも音便に含めた」と解説したあとに、宣長自身の随筆『玉勝間』から、音便は奈良時代末から多くなった、という趣旨の一節やその他の用例を引用している。「悉曇」とは、仏典の原典が書かれたインドのサンスクリット語（梵語）の文字（梵字）と音声との学である。

国語学とは、江戸時代の国学者による国語研究の流れを踏襲した明治期以降の日本語研究をさす名称であるから、宣長が国語学上の用語を規定したというのは時代錯誤である。彼は江戸時代の国学者であって国語学者ではない。揚げ足取りと感じられるかもしれないが、そうではない。この初歩的な誤りは、この項目の執筆者や校閲担当者が、こういう分野についての基本的知識がないことを露呈しており、したがって、解説全体の信憑性を疑わせるからである。その疑いは他の項目にも及ぶであろう。それは、このあとの部分の、「宣長は連濁をも音便に含めた」という書き添えによって決定的になる。そのことについてはあとであらためて取り上げる。

宣長が〈音便〉という語でさしている対象は現今とまったく違っているし、宣長による造語でもないが、ともかく、〈音便〉に関するまとまった論述が、本居宣長『漢字三音考』の付録「音便ノ事」であることは確かである。『漢字三音考』の「三音」とは、時代を隔てて日本に伝えられた三系統の漢字音、呉音、漢音、唐音《とういん》をさしており、「音便ノ事」は、現今のような、活用語の四種の音便のことではない。

「音便ノ事」を、宣長はつぎのように書きはじめている。

皇国ノ古言ハ五十ノ正音ヲ出《いで》ズ。其余《その》ハ皆溷雑《こんざつ》不正ノ音ナル故ニ。一ツモ厠《マジ》フルコトナカリキ。

天皇が統治する国の古代のことばは五十の正音がすべてである。そのほかは、無秩序に入り交じった不正の音であるから、古代にはひとつも書き交えることがなかった、ということである。

本編の『漢字三音考』に、「外国ノ音正シカラザル事」と題する一節があり、つぎのように書きはじめられている。

外国人ノ音ハ。凡テ朦朧ト渾濁《ニゴ》リテ。譬ヘバ曇リ日ノ夕暮《ユフグレ》ノ天《ソラ》ヲ瞻《ミ》ルガ如シ。

外国人の発音ははっきりしないから、アアという音がオオのように聞こえたり、ワアのように聞こえたりするということで、これが宣長のいう「溷雑不正ノ音」であるが、平安時代以降、「雅言」にまでこの「雑音」が交じるようになったのは、だんだん漢字音が身近になってきて、いつのまにか外国の音は不正で卑しいという感覚が失われ、後世になると、かえって外国の音のほうが雅であると感じるようになってしまったからである。古代には、たとえば、「博士」をハカセというように、漢語を我が国のことばのように和らげていたのに、「皇国言ニサヘ音便ト云《いふ》モノ出来《いでき》テ。字音ノ如ク云《いひ》ナス事多シ」と記している。卑しい漢語を無神経に使いまくり、伝統ある純正な日本語にまで音便という現象が現われて、まるで漢字音のような言いかたが多くなっている、という慨嘆である。

　前引の辞書の解説には、「これを国語学上の用語として規定したのは本居宣長である」と記されているが、宣長を神格化せずに冷静に読めば、彼は耳障りな音便の蔓延を慨嘆し、そういうことばを集めて複数のタイプに分類して提示したのが付録「音便ノ事」だったのである。端的にいえば、その心情は、美しい日本語をこよなく愛し、カタカナ語の氾濫を忌避する現今の保守的な人たちと同じようなものだったのである。ただし、宣長は、それらの語を撲滅すべしとは主張していない。

　最後の「ハノ行ノ半濁音」とは「烟波」をエンパと言うたぐいの漢語をさしている。前引の解説に、「宣長は連濁をも音便と認めた」という書き添えがあるが、そういう事実はない。それどころか、「詩歌」をシイカと言うのはイと云う音便、「牡丹」をボウタンと言うのはウと云う音便であって、現在の共通理解になっている動詞連用形や形容詞連体形・連用形に規則的に生じる音便形はリストに入っていない。宣長が苦々しい思いでリストアップしたのは、無秩序に生じて定着した脱落や変形であった。

宣長の「音便ノ事」には、音便がつぎのように分類されている。

○イ ト云音便、○ウ ト云音便、○ン ト云音便、○ウ トモン トモニタ様ニ云音便、○急促《ツマ》ル音便、○ハ ヒ フ ヘ ホ ノ半濁ノ音便、○字音連用に、アヤワ ノ行ノ音ハ。ンノ下、ト 急促《ツマ》ル韻ノ下トニアルトキハ。他ノ音ニ変ずる例多シ。

「○ウ トモン トモニタヤウニ云音便」の項には、【神ノ本語ハカミ又カムトモ云】、とか、「ユカム、カヘラム」の類の「ム」も、昔ははっきり「ム」と言ったが、後世には「ユカン、カヘラン、ユカウ、カヘラウ」のように音便で言う。「ン」のほうが雅言で「ム」のほうは俗言のようでもあるが、どちらも音便であるから、雅俗はきめがたいとか、さまざまの場合が含まれており、ここには紹介しきれない。

「○ハ ヒ フ ヘ ホ ノ半濁ノ音便」の項は、「是レハ字音ニ多シ」として、まず、「結髪」、「橘皮《きっぴ》」、「南風」、「岸壁」、「一方」などの例を挙げている。これらは当然ながら音韻体系を異にする中国語には生じるはずがない。したがって、日本語独自の現象であるから、不正な「音便」を「皇国言」に根付かせるもとになった字音にも不正な「音便」が生じていることになるので、和語に生じた四種の音便のあとに字音の例を加えて五種にしていることは宣長の立場として当然である。「音便」の名のもとに、異質の例を加えて木に竹を接いだような違和感をいだくとしたら、現在の用法に引かれて、宣長の規定による「音便」の意味を理解していないことになる。

この項には、それらに続いて、「漢籍読《カラブミヨミ》」の「(慮)オモンパカル」、「(専)モツパラ」など、また、軍書などの「(弓を)ヨツピイテ」や俗言の「アツパレ」、「ヤツパリ」などをあげて、説明を加えている。

「○ハヒフヘホノ半濁ノ音便」の一類に「○字音連用ニ」として、「(三位)サンミ」、「(陰陽)オンミヤウ」、「(因縁)インネン」などをあげている。「字音連用ニ」とは、〈漢語の熟語のなかに、つぎのようなものがある〉、という意味である。これらは、伝統的な用語で言えば、連声《れんじょう》の例である。『日本国語大辞典』の解説に、「宣長は連濁をも音便に含めた」とあることに疑義を表明しておいたが、それがこの部分をさしているとしたら、「連濁」は「連声」の誤りである。せめてこの項目の執筆者が「音便ノ事」の○印の付いた分類名だけでも拾い読みしたなら、「○ハヒフヘホノ半濁ノ音便」の項があり、まとめに当たる部分の冒頭に、つぎのように規定されていることに気づいたはずである。

○上件音便。イトウトンント急促《ツマ》ル声トハノ行ノ半濁音ト凡テ五ツニシテ。此外ハアル事ナシ。

この項目の執筆者は、二次、三次、あるいはそれ以上かもしれない情報を適宜に案配してこの原稿を書いた疑いが濃厚である。字面の見かけが似ているが連濁と連声とはまったく違う現象なので、印刷工程で生じた誤りとは思えない。

## ■半濁ノ音便の機能

宣長の音便の概念から脱却して音便を再定義し、現行の四種に限定し、宣長が音便の五番目に置いた「結髪《けっぱつ》」、「岸壁《がんぺき》」の類が外されたことは音便の概念を明確にするうえで当然の処置であった。ただし、文法論の立場から、この一類が、〈音便形〉を設定するうえで異質の混入物《contaminant》として切り捨てられたことは、この現象が日本語の体系を運用するうえで、無意味、無価値のゴミであることを、あるいは、円滑な運用を妨げるノイズであることを意味するわけではない。

和語の連濁が複合の指標として機能しているのと同じように、漢語における後部成素第一音節のハ行音のパ行音化は熟語であることの指標として有効に機能していることに注目すべきである。

語頭に濁音が立たないのは和語の語音配列則であって漢語には当てはまらない。なぜなら、漢語のもとになった中国字音との対応なので、語頭が濁音になる日本字音が少なくないからである。しかし、それでもなお熟語になっている指標がほしければ、そういう役目を担っていないパ行音を使えばよかったことになる。この事例もまた、必要は発明の母で、言語共同体の集団的選択による解決法であった。ハ行子音が［p］から［ɸ］に移行した時期を確定するのは困難であるが、平安末期には［p］から離れて、パ行音を漢語の熟語化の指標にできる条件が整っていたと考えてよいであろう。濁音を語頭にもつ和語がないように、パ行音節を語頭にもつ漢語はなかったので、ハ行子音もパ行子音も、ともに無声音であるが、ハ行音をパ行音化すれば熟語化の指標にすることができた。このように使用される場合、連濁と同じ機能を発揮するので、その意味で、パ行音は半濁音とよぶにふさわしい。しかし、この機能はパ行音の他の用法に当てはまらないので改称を積極的には提唱できない。機能に即した名称としては擬濁音が適切であろうか。

# Ⅴ章　係り結びの存在理由

## ――自然な長文を組み立てられるようになるまで

この章で係り結びとよぶのは、係助詞と連体形・已然形とが呼応する語法である。特に、ゾ（ソ）とナム（ナモ）とを中心に、その機能を解明する。係助詞ゾ・ナムは、従来、強調と理解されてきたが、構文に関わる機能語であるから、そういう役割を担っていない。その取り違えを明確に指摘して、新しい解釈を提示する。それがわかれば、ヤ・カおよびコソについての解釈もおのずから明らかになる。検討の手順として、大野晋『係り結びの研究』（岩波書店・1993）の主張を吟味しながら私見を述べる。

## ■ガラパゴス文法

古典文法をあらかた忘れてしまった読者でも、〈係り結び〉という用語は覚えているであろう。ただし、必ずしも懐かしい思い出にはなっていないと思われるので、本題に入るまえに、現行の学校文法がおもしろくないだけでなく、役にも立たない理由を考えてみる。

だいたい日本人は文法が嫌いである。文法と聞いただけでおぞけをふるう人もいる。それは文法を体系的に理解しないまま教壇に立つ先生が多いからである。先生自身が文法が嫌いで、それでよい授業のできるはずはない。

〔大野晋『日本語の源流を求めて』Ⅱ8・岩波新書・2007〕

これを読んで、なるほど、だからさっぱりわからなかったのだと納得した読者がいるかもしれないが、考えてほしいのは、国語科担当教員の大半が理解できないまま国語科の教員免許を取得してしまうような母語の文法を生徒に教えつづけてよいのだろうかいうことである。さらに大きな問題は、大学で文法や文法教育を担当している教員は何をどのように教えているのかにある。また、そういう状態が慢性化して久しいのに、文化庁の審議会がどうしてその問題を放置しているのか。さらにまた、根本に遡って、文法嫌いで社会に出ても格別の不自由がなく不都合も感じないのは、そういう知識が不要であることの証明なのではないか、という疑いが浮上する。

「日本人は文法が嫌いである」という表現は、日本人以外は母語の文法が好きであるか、すくなくとも嫌いでないという含みをもつのが本来であるが、現今では、このような文脈における〈日本人は〉が、俗にいう枕詞になってしまっている。長く続いた日本語ブームの後遺症で、何事につけても日本人は特殊であるという認識が定着し、この枕詞が頻発されるようになって、多くの日本人の世界認識が内向きに歪められている。このような風潮に染まった人たちは、ことばの意味や含みを話題にすると、よその言語をよく知っているわけでもないのに、外国語はガサツだと決めこんで、「日本語は難しいですね」とか「日本語は奥が深いですね」などと口にするが、こういう口癖から早く抜け出して、枕詞抜きで、ことばの話をするようになれたなら、目の前の世界が大きく広がるであろう。

この著者は、生徒が文法嫌いになるのは文法を体系的に理解していない教師に習うからだと考えているが、文法を体系的に理解していないとは、①断片の集積としてしか理解していないということか、あるいは、②順を踏んできちんと身につけていないということなのか、はっきりしないが、いずれにせよ、漢文の素養がないと理解できない難解な用語をふんだんに使って、初等中等教育の段階で母語話者に文法の知識を身につけさせる必要があると、この著者は本気で考えているのであろうか。

筆者は、日本の大学に勤務しはじめたころ、国文法の大家として知られる先生に、学校文法はなんの役に立つのでしょうと、否定的含みをこめてお尋ねしたところ、論理的思考を身につけるのに役立つだろうというご返事をいただいて納得できず、さらに質問を重ねて合意に達しなかった思い出がある。そんな議論を率直にぶつけて議論ができる温厚で謙虚な先生であった。

右の著者は、現行の学校文法を肯定的に評価したうえで、教えかたが悪いのだと主張しているが、筆者には、現行の学校文法そのものが問題であるとしか思えない。日本語の伝統文法を専門的に身につけようと勉強を始めると、山田文法、松下文法、橋本文法、時枝文法、その他、提唱者の姓を冠したいくつもの文法が並立していることに驚かされる。

店頭に並んでいる国語辞典の背を見ると、表紙に編者の名が記されているが生存者は少ない。なによりも大切なのは編者の肩書きと知名度である。英和辞典の編集者がだれであるかは、なかを見ないとわからないが、責任をもってその辞書を編集した人物であるから、活躍中の生存者か、さもなければ、他界して間もない人物である。こういうところに、日本の、ではなく国語学の体質が表われている。

文法論にはいろいろの立場がありうるが、それまで説明できなかったことを説明できるようになってこそ進歩である。違うだけでは意味がないから活発な議論が交わされなければならない。しかし、国文法は群雄割拠で、先行の文法論に対する批判はなく、それぞれに我が道を歩んでいる。国文法の専門家にそのことを聞きただすと、百人いれば百の文法があるのは当然だと、取りつく島がない。はじめは驚いたが、国語学や国文学の領域には論争して当否を決する慣習がないことがわかって、いっそう驚いた。伝統的な国語学や国文学の領域では、他人が提唱した論を批判すると根に持つ人たちが少なくないので率直に批判するには覚悟が必要である。一例をあげれば、現行の学校文法には形容動詞という中途半端な品詞があるが、それを認めない立場もある。しかし、そこをつつくとパンドラの箱をあけた状態になるので現状維持のまま、文法を体系的に理解すべしと言われたのではどうしてよいかわからない。

八方ふさがりで動きが取れずに放置されている学校文法はガラパゴス文法とよぶにふさわしい。好きなたとえではないが、あえてそのようによんで注意を喚起したい。相手を傷つけないように配慮しながら行動するのが日本人の美徳であるにしても、研究や教育にその美徳を無条件で持ち込まずに、批判と人身攻撃とを峻別できるようにならなければ健全な進歩は期待できない。

右の著者は、文法嫌いが多いのは教師の学力不足のせいだと決めつけて、文法そのものに問題があるとは考えていない。現行の学校文法がこの著者の尊敬する恩師の文法に基づいていることが、ことによると著者の批判力を麻痺させているのかもしれない。筆者は、以前、現行の文法教育が国家権力によるイジメであると書いたことがあるが、無責任な放言をしたつもりはない。

筆者は、この著者の大学で継続的に講義を担当させていただいていたが、著者から、研究休暇《サバティカル》が取れたので、次年度、学部二年次の文法の講義を担当してほしいと委嘱されたことがある。筆者にはお門《かど》違いの科目であったが、学校文法の非合理性を学生諸君がよく理解し、日本語の文法はどうあるべきか考えてもらうために、前期は著名な国語学者による中学の口語文法教科書を使って、編者の識見を、そして、学校文法の立脚点を洗いなおしてみたが、卒業生で非常勤の若い先生がその教科書を見とがめて、ウチの学生はそこまでバカではないと立腹なさったとのことである。大学の講義テキストは、その内容を暗記させて試験をするためだけに使うとは限らないことをまだ御存じなかったらしい。

## ■大野晋にとっての文法論

前節に引用した一文のあとに、この著者は（五年制）中学生のときに文法に興味をいだき、（旧制）高等学校に入学したとき、東京神田《かんだ》の古書店で山田孝雄《よしお》（1875-1958）の『日本文法学概論』（1936）を購入して、その読後感を、控えめな表現でつぎのように回顧している。言語研究者を目指す青年としては特異な性向であったことは確かである。

その内容は余りにも整然と記述され、私はあたかも、そっけなく冷たい雨に逢ったような感じがした。高校新入生であった私は、文法にもっと人間味のあるものを求めていたのかもしれない。中味については、副助詞と係助詞の区別がどうもはっきりしなかった記憶がある。

敗戦後、占領軍の軍政下で教育制度が抜本的に改められたが、これはまだ第二次世界大戦に突入する以前、日中戦争の時期のことである。

山田孝雄は契沖や宣長による国語研究を受け継いだ国語学者ではあるが、ドイツの心理学者ヴィルヘルム《Wilhelm》・ヴント《Wundt》（1832-1920）の著書などの影響を受けている点において、近世国学のストレートな祖述者ではない。『日本文法学概論』には、日本人の物の見かた、考えかたの成立の次第を知る手掛かりになりそうなことは書かれていない。その点が、日本とは何か、日本人とは何か、を突きとめようと志していた若者には期待はずれだったために、人間味が薄いと感じたのであろう。また、副助詞と係助詞との区別がはっきりしなかったという問題意識の一端が、後年、この著者を係り結びの研究に導いたのかもしれない。その探求の結実が、この章で取り上げる『係り結びの研究』である。これも日本語の起源を視野においた研究であると、同書の「あとがき」に記されている。

文法論が、あまりにも整然としているといって背を向けるという反応も、また、文法論に人間味を求めるというのもふつうではない。著者のこういう性向がみずからの研究のありかたを方向づけていることが、この章を読み進むにつれて明白になる。

## ■ディスコース

この章における筆者の主張を理解していただくうえで大切な用語の意味を確認しておく。文法論が対象とする最長の単位は文《センテンス》である。理論的には文をいくらでも長くできるにしても、現実には、表現しようとする内容のすべてがひとつの文に収まるとは限らないし、なによりも、適当に切りながらあとを継がないと順序立てて話がしにくいだけでなく、聞き手も話の筋道が捉えにくいから、ひとつの文の長さにはおのずから限界がある。したがって、研究する立場からも、文の末尾で表現が完結したとみなさずに、叙述が完結したところまでをひとまとまりとしてその構造を解析する必要がある。

英語では、言語学の用語として、一文よりも長い、連結されたひとまとまりのスピーチ、または書記《writing》を discourse とよんでおり、日本語ではそれを〈談話〉と訳している。日常の日本語で談話といえば、行政府の長などによる非公式の見解表明である。たしかにまとまった内容の長い話である点では適合しているが、講演や講義などを談話とはよばないし、会社などの談話室で来客と交わすのは会話である。言語学の用語として使っても日常語の意味で理解され、国語学の論文などにも使われて混乱を生じることがこれまでの経験から予想されるので筆者はディスコースとよんでいる。この章の主題にとって、たいへん大切な概念なので、右の定義を確認したうえで以下を読んでいただきたい。

## ■宣命の係り結び――取り違えの始まり

〈係り結び〉とは、ふつうの文の末尾が終止形で終わるのと違って、文の途中にゾ、ナム、ヤ、カ、コソの係助詞があると文末が連体形で結ばれ、コソがあると已然形で結ばれるという呼応関係のことで、〈係り結びの法則〉ともよばれており、古文学習のメインポイントのひとつとして教えられている。動詞、形容詞、助動詞の活用を覚えていないとこの峠は越せない。日本語、日本文学関係のコースを卒業して、古典文法を教える立場にいる読者でも、過去を振り返れば、日本語にどうしてこういうめんどうな規則が必要だったのかについて説明がないまま、ともかくこれを覚えなければ古文は読めないと言われ、活用表と首っ引きで否応《いやおう》なしに暗記したことを思い出すだけで、最初の疑問はそのまま残っているはずである。また、どうして、現在はコソが呼応関係なしで残っているだけで、そのほかは姿を消しているのに情報伝達になんの不自由も感じないのは、すなわち、こういうことを表現する場合には、係り結びがあると便利だったのにと残念に思ったことがないのはどうしてなのかを説明できる読者はほとんどいないであろう。この道の専門家なら答をもっているかもしれないが、筆者がこれから提示する理由とは大きくかけ離れているであろう。

どうして、このような呼応の語法が形成されたのか。それには、その語法が形成された時期の日本語を効率的に運用するうえでなんらかの必要があったからに相違ない。それを突きとめたいが、すでに文武天皇即位の宣命《せんみょう》（697）をはじめ、代々の宣命に、ナモの係り結びがたくさん使用されており、その当時、他の文体ではほかの係り結びも使われていた可能性があるので、文献時代以前に遡ることは確実であるから、文献資料に基づいて起源を解明することは断念せざるをえない。

宣命とは、天皇の即位や立太子、立后、改元その他の折に発布された天皇の命令や布告で、宣命使とよばれる役の人物によって口頭で読み上げられたが、あとでその片鱗を引用するように、現在の漢字仮名交じり文を思わせる宣命体とよばれる書記様式で書かれており、『日本書紀』のつぎの国史、『続《しょく》日本紀』に収録されている。

## ■ナモ・ナムの係り結びの機能

古典文法では、ゾ、ナム、ヤ、カ、コソの五種のなかで、ナム（上代にはナモ）がいちばん影の薄い存在であるが、構文のうえで、他と異なるたいへん大切な役割を担っていたことを以下の構文解析の結果が教えてくれるはずである。この助詞の語形は、ほぼ八世紀までナモ（奈母・奈毛）、それ以降は、「なむ、なん」などと表記されているが、以下には、支障のない限り、ナムで代表する。係り結びという語を目にしただけで読み飛ばしたくなる読者にもしばらく我慢してつきあっていただきたい。その語法が、これまで思いもかけなかった機能を担っていたことを知るための手順として、読者が一度も目にしたことがないかもしれない、見るからに難しそうな宣命体のテクストの、ごく一部分を読んでみることにする。必要な事柄は、わかりやすく説明する。

宣命体のテクストを当時の日本語として読み解くには相応の知識が必要なだけでなく、表意的表記はひとつの訓《よ》みに絞りにくいし、意味や趣旨を理解するだけならひとつの訓《よ》みに絞る必要がない場合も少なくない。ナマの形で引用して解説するのは骨が折れるので、サンプルとして淳仁《じゅんにん》天皇の即位の宣命（第二四詔・758年）から途中の短い一節を抜き出して紹介する。ここを選ぶのは、『係り結びの研究』に、問題にすべき言及があるので、それと対比するためである。

上代の語形はナム［nam］でなくナモ［namo］であった。元のテクストでは小字の部分が二行に割って書かれている。それが宣命書きとよばれる書記様式の特色であるが、一行書きに改めて引用する。「奈母」および、当面の問題に直接に関連して特に注目すべき重要な語に網掛け（細かい網目で覆う）をして示す。宣命本文の左側は、その解読文。

（略）然皇坐弖天下治賜君者、賢人乃能臣乎得弖之、天下乎婆平久安久治物爾在良之止奈母聞行須。故是以大命坐宣久、朕雖拙弱、親王始弖王臣等乃、相穴奈比奉利相扶奉牟事依弖之、此之仰賜比授賜夫食国天下之政者、平久安久仕奉倍之止奈母所念行須、是以無諂欺之心、以忠赤之誠、食国天下之政者衆助仕奉止宣天皇勅、衆《（もろもろ）》聞食宣《（きこしめさへとのる）》（略）

（略）然《さ》て皇《すめら》と坐《（いま）》して天（の）下治め賜ふ君は、賢人《かしこきひと》の能臣《よきおみ》を得《（え）》てし、天《あめ》（の）下をば平らけく、安く治むるものにあるらしとなも聞しめす。故《かれ》是を以て（1936）大命に坐せ宣りたまはく、朕《あ》は拙《をぢな》く弱くあれども、親王たちを始めて、王・臣等の相あななひ奉り、相扶《（たす）》け奉らむ事に依りてし、此の仰せ賜ひ授け賜ふ食国《（をすくに）》天《（あめ）》（の）下の政は、平らけく安く仕へ奉るべしとなも念《（おも）》ほしめす。是を以て諂《へつら》ひ欺《あざむ》く心無く、忠《まめ》に赤《あか》き誠以て、食国天（の）下の政は衆助け仕へ奉れと宣りたまふ天皇が勅を、衆聞し食《（め）》さへと宣《（の）》る（略）〔倉野憲司編『続日本紀宣命』岩波文庫・1936〕による。

内容がよく把握できなくても、たいへん丁寧なことばづかいであることは、「奉る」、「仰せ賜ふ」、「おもほしめす」、「きこしめす」などから十分に推測できるであろう。

大野晋は、傍線部分について、「相手に向って、丁寧な表現をするために使っていることが文章から汲み取れる」と説明している。「使っている」とは、「ナモを」である。この解釈については、あとであらためて検討する。

引用部分を通して読んでみると、ナモがあってもなくても全体のトーンがたいへん丁寧である。この著者は、ほかにもたくさんの例を引用しており、他の部分に、「文脈にそってナムの代りに〈侍り〉を入れてみると、よく理解できるように思われる場合が少なくない」(p.227)とも述べている。確かに、きわめて丁寧な文体である。ただし、だれがだれに対してこれほど丁寧なことばづかいをしているのかを取り違えてはならない。

宣命は天皇の命令や布告ではあるが、読み上げたのは宣命使であるから、宣命をうけたまわる人たちに対して、天皇の行為や意向について例外なく最高に丁寧な表現をしているのは当然である。陛下《へいか》は、このようにおっしゃっておいでになります、ということである。ただし、宣命が天皇みずからの意志で発布することを明確にするために、引用の二行目にあるように発布者は帝王の一人称「朕《あ》」であるし、発布する主体も、文末では「賜」を付けずに「宣《のる》」になっている。この形式は他の宣命にも共通している。なお、「衆《もろもろ》聞《きこ》し食《め》さへ」、すなわち、みなさんお聞きください、という、宣命使の立場から参列者への尊敬表現もある。

## ■ナモで結ばれたあとの内容に注目する

この著書は『係り結びの研究』なので、ほかの研究者と同じように、宣命の全文から係り結びの部分だけを切り取って引用しているが、筆者は、右に、そのあとに続いている部分も引用しておいた。それは、係り結びで結ばれた直後に、「是以」（是《これ》を以《もちて》）で始まる文が続いていることを確認するためである。長いので途中からの引用であるが、要約すれば、「奈母」の係り結びで終わる前半のふたつの文の内容は「故是以《かれこれをもちて》」を挟んで対《つい》になっており、それに続く部分の前半は、これまでの未熟な自分への助力に対する感謝であり、後半の「是以」以下は、即位したこれ以後も世を安寧に保つために誠実に仕えてほしいという要請である。ナモの係り結びを境にして、過去から今後に話を転じていることに注目していただきたい。

個々の用例を引用して確認すると煩雑になるので例示を省略するが、六十二編の宣命の随所に使われているナモの係り結びのあとには、「是以」、「又」、「如是《かくのごとく》」、「故」、「然」、「猶之《なほし》」、「復勅久《またのりたまはく》」、「故是《かるがゆゑに》」、「是」などに始まる文が、事実上、必ず続いている。別の話題に転換するというよりも、おおむね、係り結びの部分までは前置きであり、「是以」など以下が本題なのである。事実上とは、つぎのような例外もあるからである。

第四五詔は「群臣に下し給へる宣命」という、長大な文章で、途中にいくつもナモが使われているが、最後は、帯を下賜して、その帯で心を整え直し、朕の教え事に違わずに「束《つか》ね治めむ表《しるし》となも（止奈毛）」この帯を下賜する御心を、「衆諸《もろもろ》、聞こしめさへと宣る」と結ばれている。あとに「是以」などで始まる文が続いていないという意味では例外になるが、長い宣命の末尾であるから、長い叙述の末尾を予告するという、あとで詳述するナムの典型的用法であることに変わりはない。

短い宣命には長い前置きがないので、ナモの係り結びは出てこない。ナモが出てくる宣命が、どれも、ある程度以上の長文であることは偶然ではない。

〈係り結び〉という名称は、掛かって結ぶということなので、たしかにその文は終わっており、しかも、叙述する内容の大きな部分、あるいはそのうちのひとつが終わっているが、叙述する内容のすべてが、すなわち、ディスコースが完結したとは限らない。はじめに引用した宣命の場合には、前置きが終わった段階で、ナムの係り結びがあらためて使われているから、参列した人たちは、この後に本題が続くことを確実に予知したはずである。

国文法の対象は最長の単位が文であるから、文がその直後で終わっている点で、係助詞ナモと係助詞ゾ（ソ）とは同じである。したがって、どこが違うかとなれば、ゾの強調に対してナモは丁寧というような可能性しか考えられなくなる。そこが〈文の文法《センテンス》〉の限界であったが、ナムの係り結びは、その大切な続きがそのあとにあることを予告している。

テクストに係り結びが出てくると、そこに傍線を引いたり書き抜いたりした結果を集めて分類を試みたりしてみても、テクストは真実を教えてくれない。なぜなら、魚を水から出すと死んでしまうように、文脈から切り離したとたん、ことばは生命を失うからである。的確な解釈を志向するなら、まず、テクストを虚心に通読することである。そうするだけの余裕がない場合でも、せめて用例の前後をよく読んで文脈をきちんと把握すべきである。索引で数えて、どの作品に何例という表を作り、いい加減な解釈をでっち上げたりするのはテクストの不当なもて遊びである。

考えればわかるように、丁寧な表現をするためには、尊敬語、謙譲語、丁寧語などとよばれているさまざまの表現手段があり、現に宣命にもふんだんに使われているから、雰囲気作り専用の助詞まで用意する必要はないし、そもそも、助詞のように機能語《functional word》とよばれる一群の語の機能は構文に関与することである。「相手に向かって、丁寧な表現をするために使っていることが文章から汲み取れる」としたら、文章そのものが丁寧な文体であるために、全体の雰囲気に巻き込まれ、助詞までがその雰囲気づくりに積極的に関与していると読み取ってしまったからである。ただし、助詞に分類されていても、「寒くしあれば」、「大和しうるはし」のように、接続が自由で構文に関わらない小詞《particle》は機能語ではない。その証拠にシの有無によって構文が変わることはない。

構文に関与する機能語のナモ・ナムを補助動詞「侍り」と同じだと考えたりするのは、機能語の役割を明確に認識していないからである。

機能語とは、構造語《structural word》とか空白語《empty word》などともよばれるように、語義をもたず、構文だけに関わる語群の総称である。日本語のいわゆるテニヲハ、そして、英語なら前置詞などがそれに当たる。

## ■古文書《こもんじょ》の表現を解析する試み

平安初期、八六七年の古文書をひとつ読んでみよう。たいへん珍しい文書であり、くわしく説明すれば面白さがよくわかってもらえるはずであるが（『日本語書記史原論』第七章）、ここでは係り結びに関する事柄を中心に考える。原本の図版だけでは、慣れないと、どういう文字なのか判別しにくいので、筆者がワープロのフォントで判読しやすく書き換えたものを見ていただきたい。右に線を施した複数の文字連鎖は続け書きになっている。

この文書は、讃岐《さぬき》の国に住む一族から姓を変えてほしいという要望があったので、名簿を作成しましたが、（前例のないことなので）どのように処理してよいかわかりません。太政官に申し上げてください。（ただし）、お目通しなさるだけにして、とわたしは思います。そもそも刑部省《ぎょうぶしょう》（法務庁）の上級職が公的決定としてお出しくださるのがいちばんよろし

『讃岐国司解端書』東京国立博物館蔵をワープロのフォントで書き換えたもの

改姓人夾名勘録進上　許礼波　奈世

无尓加　官尓末之多末波无　見太

末ふ波可り　止奈毛お毛ふ　抑刑

大史乃多末比天定以出賜いとよ

可良無

有年申

いでしょう、という内容である。名簿は巻子《かんす》（巻き物）になっており、この書状は清書した名簿の、その裏面の端に書かれている。公用ではあるが、讃岐の国司から親しい中央の役人に当てた内々の連絡である。

「改姓人夾名勘録進上」、すなわち、改姓する人たちの名簿を整えてお送りします、という書き出しは漢字文である。漢字文とは、中国語古典文の枠組みを利用して、日本語話者が読み書きしやすいように文字の配列などを工夫した書記様式である。変体漢文とか和化漢文などとよばれてきたが、漢文の読み書き能力の不足が原因で日本語式に訛ってしまったわけではなく、漢字だけによる日本語独自の文体である。書き出しのこの部分は、公文書の形式で書かれている。ただし、端正な楷書体ではなく、少し崩した行書体にして、正式の公文書の一部でないことを無言のうちに相手に伝えている。

「許礼波《これは》」は、改姓を希望する人たちの名簿をさしており、以下が当面の用件であるが、いきなり太い草仮名を、続け書きせずにボツボツと切って「奈《な》・世《せ》・无《む》・尓《に》・加《か》」、何《なに》せむにか、すなわち、いったい、どのように処理したらよいのでしょう？　と大弱りであることを文字の太さと放ち書きとで表明している。タイプライターの時代に、ドイツ語は強調する語を一字ずつ空白を置いて目立たせていたことを思い出す。文字の背後から困りきった書き手の声が聞こえてきそうな書きかたである。

大きい「**官**」の字は、役人ことばで太政官の略称［$k^{w}an$］を表わしている。「官尓《に》末《ま》之《し》多《た》末《ま》波《は》无《む》」、太政官に申し上げてください。そして、まるで耳打ちでもするような薄い字で「見《み》太《た》末《ま》不《ふ》波《ば》可《か》り」、すなわち、目をとおすだけで、とあり、そのあとは太い字で、「**止《と》奈《な》毛《も》於《お》毛《も》不《ふ》**」、～と思います、と記し、これがわたしの個人的意見です、と伝えている。

この「奈毛」を検討するのがこの節の課題であるが、最後まで読んだあとにしよう。「抑《そもそも》刑《ぎやう》大史《だいし》**乃《の》多《た》末《ま》比《ひ》天《て》**」、この件については、そもそも刑部大史（法務官）が命令なさって、「**定**《ぢやう》以《をもって》出《いだし》賜《たまふ》」、「定《ぢょう》」は、公的に発布する規則類であろう。正式な「定」として公表なさるのが、「いとよ可良無」、いちばんいいでしょう、ということである。漢文なら「以定」であるが、語順を日本語に合わせて「定以」になっているところが漢字文の特徴である。最後の「いとよ可良無」は、仮名文の文体になり、傍線を付した部分は、のびのびとした仮名を続け書きして、ぐっと親しい口調で締め括っている。官位も姓も書かず、「有《あり》年申《としまうす》」と署名しているのは、私的な文書であることの表明である。

きれぎれに説明したので全体の文脈を把握しにくかったかもしれないが、たったこれだけの短い文書のなかにいくつもの文体、書体を使い分け、太い草仮名をボツボツと放ち書きにしたり、ぐっと砕けてのびのびと続け書きして締めくくったりして感情を細かく表出していることに注目したい。毛筆だからこそできた使い分けであるから、活字に置き換えたら、書き手の心の動きがすべて消えてしまう。

「となもおもふ」のナモは後世のナムに当たる上代の語形とされているので、平安時代になってまだ使われていることは注目すべきであるという国語学者の解説もあるが漢字の書体を基本とする草仮名であるから、気を付けの発音を写して「奈毛」と表記されたとみるべきであろう。奈良時代にもすでに休めの発音では［nam］だったかもしれないが、宣命が気を付けの発音で読まれ、記録されているのは当然である。平安時代には休めの発音が定着し、「な无」（［nam］）という表記がふつうになっている。

そのつもりで全文の構成を見なおすと、有年は、この名簿を太政官は御覧になるだけにするのがよいと思う、という部分を「～となむ思ふ」で切り、そのあとに、具体的処置を提案している。ナムの結びのあとに続きがある場合には、話題が転換するという筆者の主張の正しさがこの文書でも裏書されている。係り結びまでは状況報告であり、そのあとは具体的処置の提案である。

この文書を引き合いに出したのは、宣命の場合とまったく同じように、ナムの係り結びの特質が端的に顕現していることを示すためであるが、もうひとつ、これが、気心の知れた相手に話しかけるようなムードで書かれた文章であり、そのなかにこの係り結びが使われていることと、すなわち、宣命のように堅苦しい場だけで使われた語法ではなかったことを、また、ナムは「侍り」にほぼ相当するとしたら平安時代になって仮名文に「侍り」がふつうに使われるようになってからもどうしてナムが使われつづけていたのかについて何らかの言及がなければならないであろう。

## ■『万葉集』のナム?

事実として、『万葉集』にひとつだけ「何時奈毛《いつはなも》、不恋有登者《こひずありとは》」(巻十二・2877)という例が指摘されているが、助詞ナムが出てくる文脈ではなさそうなので、すでに言われているように、誤写かもしれない。

『万葉集』にナムが出てこない理由を、大野晋は、「和歌表現は丁寧語を排除する」からだと説明しているが、筆者が提示したように、ナムの基本機能は、ディスコースの大きな部分が、その文で断止することの予告であるとすれば、短歌では短すぎるからであることを、次節でくわしく説明する。長い長歌ならば使いそうに思えるが、韻文の途中で話題が転換するのは不自然だったであろう。

なお、結びの動詞句なしにナムで文章が終わる用法を国文法では係助詞でなく終助詞とみなしているが、結びの動詞句は自明であるか、さもなければ意図的に曖昧にされているかである。機能は結びがある場合と同じであるから、係助詞と区別する必要はない。

## ■『古今和歌集』のナム

ナムの機能は長い叙述がその文で終わることの予告である。短歌は三十一文字の定型詩であるから、出番がなかったのは当然である。

『古今和歌集』物名部のつぎの問答形式の和歌をセットにして読んでみよう。

うつせみ　　　在原滋春

なみのうつ　せみれはたまそ　みたれける　ひろ《拾》は、そてに　はかなからむや（424）

かへし　　　壬生忠岑

たもとより　はなれてたまを　つ、まめや　これなむそれと　うつせみむかし（425）

すでに述べたように、物名とは、与えられた題の仮名連鎖を和歌のなかに巧みに詠み込むことを生命とする知的な遊びである。右の二首にはどちらにも「うつせみ」の四文字が詠み込まれている。

和歌の構造解析を省略して、以下には、ナムの係り結びに絞って説明する。

返歌の第四句に「これなむそれと」と係助詞ナムが使用されている。結びはないが、「これナムそれナルと」であることは自明である。

第四句にナムがある返歌のほうは、〈袂《たもと》から玉を切り離して包むことはできませんよね、どうぞ、これがそれですよと言って（こちらに）玉を移してください。見ましょう〉、という意味であるが、「これなむそれ」のコレもソレも、なにをさしているのかわからない。これは、直前の、〈波が打ち付ける浅瀬を見ると確かに真珠が乱れ飛んでいる、拾って袖に入れたら消えてしまうなどということがあるでしょうか〉という和歌を受けたことばであるから、返歌だけでわかるはずはない。なお、「乱れける」のケルは、それが疑いない事実であることを確認する、助動詞ケリの大切な用法である。

三十一文字の短歌では短かすぎてナムを使う叙述は使用しないので、出てこないのは当然だという前節の説明の正しさは、こういう形で顔を出したことによって裏づけられたことになる。したがって、和歌の高尚な文体が卑俗なナムの使用を拒否したわけではないし、「和歌表現は丁寧語を排除」するのでナムが使用されなかったわけでもない。

### ■本居宣長『詞《ことば》の玉緒《たまのお》』のナム

〈係り結び〉の決まりを最初に規則化したのは本居宣長である。係りと結びとの関係を縦長の一枚にまとめて『てにをは紐鏡《ひもかがみ》』（1771）と名付けている。この場合のテニヲハとは複合形を含む助詞の総称で、それぞれのテニヲハとそれらに対応する結びとが系統的に図示されており、その根拠とした資料を分類して必要な解説を添えたのが『詞の玉緒』（1779）である。

『詞の玉緒』に示された膨大な和歌のほとんどは、『古今和歌集』をはじめとする、各時代の勅撰集、私撰集（複数の歌人の作品を個人が編纂した歌集）、私家集（本人または別人が編纂した個人の歌集）、および、物語中の和歌で占められており、『万葉集』の例は、最後の七の巻「古風《いにしへぶり》の部」に、そして、最後に『古今和歌集』仮名序、『土左日記』、『伊勢物語』、『源氏物語』の引用で終わっているが、散文は、事実上、番外の扱いである。膨大な数の和歌が綿密に分類された大冊であり、検討しながらきちんと読んだら何年かかるかわからないほどあるので、実のところ、筆者は走り読みでページをめくっただけである。論の提示なら、八割、九割を削ぎ落とせば頭に入りやすいのにと考えてしまうが、それは、係り結びの研究資料という自己中心の姿勢で対するからであって、宣長は歌人であり、和歌の正しい表現を第一に念頭に置いていたことを忘れているからである。

宣長は、六の巻の最後に近い部分に、「その意に通ふなん」として、『古今和歌集』から一首のほか、四種の歌集から各一首、『蜻蛉日記』から一首、そして、前節で誤写かとみなした『万葉集』の一首を引用し、「此《この》なんは。歌にはいとまれ《希》にして。右の外《ほか》はをさ〳〵見あたらず。文章にはいとおほし」と述べている。和歌には使わないほうが無難である、ということで、ナムは係助詞のリストから除外されている。そのあとに、「猶《なほ》七の巻文章《あやことば》の部に委《くはし》くいふべし」と述べていながら、七の巻にそれに当たる叙述がないのは、いざ書く段になって、それだけの価値がないと判断し、やめてしまったのかもしれない。

宣長は「ぞの意に通ふなん」とみなしているが、「通ふ」とは、おそらく、高尚と卑俗との差があるだけで、事実上、意味や機能は同じであるという認識を表わしている。筆者は、宣長の浅薄な認識を非難するつもりはない。再び強調するが、『詞の玉緒』は歌人としての綿密な作業であり、和歌にほとんど使われていない、そして使うつもりのないナムをそのように処理することに不都合はないからである。筆者が指摘したいのは、現今の国語学が、宣長の歌人としてではなく文法学者とみなして、和歌に限定せずに、ナムの基本的用法を「ぞの意に通ふなん」、すなわち、強調とみなしてしまったことである。

『詞の玉緒』は、現今のような日本語文法の研究ではなく、作歌の規範を設定するための基礎調査であり、事実上、散文は対象外であった。したがって、日本語史研究の立場からは、和歌について考える場合にも、この綿密な研究には、日本語史の資料として何か大きな欠落があるかもしれないという警戒が必要であるが、それは目的の違いによるのであって、宣長の研究がそれ自体として不十分であったり、誤りであったことを意味しない。ナムを、事実上、除外したのは、この助詞についての知識が作歌に役立たないからであった。

文献を資料として利用する場合には、その文献がどういう目的のもとに作成されたかを最初に確認することを忘れてはならない。つぎの指摘は、筆者の解釈と全同ではない。

現在係助詞とされる「なむ」が含まれていないのは、宣長（に限らず当時）の文法研究の対象であった和歌に「なむ」が用いられないからである。

〔馬淵和夫・出雲朝子『国語学史　日本人の言語研究の歴史』笠間書院・2010〕

さきに引用した『古今和歌集』物名の二首では、在原滋春の和歌の上句に「玉ぞ乱れける」とあり、それに対する返歌の下句に「これなむそれと移せ見むかし」とある。宣長の言うようにナムがゾに「通ふ」としたら、「玉ぞ乱れける」を「玉なむ乱れける」、また、「これなむそれと」を「これぞそれと」に置き換えても、仮名の数が違うために生じる音数律の乱れに目をつぶれば、意味はほぼ同じになるはずであるが、そうはならない。理由は、これからの検討によっていっそう鮮明になるが、「波の打つ瀬見れば玉ゾ乱れケル」のゾは、叙述がひとまずその直後のケルで切れることを単純に予告しているだけであるのに対して、「これナムそれ（ナル）」のナムは、〈これがそれですよ〉と、叙述がその直後で大きく切れることを、すなわち、忠岑に期待することばはそれがすべてであることを予告している。ナムの結びは省略されているが、読み手にとって、ナルであることは明白である。

繰り返し確認するが、ゾもナムも、叙述が直後の連体形で終わることを予告する機能において通《かよ》っていることは確かであるが、単純に、そこで切れるか、叙述がそこで大きく切れるかという点に決定的な違いがある。繰り返すが、ナムの結びのあとにつぎの文が続く場合は、話題が転換する。

宣長は、ナムが使われている返歌のほうだけを引用しているが、ゾを使ったその前の和歌とセットで捉えないとこの場合のナムの機能は把握できない。

宣長のあげた六例の「その意に通ふなん」のなかからもう一首、検討しよう。

かくなむと　あまのいさりび　ほのめかせ　いそべのなみの　をりもよからば

〔後拾遺和歌集〕

この和歌だけでは、なんのことかわからないが、これは恋一の源頼光の和歌（607）で、「女を語らはむとて乳母《めのと》のもとに遣はしける」という詞書が添えられている。

この和歌は、女性と親密になろうと思って、乳母のもとに送ったものだということである。それならば、「かくなむ」とは、頼光が言った内容、すなわち、彼女と親しくなりたいということをさしている。「そのことを彼女にほのめかしてほしい、彼女がよい返事をしそうな折を見計らって」ということである。頼光のことばをそのまま引用したら和歌に収まりきれないが、「かく」、すなわち、〈このように〉と表現することによって、三十一文字に収めている。そのためには、この詞書が不可欠であった。宣長の引用した残りの四首は省略するが、ふつうの表現ではナムを一首に収めることができなかったことが、和歌にほとんど用例がない理由であるという筆者の考えは裏づけられたことになる。

『詞の玉緒』に引用された膨大な和歌はすべて詞書が捨てられているが、勅撰集では十一世紀後半の『後拾遺和歌集』まで、詞書と和歌とが不可分であったことを、宣長は、すくなくとも明確には認識していなかったようであるし、注釈書から知られる限り、現今の専門研究者の多くもその点で変わっていない。そのころを境に、和歌は前提条件なしに三十一文字で表現を完結するように体質を変えていたのである。宣長自身も詞書がないと理解できない和歌は詠んでいないとみてよいであろう。

## ■仮名文に使用されたナム

ナムが和歌には使用されないという共通理解について、その理由づけの誤りを指摘したが、平安時代の仮名文の場合について調べてみよう。

大野晋は、平安時代のナムの資料を選択した基準について、つぎのように述べている。

原文の校訂が他の作品に比べて確実な、そして複雑な人間関係が示されている源氏物語の例を中心に分析を行いたい。それと奈良時代の続日本紀宣命の例とを対比しながら考察することとしよう。代表として例は「橋姫」「総角」などから掲げることにする。

前章で明らかにした『源氏物語』の写本の系統によるイミジクとイミジウとの分布の違い

などを考えると、「原文の校訂が他の作品に比べて確実」であることが、原本のことばを忠実に伝えていることを必ずしも意味しないが、複数の文献を資料とする場合、慎重に吟味しなければならないのは、その研究のための資料とする場合の等質性《homogeneity》である。児童書の桃太郎と金太郎とのテクストが等質《homogeneous》であるか異質《heterogeneous》であるかは、研究の目的しだいである。現実には、複数のテクストが完全に等質ではありえないから、実践的に等質とみなして処理することが許容されるかどうかの判定が重要である。

ここでの問題は、宣命と『源氏物語』とが、ナムの用法を調査するための資料として質的に連続しているとみなしてよいかどうかである。

時代による違いがあるかどうかの確認が目的であるから、その点では適切であろうし、テクストの文体の違いも、いちおうの調査を拒否する理由にはならないであろう。しかし、この場合は、調査する研究者がすでに宣命を調査して導いていた「〈ナム〉は丁寧語である」という結論が問題である。なぜなら、宣命は天皇および参列者に対する丁重なことばづかいで貫かれており、『源氏物語』に登場する人物も、天皇をはじめ、天皇に近い貴族階級の人たちや、彼ら、彼女らの側近がほとんどであるから、宣命と大同小異の結論になることが、調査する以前から予測できるからである。正確に表現するなら、宣命が丁重な文体で貫かれているために、助詞ナムまで丁寧語と誤認されてしまったので、『源氏物語』のテクストからも、それと同じ誤認に基づく同じ結論が導かれるに違いない、すなわち、誤認された等質性が似たような帰結を導くことを予測させることである。

導かれた結果は予測どおりであった。なお、引用は、係り結びの部分だけで打ち切られているが、いずれも、筆者の提示した解釈で説明できる。言語資料として利用する場合にはその作品の主題との関わりで語彙や語法に偏りがあることを念頭に置かなければならない。

この著者は、同書の終章で、ゾとナモ・ナムとの違いをつぎのように要約している。

ゾは教示といわれるように上からの姿勢できびしくいうに対し、ナモは相手に語るときに、自分を卑下謙遜する気持を併せて表明するという相違をもっていた。(p.339)

おそらく、この解釈をうけて、『竹取物語』冒頭部の「その竹の中に、もと光る竹ナム一《ひと》筋《すぢ》ありける」とは、「根本の光る竹がネ、一本あったんですよ」と、「聞き手を意識し、聞き手の目を見つめ、念を押し、同意を求めて穏やかに語る口調をもった文」であるが、このナムをゾで置き換えると、「事実だけを直接的に述べる文」になってしまう、という専門研究者による説明もあるが、この物語に出てくるナムを一貫してこれで説明しようとしたら、かなりの詭弁を弄さなければならないであろう。

■万葉集に基づく係り結び倒置起源説は成り立たない——ゾの機能

『係り結びの研究』の中核になっているのは、著者自身の創案に成る係り結び倒置起源説、具体的にいうなら、つぎに引用する①の係り結びの形式は、明らかに②の形式の倒置であるということで、「倒置とは、普通の順と逆に、述部の役をする句を先に配置することである」と定義している（p.197-8）。見やすいように、著者が空白にした切れ目を＃で置き換える。

①あめつちの固めし国ぞ＃倭島根《やまとしまね》は（万葉集・巻二十・4487）

②倭《やまと》の国は＃言霊《ことだま》の佐《たす》くる国ぞ（万葉集・巻十三・3254）

『係り結びの研究』に提示された、この著者の解釈を大筋において支持するか否かは、右の説明を認めるか否かにかかっている。

この解釈は、たいへんわかりやすくみえるが、筆者は全面的に否定せざるをえない。その最大の理由は、『万葉集』から、というよりも、さらに一般化して、音数律による定型詩から恣意的に切り取った部分を証拠にしているからである。

日本語はいわゆる膠着語であるから、名詞と格表示の助詞とが一体不可分で運用される。その点だけに限れば、ラテン語などと同じように語順の自由度がきわめて高い。〈倒置〉という概念は、標準になる語順があることを前提にしているが、「寒いですねえ＃今朝は＃凍死しちゃう」という日常の挨拶は、頭に浮かんだ順に並べただけであって、ふつうの語順を逆にすることによって寒いことを強調した語法というわけではない。これが自然な日本語なのである。まして、定型詩では《五七》の音数律が優先されるので、倒置とはいよいよ無縁である。これほど短い定型詩が、長い歴史をつうじて日本文学の中核であり続けたし、制約をゆるめて現在も確実に生きつづけているのは、語順が自由だからこそである。欧米で人気のあるHaiku は、切り詰められた表現ではあるが定型詩ではない。

こんなに高いビルなんて、生まれて初めてだよ。

*Never have I seen* such a tall building.（作例）

この著書にときどき比較の対象として引き合いに出される「英語・ドイツ語など」には決まった語順があるので、このような倒置法《anastrophe》による表現効果が発揮できるが、日本語の場合、拙訳の前半と後半とを逆にしても、同じ部分を強く読めば、伝達される内容は、事実上、等価である。

決まった語順がない和歌に仮に倒置を認めるとしても、明らかに倒置であるならば、「言《こと》霊《だま》の佐《たす》くる国ぞ＃倭島《やまと》根は」を「倭島《やまと》根は＃言霊《ことだま》の佐《たす》くる国ぞ」、という自然な形に戻してみせれば倒置説の説得力がありそうなのに、わざわざ、「倭《やまと》の国は＃言霊《ことだま》の佐《たす》くる国ぞ」という、部分的に似ている別の和歌を引き合いに出しているのは、下三句なので音数律が倒置を許さないからである。和歌の作者は音数律どおりに読まれることを前提にしていたし、読み手も、音数律に合わせてしか読まなかったはずである。原典からどの部分を切り取るか、また、どこにポーズを置いて読ませるかなどが、著者によって論旨に合うようにカスタマイズされているのはこの二例だけではないが、『万葉集』のどこを引用されても心当たりがあるほど精通した読者は多くないので、カスタマイズされているとはなかなか気がつかない。

つぎに引用するのは強引にカスタマイズされた跡が露出している事例のひとつである。

③早行きていつしか君を相見むと思ひし心今そ#なぎぬる（万葉集・巻十一・2579）

「これは起源的には、なぎぬる（ハ）今そ（静マッタ時ハ今デアル）を倒置したところに発するものであるということができる」と、理論的に正しい推測であると不自然なほど強調されているが、起源がどうあろうと、優先されるのは音数律なのである。短歌形式である以上、「思ひし心#今そなぎぬる」以外の読みかたはありえない。これは母語の直覚の一過性麻痺でなければ極端な歪曲になる。

以上の検討の結果、係り結び倒置起源説は根拠が失われるので、残る可能性は、次節で説明する機能語とみなす立場だけである。

著者が用例を自説に都合がよいようにカスタマイズして引用し、説得力をもたせようとしたと筆者は疑っていない。ヒラメキの正しさを確信して、それをそのまま結論とするために強行突破する著者のいつものクセがここでも出てしまったのだと理解している。

『係り結びの研究』は、専門学会の機関誌の学界展望で取り上げられ、次いで、別の研究者による書評も掲載されたが、著者は反論を寄せて、書評者に対しては再考をうながし、学界展望の筆者には、つぎのように、研究者としての基本姿勢のありかたを諭している。

私はこれまで、研究者として、すぐさまあげ足をとろう、なんでも反対とするよりも、相手の対象とした何千という実例について自分で読み解き、考察を重ね、よりいっそう包括的かつ統一的な理解に達しようと努めて来た。いずれにせよ、批評の一般論として、著者の述べている所をまず読んで、理解してから論評することを金水《きんすい》氏に希望したい。(『国語学』181集・1995)

本書における筆者のストレートな指摘と違って、「連体形終止の倒置による係り結びの〈起源の説明は必ずしも成功していない〉」という控え目な意見表明であったが、著者は倒置起源説に絶対の自信があったので、揚げ足取りとしか思えなかったのであろう。

研究発表の席上、この著者の自信に満ちた批判を受けて、ひるむことなく反論できた発表者がいた記憶は数えるほどもない。この反発のしかたは、タミル語と日本語との結びつけに対する日本の言語学者たちによる批判への反発のしかたと共通している。ついでながら、筆者は本書のなかで否定的見解を随所で率直に表明しているが、それらを日本の美風に反する揚げ足取りとみなす読者はいないはずだと信じたい。

■ 機能語

前節末に言及した大野晋による反論で、引用しなかった部分に、つぎの一節がある。

連体形終止の係り結びの起源を倒置に求める見解はすでに明治時代にある。奈良時代に連体形終止の倒置の実例がそろっていないという金水氏の指摘があるが連体形終止の係り結びの役割の中心は「強調」にある。倒置という表現法が強調に使われるのはありふれた事実である。私が挙げたゾ・カの倒置の例は、連体形終止の係り結びの起源を推定するために不足なものとは私は考えなかった。

ふたつの問題のうち、「倒置という表現法が強調に使われるのはありふれた事実である」という認識から先に結着をつけておこう。

著者は、『係り結びの研究』のなかで、日本語が〈主部=述部〉という構成であることを繰り返し確認している。著者はその基本構成にこだわっているが、日本語の伝統的韻文に、「普通の順と逆に、述部の役をする句を先に配置することである」という倒置の概念が当てはまらないことは、したがって、そういう「ありふれた事実」がないことも、すでに指摘したとおりである。

はっきりさせておかなければならないのは、第二の問題、すなわち、「連体形終止の係り結びの役割の中心は〈強調〉にある」のほうである。筆者は、若い時分、古典文学作品や古典文法に積極的関心がなかったので、その説明を疑うことはなかったが、古語辞典の編纂に携わるようになってしだいに疑問がふくらんだ。

つぎの三首を、末尾の句の表現に注意して読んでみよう。

①川野辺の　つらつら椿　つらつらに　見れども飽かず　巨勢《こせ》の春野《はるの》は
（万葉集・巻一・56）

②語り継ぎ　言ひ継ぎゆかむ　富士の高嶺《たかね》は
（同・巻三・317・長歌末尾）

③忘れては　夢かとぞ思ふ　思ひきや　雪踏み分けて　君を見むとは
（古今和歌集・雑下・970）

いずれも助詞ハで終わっている。そこで、筆者がつぎのように説明する。

万葉集の「見れども飽かず#巨勢の春野は」のハは「巨勢の春野は#見れども飽かず」の倒置である。倒置された結果、係助詞ハは〈感動をともなう強調の終助詞〉に変わっている。『古今和歌集』になると、最初からハが、そういう用法の終助詞として使用されている。

すでに倒置説を否定したあとなので、読者は素直にこの説明を信じないであろうし、①の第二句「つらつら椿」は「つらつらに」に続けるほかないので、いかにももっともらしく組み立てたこの説明が成り立つはずはないが、これらの和歌のハについて〈感動をともなう強調の終助詞〉という説明が、うっかり読んでいると説得力をもちかねない。実際には、和歌の内容が感動的であるために、文法で解析しようという構えで読むと、このような用法の助詞ハの機能は感動の表出であると結論づけてしまうことになる。そもそも詩は感情の高ぶりの表出であるから、読解力が十分でないと、こういう勘違いが起こりやすい。

大野晋が、天皇や列席者たちに対する丁寧な表現だらけの宣命を読んで、助詞ナモが「侍り」と同じように丁寧な態度を表わしていると解釈し、また、「源氏物語のナムも奈良時代のナモと同趣のものが多い」(p.238)と認めているのも、作品の舞台が日常的に著しく丁寧な表現が頻繁に使われる環境であったために、宣命の場合と同じ取り違えを誘ったからである。それを奈良時代のナモ、平安時代のナムとして一般化してしまったために、真実から決定的に遠ざかる結果になった。

和歌の場合、ゾの係り結びは、多く末尾の第五句に用いられている。

①昨日こそ　早苗《さなへ》取りしか　いつのまに　稲葉そよぎて　秋風の吹く

(古今和歌集・秋上・172)

②昨日こそ　早苗取りしか　いつのまに　稲葉そよぎて　秋風ぞ吹く(同右)

昨日、田植えをしたばかりと思ったのに、いつの間にか、稲葉がそよいで秋風が吹いている、ということであるが、第五句が、①では「秋風の吹く」、②では「秋風ぞ吹く」になっている。古い写本の多くは①であるが、少数ながら②の写本もある（西下経一・滝沢貞夫『古今集校本』笠間書院・1977, 2007）。

ふたつのテクストを比較すると、①は末尾が断止していないので、なにかことばを加えないと落ち着かないが、あれこれ考えてもひとつには絞れないので、それらが末尾に房《cluster》になり、豊富な表現になっている。これは、『新古今和歌集』で花開いた手法である。それに対して、ゾの係り結びで終わる②のほうは、明確に断止されて、きちんとしまった端正な表現になっている。

いずれにせよ、ゾが「秋風」を、あるいは、秋風が吹いていることを強調していると、はたして、言えるであろうか。この和歌のキーワードは「いつのまに」ではないかなどとも考えられるが、ほんとうはすべての句が大切であって、特定の語句に重心が置かれていると理解すべきではない。

③秋萩を　散らす長雨《ながめ》の　降るころは　独り起き居て　恋ふる夜そ多き

(万葉集・巻十・2262)

これも同じことで、初句からつぎつぎと状況を描写して第五句がハイライトになる構成であるから、「恋ふる夜の多き」と改めてもこの句がハイライトになる。しかし、明確に断止されていないので、表現し残されたナニカが残ることになる。したがって、この和歌でも、ゾの係り結びが果たしている役割は、独り起き居て恋ふる夜が多い、という事実を指摘して、叙述を締め括っていることである。

このように捉えるなら、ナムとの役割分担も、したがって、ナムが和歌に出番がない理由もよくわかる。古典文法でゾは強調だと刷り込《imprint》まれた頭で読めば、思考の過程を経ずに強調と見なしてしまうし、それで文脈を理解したつもりになって、今日まで強調として通用してきたにすぎない。

助詞はそれ自体としての意味をもたず、文法機能を担って運用される機能語《functional word》であるから、強調であるとか、「〈礼儀のわきまえ〉として添えられている」(p.240)とか解釈することは本末転倒になる。すべてのことばに心を込めるのが日本語なのだ、という論法で押しとおしたりせずに、文がその直後で断止することの表示がゾであり、叙述《ディスコース》の大きな部分がその直後で断止することの表示がナムの機能であるとみなすのが機能語のありかたに即した正統の捉えかたである。なお、係り結びに転用される以前の前身を引きずっているものがあることについては後述する。

### ■機能主義の立場で捉えなおす

『係り結びの研究』は、資料として利用できるいちばん古い七世紀末の宣命にすでにナモの係り結びが使われており、その起源が文献時代以前にあることを認めながら、係り結びの起源を口頭言語ではなく音数律に基づく定型詩に求め、『万葉集』の短歌に基づいて定型詩の倒置による強調であることを主張し、その証明を試みて成功したとこの著者は確信しているが、こういう語法は、口頭言語のなかで生まれたと考えるのが自然であると筆者は考えている。ただし、口唱であっても韻文は除外される。

といっても、ゾもナムも強意、強調と教えられれば生徒は、そのつもりでテクストを読むし、それどころか、「アレ、雪が降ってきた」のガは「雪」を強めていると教えられたら疑う生徒はめったにいないであろう。

文献時代以前の出来事であり、親縁の言語もないので、いつごろ、どのようにして、という話を作ってみても直接には肯定も否定もできないが、抽象的にいえば、こういう複雑な語法が形成されたのは、原日本語ではなく、日本語の体系が確立されてから相当の期間を経て、かなり複雑な内容を表現できるようになった文献時代に近い時期のことであろう。あえて、その先を言えば、いくつもの係り結びがそろって形成されたのではなく、どれかひとつが自然な過程で形成され、それにならって、すなわち類推で、ほかの係り結びが順次に形成されたと考えるのが自然である。「川流る」と言っていたのが、突然変異で「川ぞ流るる」というようになったりすることは起こりえないからである。

活用形が八世紀のような体系に整備される以前の段階で、のちに連体形と終止形とに配分されたふたつの語形が雑然と混用されていた時期があったとすれば、優勢なほうが単純終止の終止形になり、劣勢なほうが連体形、および、先行する係助詞に呼応する断止形として使用されるようになったのではないかというのが現時点における筆者の素朴な想定である。積極的に主張はできないが必ずしも荒唐無稽な白昼夢だとも思っていない。

右の想定は動詞活用に大規模な変動が生じたかのような印象を与えるかもしれないが、白昼夢ではないと考えるのは、使用頻度の高い動詞の大部分は終止形と連体形とが同形の四段活用動詞なので、それらが単純な終止を分担し、使用頻度の低いその他の活用型の動詞が連体用法以外に、特定の係助詞に呼応する断止を分担したとすれば、係り結びは言語変化の過程のなかで無理なく形成されたことになるからである。終止形と連体形とは平安時代の後半に時間をかけて合流したというのが現今における日本語史の常識であるが、それ以前の仮名文テクストにも、古典文法では終止形が期待される個所に、ときおり連体形が使用されており、その逆の現象が認められないことがこの着想のもとになっている。真実に近づくための叩き台になればという思いであえて記しておく。

姉妹言語の存在を確認できない日本語の場合、文献時代以前にどのようなことが起こったかを推察することは自由であるともいえるが、難しいのは、むしろ、資料として偏った文献しか残っていない八世紀以後の推移を的確に推察することである。なぜなら、このような語法は口頭のやりとりのなかで生まれたはずなのに、八世紀の書記文献は、ほとんどすべてといってよいほど韻文が占めていて、散文の文献は、事実上、ゼロに近いからである。それは、《五七》の音数律を手掛かりにしなければ、音節文字である借字の長い連鎖を語句単位に区切り、書き手の意図したとおりに読み取って文脈を把握することが困難だったからである。どこかで一字でも切れ目を見誤ると、その先はどこで切ってよいのかわからなくなり、解読不能の呪文になってしまうので散文を書くことはできたが実用にならなかった。

　係り結びを研究する資料を時間軸に沿って並べると、八世紀はもっぱら『万葉集』を中心とする韻文が占めることになる。無いものは使えないから有るものを使うほかはない、という単純な割り切りで、資料の等質性《homogeneity》についての配慮なしに同列に並べ、係り結びの初期の様相を『万葉集』によって把握したうえで、平安時代の仮名文をその単純な延長とみなしたのでは、事の本質に迫れるはずがない。文献は残されていないが、『万葉集』の時代にも日本語は日常的に話されており、『万葉集』にも、その一部は反映されているはずだという立場で考えるのが言語の過去の生態に迫ろうとする場合のアプローチでなければならない。

## ■肝心なのは機能語としての役割

文は終止形で閉じるのがふつうであるという前提で考えるなら、係り結びは特殊な閉じかたになる。しかし、動詞については、その考えが必ずしも当てはまらない。なぜなら、前述のように、動詞の活用型のうち、所属する語がもっとも多いのは四段活用であり、四段活用は終止形と連体形とが同形だからである。アクセントが違っていても、仮名の字面には反映されない。

春立てど　花もにほはぬ　山里は　もの憂かる音《ね》に　うくひすぞなく

（古今和歌集・春上・15）

「ものウカルネにウグヒスぞ鳴く」と読めば、ウグイスの声を聞いた作者の心境を詠んだ表現になり、「ものウガルネにウクヒズぞ泣く」と読めば、この声は悲しくて泣いているのだと捉えた表現になる。この和歌では、おそらく、「うくひす」に「憂く干ず」、すなわち、いやだ乾かないと嫌がって泣くウグイスの声が重ねられている。この場合、乾かないのは涙である。「もの憂かる」（モノウク＋アル）は、この複線構造を可能にするために臨時に作られた語形であって、ふつうには「もの憂き」が使われていた。

「鳴く」と「泣く」とは同源であろうが、平安時代にはほぼ分裂していたと推定される。しかし、どちらも四段活用だったので、右のような複線構造を構成することができた。いずれにせよ「なく」が終止形か連体形かを外形で判断することはできない。ゾの結びだから連体形だという逆方向の認定は御都合主義である。係り結びといえば、どの助詞が来ればナニ形で結ぶのだと、結びの活用形だけを気にする習慣が定着してしまったのは、教室でそのことばかり注意された結果であって、ほんとうに大切なのは個々の係助詞の担っていた機能なのである。四段活用動詞で結ばれた右の和歌はそのことを教えている。試みに、手元の古語辞典でゾの項を引くと、〈語義要説〉の欄に、「その語をとりたててさし示し、文意を強調する係助詞」という説明の傍線部分が太字になっており、ナムの項を引くと、これも、〈要説〉欄に、「その語をとりたて、文意を強調する助詞」と、傍線部分が太字になっている。事実上、どちらも同じ説明である。ほかの古語辞典も大同小異のようである。宣長は「ぞの意に通ふなむ」と理解しており、それがそのまま現今の認識になっているが、前節で実例に基づいて証明したとおり、両者の用法には文レヴェルとディスコースレヴェルとの断止の予告という大きな違いがある。

## ■助詞ナムの機能　補足

以下は、『係り結びの研究』、「奈良時代のナモの意味と用法」からの引用である（第四章五・p.224-5）。

ナムは奈良時代にはナモといった。これを含む文の結びは連体形である。その点ではゾと同様である。そしてゾに比べて「意がやわらかで、相手に向って穏やかに説明するような気持ちがある」というのが一般的な説明である。他にナムの特性として指摘されているのは、歌には用いられず、散文、特に会話的表現に多く用いられるということである。

とはいえ、ゾとはどこが根本的に相違するのかという点になると、それほど明確に把握されているようには見えない。（略）私は以前、ナムを「侍り」にほぼ相当すると解説したことがあった。また「内心の確信を丁寧に強調して表わす語」であるとも書いた。それは次の四項にもとづいた考えだった。

（1）歌に使われない。会話に使う。
（2）心の内を記す部分にも使われない。
（3）日記にも使われることが稀である。
（4）相手に向って、丁寧な表現をするために使っていることが文章から汲み取れる。

コメントを加えればいろいろあるが、筆者の立場とは歩み寄りの余地がないので、以下、いくつかの点を補足するにとどめておく。

右に言う〈会話〉とは、複数の人間の間に交わされることばのやりとりではなく、実話であろうと創作であろうと、登場人物による発話《utterance》の記録としてテクストに記されているのを、発話されたとおりの形とみなしてよぶのが、国語学と国文学とが一体であった時期からの慣用であり、著者もその意味で使っている。ただし、明確な定義があるわけではなく、結果を見て筆者はそのように判断しているということである。〈(だれそれが)〜と言った〉、という形式の部分に、注釈書は、現代語の文と同じ要領で引用のカッコを付けている。

つぎに示すのは、本居宣長の『詞の玉緒《たまのお》』の最末尾、「文章の部・源氏物語」からの引用である。

○此源氏の物語などは。すべて人のいへる詞の。いとこまやかなるところ。又　おもへる心のうちの　くま〳〵などまで。いといとくはしく書き表はせる物なれば(七の巻)

この評言が、今日まで尾を引いているのかもしれない。

「上《うへ》にか、さらばかくなむと聞こえよ」と侍りしかども〔三巻本『枕草子』・かへる年の〕

注釈書は、右のように引用符を付けているが、「かくなむ」などと相手に向かって言ったはずはない。ここは、(清少納言は)内裏に参内《さんだい》しているのか、それなら、こういう結果になりました、と伝えてほしい、という意味である。この場合、「かく」は話の内容、ナムは、ここまでが伝えてほしいことのすべてであること、すなわち、伝達する用件の内容の断止を意味している。「かく」の具体的内容は、テクストをそのまえから読んでくれば、読者にわかっているので、ここで繰り返す必要はない。

現行の注釈書類の扱いをみると、無差別にカッコを付けているものが多いが、なかには、そのような類にまでカッコをつけるべきかどうか迷ったのか、付けたり付けなかったりになっているものもある。

田中様は、御加減がおよろしくないので御出席いただけないとお電話をくださいました。（作例）

傍線部分のような言いかたをする人物がいるとしたら日本語話者ではない。これは、伝言を頼まれた話し手の立場での伝達である。もし、田中様のことばをそっくり真似て口頭で伝達したら、右のような伝達とはたいへん違った表現になるはずである。

現代語の書記では、話し手のことばづかいを生かして文字化したうえで、その部分に引用符を付けるが、平安時代の仮名文では、右の田中様からの電話の伝達と同じように、話し手の言った趣旨を優先し、伝達者の立場を入れた表現で文字化する。そこが大きな違いである。口頭言語は、引用符を付けながら話すわけではないので、平安時代の仮名文と基本的に同じ文体である。このようにつぎつぎと語句を継ぎ足して話を進める構文を筆者は《連接構文》とよんでいる。〔『仮名文の構文原理』〕

ナムが「心の内を記す部分にも使われない」ことについて検討してみよう。この著者が資料にした『源氏物語』の三つの巻について、それに相当する部分にナムがあるかないかを探してみると、かなり長い叙述でもナムは確かに出てこない。

心の内の気持についてもやはり一種の強調表現があってもよさそうなものである。ゾにはそうした決意を表明する断固たる使い方がある。しかしナムには心内語としての独白的表現に使われた例はない。それはナムがやはり相手を必要とする語、つまり相手に対する「礼儀のわきまえ」を表明する語だからと考えるべきものではなかろうか。

(p.227)

著者は右のように推定しているが、断定を避けている。ナムの使用の有無を確認するためにテクストの紙面を眺めわたして判断すると、先入観に基づいてこういう結論が導かれることになるが、文献調査の第一歩は、テクストをきちんと読むことである。この場合も、その部分にどういうことが書いてあるかをよく読んでみれば理由は簡単に判明する。それは、「心の内を記す部分」とみなされる叙述は、ひとつのことをああだこうだと思い巡らすような内容なので、途中ではっきり叙述を断止させるようなことはないし、話変わって、と主題を転じることもない。聞き手がいるわけでもないのに、ここまでで物思いは打ち切りだと断わったりもしないからであって、ナムの出番がないのは理の当然である。

もうひとつ、(3)日記にも使われることが稀である。という項目がある、相手がいないでひとりで思いを綴るのが日記であるから、心内語と同じ理由で日記にも使われていないはずだということかもしれないが、筆者が調べた範囲で、そういう事実はない。典型的事例をひとつだけ指摘しておくなら、『蜻蛉日記』の冒頭には、はしがきに当たる、少し長いパラグラフがあって、その末尾を「さてもありぬべきことなむ多かりける」という表現で閉じ、「さて」と、日記の叙述に移っている。

『紫式部日記』などは相対的に使用度数が少ないが、使うところにはきちんと使われている。

皆無でなく、稀にはあるのだとすれば、どうしてそこに限って使われているのかを考えないようでは、研究の名に値しない。なぜなら、そこにこそ、発掘すべき問題の鉱脈が一端をのぞかせているからである。

筆者は、これまでにも従来の解釈の誤りをいろいろ指摘してきたが、あとに残るのは虚無感であって、快い達成感など味わったことがない。なぜなら、筆者が批判してきた事柄は、テクストをきちんと読みさえすれば、だれでも気づくはずのことばかりだからである。論文を書こうとか発表しようとかいう目的で索引を引いたり、紙面を眺めわたして求める項目の有無を判断したり、文脈を確かめもせずに見つけた例を抜き出して論を立てたりするために文献資料のツマミグイになってしまうので、実り多い成果が得られるはずはない。この章における検討の出発点となった宣命の「奈母」はその典型である。

この著者には機能語という概念がなかったために、ひらめいた新解釈に固執して無理なつじつま合わせでそれを正当化している。言語学の基礎知識の欠如はこの著者だけではない。国語学が、ほかならぬ言語学《linguistics》を退けて、みずからの学の自律性《autonomy》を誇りにしてきた当然の報いである。これからの世代がこの状態を引き継ぐことがあってはならない。

## ■係り結びが形成された理由

係り結びの呼応が形成された理由を、証拠も手掛かりもない状態で推定するのは危ない橋を渡ることになるが、言語変化の常識に反しないように留意しながらありうる筋道を立ててみよう。

原日本語の状態から脱皮して日本語とよべる状態にまで到達した段階では、「花咲く。鳥鳴く」と切れ切れに表現するほかなかったであろうが、接続助詞テで前後を結んで「花咲きて鳥鳴く」と言えるようになったことは飛躍的進歩であった。ただし、「花咲けど鳥鳴かず」と言えるようになるまでにはある程度の歳月が必要だったであろう。しかし、いったんそういうパターンができてしまえば、つぎつぎと新しい接続助詞が作られて豊富な表現ができるようになったはずである。そして、「花咲けど、寒ければ鳥鳴かず」のように一文のなかに複数の接続助詞を使って、もっと長い文をひと続きに話せるようになると、話に締まりがなくなって、大きな切れ目がどこにあるのか聞き手が判別しにくくなり、なんらかの方策をとる必要が生じたはずである。宣命のナモは、前置きと本題との境目をみごとに表示していたが、そのほかの係り結びはどうであろうか。

疑問表現に目を転じると、『万葉集』におけるヤとカとの係り結びについて、大野晋はつぎのように解釈している。

A　吾妹子が　いかに思へか

B　ぬばたまの　一夜《ひとよ》も落ちず　夢《いめ》にし見ゆる（万葉集・巻十五・3647）

二行に分けて示したこの歌は、本来はAとBとの倒置による表現である。順直な形に戻せば、

B　ぬばたまの　一夜《ひとよ》も落ちず　夢《いめ》にし見ゆる（コトハ）

A　吾妹子が　いかに思へか

という形である。（p.266-7）

著者は、ここでも倒置を主張しているが、すでに述べたとおり、日本語は膠着語であるから、句《フレーズ》の配列に「本来」の順序、すなわち、著者のいう「順直な形」はないので、韻文では

音数律が優先する。右に示された「順直」であるはずの形は《五七七五七》になっているが、日本の伝統的韻文の場合、《七七》は末尾を表わす決まりであったから倒置は問題外であり、韻文は係り結びの起源を解明する資料にならないことが助詞カの係り結びについても明らかになったことになる。あえて言い添えるなら、『万葉集』に記載されている形は、自然であるという意味で十分に順直である。

そこまでは、ゾとナムの係り結びについて導いた結論の追認であるが、疑問表現の場合は、それらとまったく異なる考えかたができる。

八世紀の日本語について研究する場合、まとまった量のある文献資料は『万葉集』だけであるから、当然のようにそれにすぐとびつく傾向があるが、資料として役立つかどうかは、解明しようとする問題しだいである。係り結びというと文学作品の文章を思い浮かべるが、このような語法は、日本語運用の効率化を求める言語共同体の集団的選択によって形成されたはずだというのが筆者の一貫した主張である。八世紀には、奈良を中心とする地域にたくさんの人たちが日本語を話していたのであるから、この場合にも、その人たちがどのようなことばを話して生活していたかに思いを馳せてみるべきである。

日本語の体系が形成された初期の段階ではひと続きの発話が短かったので、『万葉集』の歌がそうであるように、疑問詞は文末に置かれたであろうが、接続助詞が発達してひと続きの長い文が構成できるようになると、どこからどこまでが質問、疑問の表明であるかを聞き手がとっさに判断できる形式が必要になる。そうでないと、疑問文が、先行する文と紛れ、ヤ、カがその末尾にきて聞き手の理解が混乱する恐れがあるからである。その意味で注目に値するのは、質問の直前に「¿」を置き、質問の直後に「?」を置くスペイン語の表記方式である。これは、視覚による判別であり、入門書では疑問文だけが独立に出てくるのでまったく無駄だと感じるが、発話される長い叙述の聞き取りを確実にするための工夫がどのようにあるべきかを考えるうえでたいへん示唆的である。なぜなら、疑問あるいは質問の途中の位置に疑問詞を繰り上げて、その文末で疑問表現が終わることを予告して断止すれば、そのあとに句節が続いても、聞き手はそのつもりで理解できるからである。日本語の場合、文末は動詞句になるので、挿入された係助詞と呼応する特定の活用形と呼応する約束になっていればいっそう効果的である。したがって、終止形と親縁関係が近い連体形が選ばれたのは自然である。この呼応の効果が認められれば、語順の組み替えは簡単であった。文末にあった疑問の助詞ヤ、カは、この組み替えによって疑問の係助詞として機能することになった。

　係り結びの形成過程についての大野晋の説明が説得力をもたなかったのは、句節の順序に決まりのない『万葉集』の和歌でその形成過程を解明しようとしたからである。

　ナモ・ナムについてはすでに指摘したし、ソ・ゾも、もとが終助詞であるから、係助詞に変身した過程はヤ、カと同じである。いずれにも共通しているのは、係助詞によって、直後に叙述の明確な切れ目がくることを予告できるようにすることであった。機能語に変身しても、疑問のヤ、カは、断止の予告とともに、疑問、質問の機能をそのまま引き継いでいるが、事実の確認を機能としていた終助詞ソ・ゾは、係助詞として、直後の断止を予告するとともに、現代語の格助詞ガにほぼ相当する機能をもつことになった。

形成過程としては、おそらくヤ、カが先行し、そのメリットが評価されて他があとを追ったとみるのが自然であろうが、裏付けが困難なのでこれ以上の推測を控えておく。

## ■係り結びは亡びたのか

『係り結びの研究』の終章、「古典語から近代語へ」の最初につぎの前書きがある。

日本語の係り結びは室町時代には、ほぼ全面的に亡びた。ここであらためて次の点を考えてみたい。

一、係り結びとはいったい何だったのか。

二、係り結びはいかにして亡びたのか。

三、係り結びは亡びてどうなったのか。(p.335)

著者と筆者とは言語史の捉えかたがまったく違うので、結論が合致するはずはない。関心のある読者には同書をぜひ読んでいただきたい。筆者は、自分の提示した結論で問題が氷解したはずだとは信じていない。というよりも、信じてはならないと考えている。ただ、これよりもいっそう真実に近い解釈が現在の自分にはできないので、できることなら若い世代のフレッシュな感覚で、いっそう真実に近づけてほしいと待望しながら本書を書いている。係り結びを含む諸事象を言語の運用効率という観点から説明した論考が、筆者の知る限り見当たらないので、新しい視点を提示したことにはそれなりの意義があると考えている。

ここで明確にしておきたいのは、「係り結びはいかにして亡びたのか」という表現の背後にある言語変化についての、そして、言語史についての基本認識である。文中には衰亡、崩壊という語も、それと同義で使用されている。それは、この著者だけではない、

言語は人間の社会生活にとって不可欠の道具《tool》であるから、どの言語も社会の変化に適応できるように変化しつづけており、それまで大きな役割を果たしていた表現パターンが、いっそう運用効率のよい別の表現パターンに置き換えられることは絶えず起こっているが、権力組織のように亡びたり、建築物のように崩壊したりすることはない。北原保雄「係り結びはなぜ消滅したか」〔『文法的に考える』Ⅲ・大修館書店・1984〕の「消滅」についても同じ批判が当てはまる。たとえば、末尾近くの一文の最初の二行は、つぎのようになっている。『係り結びの研究』よりこのほうが発表年次が古い。

「なむ」は口語性あるいは俗語性の強い表現であったといえる。そして、口語的であったから、「こそ」や「ぞ」よりも早く、消滅したものと解される。「こそ」や「ぞ」の場合も、それらによって表される指示・強調の意味はプロミネンスによって示され、構文的な側面は文末に移行したのではないかということが想像される。

プロミネンス《prominence》は聴覚音声学《auditory phonetics》の用語であるが、卓立する、目立つ、という、英語のふつうの意味で理解しておけばよい。要するに、その部分を際立たせて発音することによって強く印象づけることである。書記テクストでは追跡できないが、人間がことばを使い始めて間もなくから、どの言語を問わず、あまねく使ってきた手法に違いない。それが、係り結びの消滅にひと役買ったとは考えがたい。

間違いのもとは、ゾやナムの機能が強調であるという通説を前提にして考えたこと、そして、なによりも、言語のダイナミックな運用のありかたを認識していないことにある。亡びた、消滅した、というならば、已然形との呼応が事実上、なくなり、用法も縮小しながら、コソがどうして生き残っているのかについて説明が必要である。

コソの基本機能は複数の選択肢からの択一であった。

思はむ子を法師になしたらむコソ心苦しけれ（枕草子）

心が痛むことはさまざまあるが、なかでもいちばん心が痛むのは、かわいがっている子を下級の僧にすることだろう、という、複数の可能性からの択一である。

こんどコソとがんばったのに、まただめだった。（作例）

A．なんだよ、失礼じゃないか。　B．おまえコソなんだよ。（作例）

「こんどコソ」の例は、複数回からの択一であり、「おまえコソなんだよ」の例は二者からの択一である。

とても便利に使えるので生き残ったのであるから、遠からず廃語になるとは考えられない。右の諸例は、係り結びの生命が、結びの活用形ではなく係助詞の機能であったことを確実に裏書している。この場合は、択一である。

## ■ナムの係り結びを肩代わりしたのは何か

『古今和歌集』仮名序には九個所にナムの係り結びがあり、いずれもディスコースレヴェルの大きな切れ目の表示であるが、終りに近い部分に出てくるつぎの表現が注目される。

かく、このたび集め選ばれて、山下水の絶えず、浜の真砂《まさご》の数多く積もりぬれば、今は飛鳥川の瀬になる恨みも聞こえず、細石《さざれいし》の巌《いはほ》となる喜びのみぞあるべき、それ、枕詞、春の花、匂ひ少なくして、むなしき名のみ秋の夜の長きをかこてれば、かつは

人の耳に恐り、かつは歌の心に恥ぢ思へど（略）

歌集の和歌から一節ずつを選んで組み合わせた文章なので、もとの和歌を知らないと調子に乗って読むのは難しいが、引用二行目の「それ」の前までは、この歌集に選んだどの和歌も、永遠に残る作品ばかりであるから、編者は喜びでいっぱいであるということである。この「それ」は、「夫」字の訓読で、ソモソモなどと同じように漢字文や片仮名文の文頭に置かれる語である。

「まくらことば」は、序文、すなわち、この仮名序をさしている。紀貫之がここで臨機に作った訳語であろう。上手な命名であるが、ほかの人たちもこれを使って定着することはなかった。この仮名序は、春の花にぱっとした美しさがなく、だらだらと長いだけなので、一方では人びとがどのように批評するか心配であるし、他方では、すぐれた和歌に対して恥ずかしいが、と続いている。仮名文のふつうの表現なら、前半を「細石《さざれいし》の巌《いはほ》となる喜びのみナムあるべき」とディスコースレヴェルのナムで切って話題を転換し、「枕詞、春の花、匂ひ少なく」とあとをつづけるところであるが、この場合は、和歌の出来映えのすばらしさと、みずからが書いたこの仮名序の冗長さとの落差があまりにも大きいことを強く印象づけるために、前半の叙述を文レヴェルの〈ゾ〜連体形〉でひとまず断止し、そのあと、仮名文では反則になることを利用して、漢文訓読で文頭に使用するソレを置いて注目させ、前半との繋がりを絶ち切っている。これは、貫之が係り結びによる表現の、そして、仮名文語彙だけによる表現の限界を越えるために工夫した臨機の処置であった。反則であるだけに、その効果は大きかった。もとより、この表現は儀礼的な謙遜である。その証拠に、歌集のなかには貫之の自作がたくさん入っている。

以下の考察のために、この文脈におけるソレの表現効果を記憶しておいていただきたい。

## ■『後拾遺和歌集』の序

八代集と総称される勅撰集のなかで、『古今和歌集』以外で仮名序があるのは、四番目の『後拾遺和歌集』(1086)と、八番目の『新古今和歌集』(1205-1216)とのふたつである。

後撰、拾遺、という名称は、『古今和歌集』の落穂拾いを意味しており、序文はない。『後拾遺和歌集』という名称は『拾遺和歌集』の落穂拾いを意味するが、それにもかかわらず、撰者が序文を添えており、先行の勅撰集や玉石混淆《ぎょくせきこんこう》の私撰集からは玉《ぎょく》の和歌を選んで採録したと述べている。要するに慣習にとらわれることなく、「心にかなふ」和歌を集めたということである。

係り結びはナムの呼応が五個所にあるが、そのほかの係り結びは使用されていない。

すぐれたるなかにすぐれたる歌を書き出《い》だして、黄金玉《こがねたま》の集となむ名づけたる、その

ことば名にあらはれて、その歌、なさけ多し

このナムは、大きな切れ目を示しており、そのあとは、『金玉集』という名のとおり情緒の籠もった和歌が多い、と述べられているので、古い時期の用法を受け継いでいる。他の四例のナムも同様の使いかたである。ナムは口語性あるいは俗語性の強い表現であったからゾよりも早く消滅したのだとしたら、勅撰集の仮名序にナムだけが生き残っている理由を説明できないであろう。『源氏物語』の成立は紀元一千年ごろとされているが、それよりも七、八十年も後のこの序との違いは大きすぎる。

右に引用した仮名序の末尾「その歌、なさけ多し」という表現に注目したい。

平安時代には、漢文訓読や漢字文などでは、終止形に「多し」が使われ、仮名文学作品には、つぎに例示するように「多かり」が使われていた。当時における雅俗の使い分けである。雅は優雅であり、俗は低俗、卑俗ではなく、日常卑近という意味である。

人をばおとしめなど、かたはらいたきこと多かり（源氏物語・帚木）

一代に一度の見物《みもの》にて、田舎せかいの人だに見るものを、月日多かり（更級日記）

『更級日記』の最後の記事は一〇五九年であるから、『後拾遺和歌集』とほぼ同年代なのに、こちらには依然として「多かり」が使われている。

すでに述べたとおり、係り結びの語法は口頭言語の場で、長い発話を円滑に進行するため

の切れ目の予告として工夫されたと考えるべきだと筆者は考えているが、その後、仮名文が発達し、いくらでも長い文章が書けるようになった。その最初の本格的試みが紀貫之の『土左日記』である。このなかに漢文訓読の用語が少なからず使用されていることが築島裕「土左日記と漢文訓読」〔『平安時代の漢文訓読語につきての研究』第六章・第三節・東京大学出版会・1963〕によって指摘されて注目を浴び、以来、学界の常識になっている。最初の試みなので仮名文の語彙、語法が確立されていなかったために、女文字で叙述しても漢文訓読の用語を交じえなければならなかった。ただし、積極的に漢語を使った例も交じっている。

古代の文明社会では、上流階級の女性は読めなければならないが書いてはならないという不文律があり、日本も例外ではなかったが（Albertine Gaur: *A History of Writing.* New York, 1985.）、正統の文字《もんじ》ではないカジュアルな「もじ《文字》」として仮名の体系が形成されて、女性も自由に私的な消息（手紙）などを、さらには物語や日記などまで書くようになった。女性にとっては仮名文が書記による唯一の表現手段になったことによって固有の日本語の語彙や語法が洗練され、漢文訓読とは異質の語彙や語法の文体が成立したという経緯がある。ただし、仮名文は女性専用になったわけではなく、非公式の消息などには男性による仮名文の使用が継続されている。『讃岐国司解端書』にも、有年は、男性の仮名文を書いている。ただし、大切な文書の裏に書いたり、公文書の添え書きにしたために残ったものがいくつか知られているだけである。女性と男性との大きな違いは、男性にとって仮名文は非公式の表現手段であって、それとは別に、日常的に漢字文を読み書きしていたことである。もとより、女性、男性といっても、教養のある、上流の、ないし最上流の、という限定が付く。

『古今和歌集』仮名序は公的立場で書いた文章なので、紀貫之は仮名文語彙だけで一貫しようとしているが、それでは思うように表現できなかった個所に、漢文訓読語の「それ《夫》」を持ち込んでいる。

これまで、係り結びについて論じた人たちは、もっぱら、上代の和歌と、平安時代の物語や日記などに使用された、すなわち、仮名文の文章の用語として洗練された、雅の文体にふさわしい、したがって、俗の文体とは異なる用語や表現を追ってきたために、生きた日本語として、それらの語法がどのように使われていたのか、また、使われていなかったのかをありのままに把握することができなかった。和歌の語彙や語法も、いわば、いささか浮世離れした日本語として伝承されていたことを認識すべきである。

## ■男性の仮名文

『後拾遺和歌集』の序にはナム以外の係り結びが使用されていないが、文意を理解するのに迷うことはない。むしろ、仮名文学作品の文章よりもずっと明晰である。それは、ふつうの仮名文学作品に使われていない語が案内役をつとめているからである。

千歌《ちうた》二百《ふたもゝち》十《とを》あまり八つを撰びて二十巻《はたまき》とせり、名づけて後拾遺和歌集といふ、おほよそ古今、後撰ふたつの集に歌入《い》りたるともがらのいへの集をば、（略）これに除きたり

『源氏物語』全巻をつうじて、「おほよそ」は、つぎの一例しか使用されていない。

さしもあるまじきおほよその人さへ、そのころは風の音、虫の声につけつゝ、涙落とさぬはなし（御法）

特別の縁もないふつうの人までが、ということである。それに対して、右の序に使われた「おほよそ」は、『古今和歌集』の序に使われた「それ」と同じように、「発語」とよばれて叙述の最初に置かれる語としての用法であるから、直前がゾやナムの係り結びで終わっていなくても、先行部分からそのままの続きでないことがすぐわかる。これならば、直後の結びでひとまとまりの叙述が切れることを予告するという、異質の語法である係り結びよりもはるかに効率的であった。

この集、もてやつすなかだちとなむあるべき、おほよそ、このほかの歌（略）埋木《むもれぎ》の隠れて、見ること難《かた》し

たびたびの仰せでやむをえず選者自身の歌も入れたが、この歌集をみすぼらしく見せるもとになるに違いない、と謙遜してこの歌集の和歌についての解説を終わり、おほよそ、りっ

ぱな和歌がほかにあっても探すことができなかったと話題を転じている。ナムの係り結びと「おほよそ」と、どちらかひとつだけで区切れ表示は十分なのに重複させているのは、「おほよそ」以下がこの序の締め括りであることを明示するためだったのであろう。『古今和歌集』仮名序も、「それ」以下が、やはり締め括りになっている。

近き世の歌に心をとどめむこと難くなむあるべき、しかはあれど、後見《のち》むために、吉野川よしと言ひ流さむ人に、近江のいさら川、いささかにこの集を撰べり

これは『後撰和歌集』についての紹介である。ナムの係り結びのあとに接続詞「しかはあれど」が続いている。この場合も、どちらか一方だけで断止の効果が発揮できる例であるが、単純な断止をしたあとに、そうではあるが、この歌集を編纂する意味はあるのだと明確に表明している。このあとの部分には、「しかるのみならず」という接続詞も使われている。用例の引用は省略するが、「また」が七個所に使用されていることにも注目したい。これも、文章の切れ目を端的に示しているからである。

## ■『新古今和歌集』仮名序

勅撰集として画期的な八番目の『新古今和歌集』には、『古今和歌集』と同じく真名序《まな》と仮名序とがあり、九条良経（1169-1206）による仮名序は、『古今和歌集』仮名序の叙述形式

を意図的に模していることが、それぞれの冒頭と末尾とを対比しただけでもよくわかる。

古今仮名序冒頭　やまとうたは、人の心を、種として

新古今仮名序冒頭　やまとうたは、昔、あめつちひらけはじめて

古今仮名序末尾　いにしへを仰ぎて、今を恋ひざらめかも

新古今仮名序末尾　この道を仰がむ者は、今を偲ばざらめかも

構成も前者は「千歌《ちうた》二十巻《はたまき》」、後者はその倍の「二千《ふたち》、二十《ぢ》巻《はたまき》」になっている。ただし、叙述形式がよく似ているだけで、文体には大きな違いがある。目前の課題に即していえば、係り結びはひとつも使われておらず、その代わり、つぎに列挙するように、多く漢文訓読に由来する接続詞、およびそれに準じる機能をもつ語句が随所に織り込まれている。

か丶りければ　しかはあれども　これによりて　ただし　しかのみならず　いはむや

かくのごとき　そもそも　といへども　よりて　そのうへ　このうち　かへりて

『後拾遺和歌集』の仮名序を〈男性の仮名文〉とよんだが、その段階ではまだ発展途上で、ナムの係り結びを残しており、「また」を多用したりしているために、実用文の印象から抜け出していなかったが、ここに至って、高雅な風格をそなえた名文になっている。苦心の作に相違ない。

以上、これまで比較されることがなかった、時を隔てた三つの勅撰集の仮名序の表現を対

比することによって、従来の、係り結びについての研究が、書記テクストを言語資料として扱う場合に守るべきつぎの三つの基本ルールを守らずになされてきたことが明白になった。①書記を言語そのものとみなしてきたこと。②等質性についての配慮なしに、上代の『万葉集』に平安時代の仮名文学作品を、そして、軍記物を中心とする中世の書記テクストを時間軸に沿って直結し、異質《heterogeneous》の書記テクストをひと続きにして、一貫した歴史を見ようとしてきたこと。③ゾ、ナムの係り結びを書き手の情動の反映とみなしてきたことである。

〈男性の仮名文〉が、その後、どのような歴史をたどったかにまで筆を及ぼしたら本書の分量にとうていおさまらないが、歌論書の類や『徒然草』のような擬古的文体の随筆の類など、資料になる文献は豊富にある。ちなみに、ほかならぬ係り結びを論じた宣長の『詞の玉緒』の自序には、コソの係り結びと、彼がゾとほぼ同じとして係り結びから除外したナムとが、それぞれ一個所ずつ使われている。ただし、ナムの結びは、はっきりしない。

ぬきつらねたらむさまにしたがひてなむ、いま一《ひと》きはの光もそはりぬべく。またはえ《栄》なくきえてもみえぬべければ、この緒こそげにいとなのめなるまじき物にはありけれ。

## ■係り結びが不要になった理由

係り結びは叙述の大きな断止を予告するのに有効に機能していたが、接続詞が発達してくると、断止のための手順が煩わしくなり、だんだん使われなくなった。というよりも、煩わしい手順を踏まないで済むように、接続詞を増やしていったということである。あとへの続きかたが、いわゆる逆接である場合には、接続詞の選択によってそれを予告することも可能になった。本書における筆者の決まり文句をここでも使うなら、こういう一連の動きもまた言語共同体の集団的選択による情報伝達の効率化にほかならない。ただし、この場合の言語共同体は識字階級に限られる

一方、女性による女性のための仮名文は、情報伝達の効率化よりも、雅の雰囲気を大切にしたために、回りくどさや不確かさは、むしろその雰囲気にとって重要なファクターとして守りつづけられたが、女性による仮名文の日記や物語の衰退と運命をともにした。ナムの係り結びが、それ自体の伝達力の弱さのために体系のなかに位置を保てなくなったのではなく、女性が仮名文の作品を書かなくなったために使用の場を失った。「口語的であったから」などではなく、逆に、もっぱら優雅な文体である仮名文作品の語法になっていたために、優雅で曖昧な非実用の文体とともに姿を消したのである。

## ■本章のまとめ

以上、日本語で多少とも複雑な内容を伝達する場合に切れ目を明示できる係り結びの語法

が発達したが、その煩雑な手続きを踏まずに済むように文頭に置くいろいろの接続詞が作られて、それぞれの接続詞の微妙な含みを生かすこともできるようになり、長いディスコースを滑らかに叙述できるまでに発達をとげたことによって出番がなくなったというだけのことである。さなぎが羽化して美しい蝶になったことを、さなぎが亡びたとみなしたら、歴史に目を背けることになる。

ローソク、ランプ、白熱電球、そして、LEDランプと、夜をもっと明るく過ごしたいという、その時期、その時期の人たちの願望が結実し、さらに高い効率を求めて進歩してきたのと同じように、日本語の場合にも、片言から短文に、接続助詞に、接続詞にと、長いディスコースを効率的に叙述したいという願望がつぎつぎと結実したのが現代日本語の構文である。この欲求には際限がないから、今後も変化が絶え間なく続くであろうが、どういう過程を経ることになるかは、今後の世代の人たちの欲求のありかたしだいである。

**補記**　『係り結びの研究』の著者が、いつも証明の手順を踏まずに既定の結論に直行していることに苛立ちを覚えていたが、この章を書き終えてあらためて痛感させられたのは、この著者が理性よりもすぐれて感性の人であり、また、アドホックな演繹《えんえき》に確信をもてるかただったことである。

【付言1】『係り結びの研究』に露呈された方法上の致命的欠陥を指摘し、従来とまったく異なる帰結を提示したために、保守的な研究者の理解が得にくいかもしれないが、考えてほしいのは、たとえば、ゾの機能が強意であるなら、文中のどの部分を強調しているかを判断する客観的基準がなく、個々の読み手の判断に委ねざるを得ないのに、どうして特定の呼応関係が必要だったのかを合理的に説明できるかどうかである。

【付言2】省略したことをひとつ、要約して追加する。

コソの結びが已然形で、逆説の含みをもち、あるいは、逆説表現がそのあとに続いている理由について納得できる説明に接した記憶がないので、とりあえず私見を――。

コソの機能は、すでに述べたとおり（p.298）、複数の候補からの択一であるが、択一であるだけに断定的印象になりがちであるから、その判断が絶対とは限らないという含みをもたせた修辞的表現なのであろうと筆者は考えている。したがって、末尾の已然形に逆説の助詞を付けて延長すれば、ひとまずそのように判断したが、実は……という表現になる。日常語では、回りくどい修辞をはぶき、単純な択一の機能で今日でも便利に使用されている。

# 補論　日本語史研究のこれからのために

本書の素稿が形をなしかけた段階で、左記の書が刊行されていることを知った。

沼本克明『歴史の彼方に隠された濁点の源流を探る――附・半濁点の源流』（汲古書院・2013）

清濁の二項対立が本書の柱のひとつであるから、益するところがあればⅢ章の末尾に書き添えようと思って取り寄せたところ、予期に反する内容だったので、研究の目的や方法について私見を述べるために、巻末に補論を加えることにした。日本語に深い関心をいだく一般のかたがたや専門研究者、これから日本語研究の道に進もうとしている若い人たちにぜひ参考にしていただきたい。

日本語の、特にその歴史の研究はどのようにあるべきかについて、右記の書の著者と本書の筆者との基本姿勢に埋めがたい隔たりがあるので、それを白日のもとに晒して、この領域の研究がどのような状況にあるかについての読者の現状認識に役立てたいと考えてのことである。

論争の火花を散らさなければ研究は進展しない。それが近代の常識であるべきなのに、伝統的国語学の領域には論と論との率直なぶつかりあいがきわめて少ない。それは、みずからの提示した論が批判されると面子を潰されたと受け取って感情的に反発する人たちが少なくないからである。筆者はそういう陰湿な体質を嫌って、若い時分から、いわば近代方式を一方的に貫いてきた。この補論で一冊の労作を取り上げ、忌憚のない見解を述べるのは、それが同書だけの特異の問題ではなく、この著書と同じような体質の研究が国語学の底流になっているからである。

同書の「著者略歴」によると、この著者は広島大学名誉教授、文学博士。ノーベル賞の日本版とも言うべき日本学士院賞をはじめ、複数の受賞歴をもち、訓点語学会会長、文部科学省や文化庁の委員などをつとめた選り抜きの国語学者であるが、本書を言語研究の成果として評価すると同じ結果にはなりそうもない。以下、その理由を明らかにする。

この補論の趣旨を比喩で要約するなら、不毛な錬金術《alchemy》に見切りをつけて、化学《chemistry》の研究をしようという真剣なよびかけである。よびかけの主たる対象は、伝統の金縛りにまだなっていない、あるいは、それを振り切って新しい夢を追いたい、次世代の人たちである。

「国語学よ、死して生れよ」。これは、亀井孝（1912-1995）の巻頭論文「日本言語学のために」（『文学』1938.2『亀井孝論文集1』「日本語学のために」・吉川弘文館・1971）の締め括りのことばである。二十五歳、大学院学生で、この論文が掲載された数ヶ月後に東京帝国大学の国語研究室助手に任用された俊秀の勇気ある発言であったが、それから四分の三世紀を経た今日もなお、状況はあまり変わっていない。

　筆者が大学院に入学して間もないころ、学会の会合の席で、一橋大学教授だったこの碩学に、よかったら家で話をしようよ、とお声をかけていただき、恐る恐る参上したところ話が弾み、以後、頻繁にお邪魔するたびに、お宅から終電間際の中央線東中野駅までの夜道を、時には新見を拝聴しながら、また、時には、幼稚な論を聞いていただきながら送っていただいたことを懐かしく思い出す。終始一貫、筆者を若い友人扱いで遇してくださったが、筆者にとっては今も雲の上の大碩学である。筆者は率直な批判で嫌われてきたが、亀井論文の批判など及びもつかない。亀井孝の追悼文を学会誌に寄稿して以来、身の程知らずの誇りを覚悟のうえで、亀井日本語学の使徒として生きようとしてきた。本書のなかで、国語学の致命的な問題点をしばしば指摘してきたのは、《国語学よ、死して生れよ》という、敬愛する亀井孝の、真実を求めて止まない精神を広めたいと衷心から願ってのことである。

　この補論をあえて執筆する決心をしたのは、「国語学よ、死して生れよ」ということばをあざわらうかのように、このことばが「国語学よ不死鳥《phoenix》たれ」という解釈で生きつづけている現実を、この著書のなかにも見いだしたからである。射手の力量は、矢の飛んだ距離ではなく、標的を射止めたかどうかで評価される。日本語研究は宗教ではないので、懸命の力作を率直に批判したという理由で筆者を疎む人たちがいても法敵とみなしたりはしない。真意を汲んでほしいとひたすら願うだけである。

どんな研究も、広く浅くか、狭く深くか、そのどちらかに傾きやすいが、理想は、広く深くでなければならない。その理想をいつも心の片隅に置いておけば、生涯をつうじてそれなりのバランスをたもち続けることができるであろう。最初から深くを理想にすると、懸命に掘り進むほど視野が狭くなり、その深い穴が全世界だと思い込んでしまう。

以下、『歴史の彼方に隠された濁点の源流を探る（略）』の内容を検討しながら、日本語研究がどのようにあるべきかの裏返しとして、どのようにあってはならないかを中心に私見を述べる。この著者自身が、「はしがき」に、「一般の人にも分かり易いように」と記しているから、専門研究者でなくても、筆者が想定している一般読者なら理解できるように叙述する。しかつめらしい用語や表現も少し出てくるかもしれないが、解説を加えながら先に進むように心がける。

国語科担当教員や大学、研究所などで日本語研究に従事する人たちを合わせるとたいへんな数になるであろうが、それぞれの養成機関でどのような価値観の持ち主に指導を受け、それをどのように受け止めてきたか、そして、独り立ちしてから専門知識をどのように磨いてきたかによって個人差が大きいために、日本語研究の姿勢も多様であろうが、そういう違いのありかたを具体例に基づいて知っておくことは、この分野に属していない人たちが日本語関係の著作を読んだりする場合にも必ず役立つはずである。もとより、本書やこれまでの筆者の著作もまた、この著作と同じように、読者による厳しい批判の対象である。断るまでもなく、自信があってそういっているわけではない。

この著者には過去に複数の著作があるが、本書の目的は日本語をひとつの言語としてどのようにとらえるべきかについて考えることであるから、この一冊だけについて方法上の問題点を取り上げる。

著者は、同書の「はしがき」で、つぎのように問題を提起している。

> なぜ濁音を「〃（略）」で表記するのか。そういう問題について、日常我々日本人は意識しない。する必要がないからである。意識しないでも自由に使うことが出来るようになっている文字体系形成の背景には、実は「慈覚大師円仁」という平安初期の僧侶が中国に留学して持ち帰った梵語（古代サンスクリット語）の学問が存在した。濁点の成立の背景には、梵語の発音を忠実に外国音として学習するために長い期間に亘って日本人が行なった試行錯誤と極めて巧妙な工夫が隠されている。そういう歴史の彼方

に隠された事実を日本語の歴史資料—訓点資料—に基づきながら旧稿に手を入れ一般の人にも分かり易いように再現してみようとするのが本書の意図である。(p.i)

書き出し部分の「日本人」を、「日本語話者」に置き換え、「日本語」を他の諸言語の書記に置き換えて、必要な変更を加えれば、事実上、それと同じことがすべての言語の書記方式に当てはまる。そもそも、何かを工夫する場合、試行錯誤は付きものである。

この著者の脳裏にある「そういう問題」とは、どのような事柄なのであろうか。日本語話者のなかで育てば、幼児でもバナナをハナナといったり、ガラスをカラスと言ったりはしない。無意識の言い分け、聞きわけであるから、字を覚えれば書き分けに迷うこともない。

著者は最初から濁点を持ち出しているが、著者が言うところの「そういう問題」とは、解き明かすべき問題《problem》ではなく、それ自体としては、リンゴが下に落ちるような〈〜にすぎない〉ありふれた事例、事象である。研究者がみずからの存在理由《レゾンデートル》を賭けるのは、そのようにしかみえない特定の事象に問題を見いだし、専門的知見を駆使してそれを解決することであるから、問題という語は解決すべきプロブレムという意味に限定されるはずである。著者は、濁点という事象に素朴な関心をいだいただけで、その事象を特定の目的のために解決すべき問題として設定せず、したがって、理論も方法もなしに時間軸に沿って移り変わりを跡づけただけである。たとえ、どれほど幼稚な疑問であっても、ほかの言語では濁音をどのような手段で表示しているのだろうとか、どうして英語は濁音表示がなくてもすらすら読めるのだろうとかいう〈外に配る目〉を、すなわち、日本語を世界の諸言語のひとつとしてとらえる姿勢をもっていたなら、濁音とはなんぞや、清音とはなんぞや、という日本語に固有の核心的問題に近づくことができたであろう。

同書の「はじめに」は、つぎの表現で締め括られている。

> 日本語が梵語と接触する機会を持たなかったならば、多分現代日本語の表記は、平安時代の例えば源氏物語と同じように、清濁を書き分けない表記体系であったに違い無い。（p.6）

「日本語が梵語と接触する機会を持たなかったならば」とあるが、歴史をつうじて日本語が梵語と接触《contact》をもった事実はない。言語接触《languages in contact》は言語学の大切な研究課題のひとつであるから、言語学の基礎知識があれば、あるいは、ことばづかいに慎重であれば、こういう表現はしない。梵語とは言語の名称であるが、学習したのはその音と文字とに限られた悉曇学であって、語彙も文法も無関係である。清濁のセットは梵語の音韻体系に存在しないから濁点が使用されることはありえなかった。用語を定義どおりに使うことは、対象について厳密に考えるための第一歩である。

巻末の「結語」には、右の引用の後半が「源氏物語の時代のように清濁を書き分けることが出来ない文字を依然として使用していたかも知れない」と、微妙に異なる叙述があり、その一節の末尾には『源氏物語』が登場せず、つぎのように、視点を変えて結ばれている。

それ（=濁点）は日本人の智慧の結晶であったし、そういう智慧を可能にした日本人の脳の柔軟性であったということでは無かろうか。（p.254）

この一文を読んで、筆者はあまりにも貧弱な想像力に唖然とした。もしもエジソンが世に出なかったら現在でも石油ランプやガス灯で、また、それらの発明者も世に出なかったなら、蛍の光、窓の雪で夜を過ごしているだろうというにひとしいからである。末尾を断定から可能性《possibility》のレヴェルに落としても、事の本質は変わらない。

折り紙付きの卓越した国語学者にここまで幼稚な結論を自信をもって引き出させた病因はふたつある。そのひとつは、これまた幼稚な、つぎの決めこみである。

音声言語が先ず成立し、それを記録するために文字が音韻を追いかける形で作られていった。これが言語学の常識であるが、一端成立した文字は音韻を逆に規制していく。（p.259）（「一端」は誤変換か）

断定的表現であるが、それは、仮に世間の常識としてありうるとしても言語学の常識などではありえない。言語学を頭からなめてかかって、まるで精通しているかのような表現をしているが、そもそも、文字が音韻を規制するなどということがありうると考えているのであろうか。この言語学の常識なるものが本書の主題にどのような関わりがあるのであろうか。

言語とは、一義的に、あるいは、一歩譲っても一次的には、口頭言語《speech》をさすのが現今の共通理解であり、音声言語を記録するために文字が音韻を追いかける形で作られていった、などという把握のしかたは、国語学の一偶でならともかく、現在のまともな学界で通用することではない。

書記《writing》は情報を蓄蔵するための手段であって、音声言語を忠実に記録するための手段ではない。言語に依存はしているが言語ではない。書記が十分に発達した状態でも言語は不可欠であるし、人類が存続する限り書記が言語に取って代わることはない。そういう基本的認識がこの著者には欠如している。

第二の病因は、〈必要は発明の母〉という人間《homo sapiens》の創造的対応力を考慮に入れていないことである。こういうことは日本人だけがもっている独特の知恵ではないし、脳に特別の柔軟性があったからでもない。それはヒト《homo sapiens》の知恵である。ヒトの脳の賜物であるから、当然、日本語話者にもそなわっている。そういう能力が日本語の歴史の流れのなかでどのように発現してきたかを、そして、これからも発現しつづけるであろうことを、その一端だけでも認識してほしいというのが本書を執筆した筆者の動機であった。人文学《humanities》は、人間の知恵の顕現を解明する研究領域であると筆者は理解している。

「濁点の成立の背景には、梵語の発音を忠実に外国（語）音として学習するために長い期間に亘って日本人が行なった試行錯誤と極めて巧妙な工夫が隠されている」と著者は言う。しかし、そのとおりであるとしたら、梵語には清濁というカテゴリーがないのに濁点を工夫したりしたはずはない。英語の「発音を忠実に外国語音として学習」したなら、濁点など出てくる幕がないのと同じことである。日本語話者は英語の有声子音をドッグとかハンドバッグとか日本語の耳で聞き取るからこそ濁点が必要になるのである。

円仁がサンスクリットの生得話者の指導でその発音を完璧にマスターして帰国したと仮定しても、円仁の直接指導で密教の僧たちがみんなそれと同じに発音できるようになったとは考えにくいし、二代、三代と日本語話者によって継承されれば、自然にハンドバッグ式の発音になっていったであろうことは想像に難くない。濁点が必要になったのは当然である。梵語の有気音と無気音との言い分けが早々に放棄されたのは、日本語の音韻体系に受け皿がなかったために維持できなくなったからである。

濁音が日本語の体系を効率的に運用するうえでどのような機能を担っているかに思いを致すことなく、すなわち、そもそも濁音とはなんぞやを「問題」にすることなしに、それを表示するマークを単なるマークとして追い求めることの意義が筆者には理解できない。たとえば、「平安初期の〈悉曇章〉諸本では梵字の音注に有声音（濁音）を濁音仮名によって書き分けている」（p.87）というたぐいの表現が出てくるが、有声音が音声学における単独の子音の分類名であるのに対して、濁音は音節であるだけでなく、日本語固有の機能があることはⅢ章で詳しく述べたとおりである。

「濁点の源流を探る」とは、濁点が、いつごろ、どこで、何をしている人たちの、どういう必要を満たすために工夫されたのかを突きとめるという意味であり、著者が、それに成功したことの報告であることを含意しているが、筆者は、このタイトルに疑問をいだかざるをえない。

発見のしかたには大きく分けてふたとおりある。そのひとつは、たとえば、求める植物が自生しているとしたらこういう条件の場所に違いないと目星を付けて探索し、山の岩陰にそれらしき植物が生えていた、というタイプである。すなわち、まず対象と目的とがあり、目的を達成するための方法を策定し、適切な手順を踏んで得られた発見である。もうひとつは、〈行きずりの発見〉である。散歩していたら珍しい花が咲いている。文献を調べたら数百年まえに絶滅したはずの植物であった、というタイプの発見である。本書は、どうやら〈ゆきずり型〉、すなわち、名刹《めいさつ》の経蔵で古い写本を見ていたら悉曇文字を書いた一群の古い写本がある。文字に点を付けたものもたくさんあるから分類整理してみたら、こういう結果になった。これは画期的な発見だというのが本書である。もしそうだとすれば、タイトルとは動機も結果も異なっている。

〈行きずり型〉は研究として邪道だなどと筆者は思わない。たまたま見いだした事象や対象を本格的に研究しようとする場合には、そこで立ち止まって研究の目的を設定し、方法を策定して出発すべきであると主張しているのである。具体的課題を設定せずにそのまとびつき、調査の過程でその都度必要になった知識をつぎはぎしていったのでは、対象に振り回される。濁点の起源というのは、文献資料を調べている過程で見つけた事柄に研究ふうのタイトルを付けただけだとしか筆者にはみえない。そうでなければ、このような素人丸出しの紹介になるはずがない。

濁点とは、その文字を濁音で読むべきことを、併せて、清音に読んではならないことを、指示する符号である。とするならば、なによりも、清音と濁音とは、日本語の音韻体系のなかでどのように位置づけられているか、そして、当該の文字が濁音であることだけを表示して、清音が無視されている理由を説明できなければならない。そうでなければ、この研究に取りかかる価値があるかどうか判断できないからである。筆者は、十分な予備知識を身につけることが先決だという立場をとる。

「日本人が行なった試行錯誤と極めて巧妙な工夫が隠されている」（p. i）と著者は手放し

に高く評価しているが、前述したように、なにかを新しく作り出そうとする場合には試行錯誤がつきものであって、この場合、それほど大げさに表現するほどのことだとは思えないし、極めて巧妙な工夫とまで絶賛すべきかどうかも再考を要するであろう。いくとおりか試行してみた結果、この方式がいちばん使いやすいのでそこに落ち着いたという程度のことだとしか筆者には思えない。事実を正確に突きとめても、学界の現状におけるその事実の客観的価値づけが正しくなければ、〈知恵〉にはならない。

もとより、このような評価によって労作の成果を限りなくゼロに近づけることが筆者の目的ではない。これからの人たちに、価値ある研究、発展性のある研究をしようではないかと訴えているのである。

> 円仁以後の天台宗の学問を訓点資料（後述）という視点から見るとき、その宗派の陀羅尼の読み方に対する異常なまでの執着態度を読み取ることができる。この態度は同じく密教である真言宗にも波及はするが、要するに平安時代を通じて、彼らの主たる関心が如何に陀羅尼を正確に読誦するかであったことが訓点資料の分析から分かってくるのである。（p.5-6）

筆者は、長い間、悉曇学の存在理由が理解できなかった。梵語の原典で仏教の奥義を究めるために梵語を学習するなら理解できるが、悉曇学は梵字とその発音との学であって、梵語そのものに、すなわち、仏教の教義に踏み込むつもりがなかったとしたら、いったい、なにを身につけたかったのであろうか、という疑問である。しかし、それは、悉曇学を世俗《secular》の学問と同列に置いて考えたことによって生じた疑問であって、宗教の世界に身を置く人たちにとっては、経典と同じぐらいに、その実践としての厳かな儀式を大切にすべきだったからであろう。中国語や日本語などとは似ても似つかない天竺の摩訶不思議なことばの発音を身につけて周囲の僧侶たちと唱和しながら心を仏の御許《みもと》に馳せて一心不乱に祈りを捧げる儀式は、密教の僧侶たちにとってきわめて大きな意味をもっていたはずである。

当初はサンスクリットの発音にかなりよく似ていても、当然ながら、だんだん日本語の発音に近づいて、単音のレヴェルでは摩訶不思議な印象が希薄になってきても、サンスクリットの語音配列則が残っていれば、異国的な印象は保持されるし、長短母音の配合や特徴的なメロディーに神秘性を移行させて、天竺の雰囲気に浸ることができたであろう。彼らにとって重要だったのは、仏教の根源の地の異国的な音声と独特のメロディーとが醸《かも》し出す神秘的雰囲気であって、情報伝達の媒体としてのサンスクリット語ではなかったことである。梵唄《ぼんばい》という語がその意義を象徴している。

文献資料を読み解こうとする場合にまず確認しなければならないのは、その文献がどういう目的で作成されたかである。仏教の典籍を、その本来の目的を外れた研究の資料として利用しているのだという自覚が欠如しているために本末を転倒し、陀羅尼の読みかたから異常なまでの執着態度を感じ取ったりすることになる。

釈迦の教えはひとつなのに、メインの経典を宗派によって異にし、読みかたも異なっている。新来の禅宗は、伝統的諸宗派の呉音に馴れた耳には異常とも言うべき印象の唐音による読誦によって従来の諸宗派との大きな違いをアピールし、なおかつ、三宗派間の読誦音に弁別的特徴《distinctive feature》を持たせている。ヴァティカン市国でふつうに使用されているのはイタリア語なのに、生得話者がゼロで、儀式に使用するラテン語を公用語にしているという例もある。仏教において他宗派との差別化が重要であることを理解していれば、陀羅尼の読みかたから異常なまでの執着態度を感じ取ったりするはずはない。

筆者がまだ駆け出しだったころ、研究に取り組むひたむきな姿勢と謙虚なお人柄とに魅せられていた若き日の国語学者、築島裕《ひろし》（1925-2011）さんに、東大寺図書館の調査に同行させていただいた折、巻子《かんす》を巻き返して紐をかける筆者の手元をみて、丁寧にしましょうと声をかけられた。度を越して不器用な筆者の手で、精いっぱい丁寧に扱っていても乱暴に見えたのはやむをえない。筆者は、ごめんなさいと謝って、みんなの大切な資料ですからね、と口にしたら、そういう意味じゃないんです、これはお寺の大切なお宝なんです、と優しく諌められてショックを受けた。仏教関係の典籍は、それを書写した人物や読誦した人たちの敬虔な信仰の対象だったのだ、などと考えたこともなく、日本語史研究の貴重な資料としてしか認識していなかったからである。築島さんのその一言で、筆者は日本語史の研究者として行動できるようになれたと心から感謝している。

濁点の成立の背景に、外国語としての梵語の学習の場における密教僧に代表される日本人の試行錯誤と智慧の集積があった。(p.6)

すでに指摘したように、密教僧たちの目的は梵語を外国語として学習することではなかったが、それにもまして気になるのは、「密教僧に代表される日本人」云々と表現する民族主義のいわれなき優越感、ないし内輪の親近感である。この著書のなかで何度も明示的に表明されている「日本人の脳の形質の柔軟性」という我々日本人の民族的プライドは研究を正しい方向に導かない。なぜなら、それほど頭の良い我々日本人が日本語を研究するうえで、日本人ほどには脳の形質が柔軟でない西洋人が考えた出した言語学など参考にする価値はないという立場を正当化しているからである。この基本姿勢は、係り結びの再検討で対象にした大野晋の姿勢と共通している。

この著書を読むと、たいへん広範に、また綿密に文献を精査しており、おびただしい「主要参考文献」に圧倒されるが、そのなかに言語学や音声学、音韻論などの著書、論文は皆無である。漢語に訳された専門語が漢字の辞書的意味で使用されて混乱の元になっているの

全に硬直していることである。それが「脳の形質」に由来するのかどうかはともかくとして、筆者の指摘に思い当るフシがあるなら、今後は、最小限、「日本人の」は削除してほしい。日本人は優秀な民族だ、我々は日本人だ、だから自分は優秀なのだ、という独善的な三段論法の結論は、大前提が真でなければ、真でありえない。

右に引用した一節の投げかける問題は深刻である。本書の序章で、まずこういう問題を提起し、そして、最後にこの著書を取り上げた筆者の真意を読者のみなさんにぜひ理解していただきたい。

自身の極端に狭い研究領域から一歩でも外れると、まさかと目を疑うほど低レヴェルの見解を堂々と表明しているという自覚をもつことができないのは、好意的揶揄の対象とされる専門バカと違って、言語研究に不可欠の知識の欠落に基づく足場《foothold》の危うさと、展望《perspective》の欠如とを露呈する結果を招く。孔子の本旨と無関係に、ことばだけを都合よく利用するなら、「学而時習之」は大切な教訓であり、何のためにどのようなことを自発的に「まなび」、事あるごとにそれをどのように「ならひ」て、方法の改善を図るかが研究に携わる立場にある者にとっての恒常的課題である。

紫式部の時代には、日本語の表記が未熟で、濁音表示の方式がなかったために、あのように不完全で読みづらい書きかたしかできなかったのだと著者が本気で考えているとしたら、それは、訓点資料に対する過信の裏返しとしての仮名文の不当な軽視、蔑視が理由だとしか考えられない。

「著者略歴」によると一九四三年生まれであるから、一九五〇年代末からかなり長く続いた訓点資料至上主義の裏返しともいうべき仮名文テクストの極端な蔑視の洗礼を直接には受けていない世代のはずであるが、訓点資料至上主義で、しかも、論理無用の国語学者の影響をもろに受けたために、毛筆で書いた仮名文テクストを腰を据えて読んだ経験がなく、そして歴史の流れのなかに対象を位置づけない右のような妄説が出てくるのかもしれない。

『源氏物語』などの仮名文テクストに清濁の仮名の使い分けがないのは、書き分ける手段が無かったからではなく、仮名文が清濁の書き分けを積極的に拒否する書記様式だったからなのである。仮名文テクストは毛筆の特性を最大限に生かして書かれており、活字では等価の置き換えが不可能である。『土左日記』の紀貫之自筆テクストは行方不明のままであるが、藤原為家がその原本を忠実に書写しようと努めたテクスト（大阪青山歴史文学博物館蔵）や古筆の『古今和歌集』などを読んでみればそのことがよくわかる。続け書きや墨継ぎその他の手段を縦横に駆使することによって、語句の区切れを明示することも容易であった。〔『仮名文の構文原理』（1997, 2012ほか）・『平安古筆を読み解く――散らし書きの再発見』（二玄社・2011）〕

『古事記』や『日本書紀』の歌謡はもとより、『万葉集』でも、音節単位に表記されている和歌で、たとえば、「伊毛尓安波受、安良婆須弊奈美」（妹《いも》に逢はず、あらば術《すべ》無み・巻十五・3590）のように、清濁をおおむね書き分けていることは周知の事実であるが、『万葉集』が最終的に編纂された七八三年よりも二十年あまり以前と推定される、清濁を書き分けない私的文書、『正倉院蔵万葉仮名文書』二通（筆者は下書きと推定）が残存している事実を重視すべきである。

仮名文が清濁の書き分けを排除する書記様式として発達したからこそ、あれほどすばらしい作品を書くことが出来たことを認識すべきである。清濁の書き分けすらできなかった仮名文では、桐壺の巻だけでも、読みとおすのはたいへんだったはずだと考えているとしたら、毛筆の写本で読んだことがないからである。平安時代の宮廷の人たちが、特に女房たちが夢中になった物語や日記の類が、中世になると学問の対象になったのは、女性による仮名文学作品が書かれなくなったために、ことばやことばづかいが難解になってすらすらとは読めなくなってもなお、読み継がれていたことの何よりの証拠である。どのような書記テクストも、読み手として想定された人たちなら間違わずに理解できることを前提にして書かれている。現今の我々が平安時代の仮名文テクストを読んで仮名の清濁に迷ったりするのは、その時代に生きていないからである。平安時代にモミチという語はなかったので、「もみち」はモミヂとしか読まなかった。

「濁点の発想の基盤は、仮名通りではないという意味の注意点（有標記号）であり」とか「副次的な記号—有標記号—を加える方式」とかいう表現がいくつかでてくることに著しい違和感を覚えたが、この一連の「有標記号」は、なにかの論文に「有標」という語が出てきたのを、漢字の辞書的意味で理解して使用したものであろう。本書の筆者は、日本語の歴史をつうじて、清音が無標であり、濁音が有標であったと位置づけ、それぞれ、unmarked、marked の訳語であることを説明しておいたが、清濁について論じるなら、最低限、このぐらいの用語はわきまえていてほしい。こういう事態の頻発を防ぐために、本書では、漢語による訳語に煩わしいほど原語を傍記している。たとえば、先に使用した「世俗《secular》の学問」の「世俗の」とは、「俗世間の」ではなく、「非宗教的な」という意味である。

専門用語以外でも、たいへん気になる語がいくつもある。一例をあげるなら、ときどき出てくる「展開」である。日本語の歴史が展開したとか、日本語の表記方法の展開、半濁点に関する通説の展開、などという意味が理解できずに、その語を使った意図を推測したが、要するに大切なところでいい加減な漢語を気軽に使っていることがわかり、まじめに考えたことを後悔した。推敲がたりないというよりも、正確な表現をしようという心掛けがないようにみえる。

同書は、この著者が大学における長年の生活を離れる記念の出版であると書かれているが、回顧談も主題からの逸脱もなく、濁点の歴史についてひたすら叙述している姿勢は敬服に値する。ただし、著者の意図に反して、本書の主題も、叙述のしかたも、とうてい、「一般の人にも分かり易い」とは思えないし、専門の研究者も尻込みするような、そして、広範な予備知識の必要な主題についての研究成果を、一般の人たちが、苦労してナマの形で獲得しても得るところは乏しいであろう。日本語の、そして言語の使い手として、これよりも優先順位の高い事柄はたくさんあるというのが、おそらくおおかたの意見であろう。

ひたむきな研究心と綿密な調査とに感銘を受け、冷たく批判した筆者の偏狭さに義憤をおぼえて、低劣な人格を許し難く思った読者がいるとしたら、愚論、珍説として一笑に付すことができない同書の「結語」を読んで、よく考えていただきたい。

グローバルな視野への転換が叫ばれている今日、言語学を白眼視して鎖国を守り、時代遅れの知識水準に安住していればこういう結果になるのはやむをえない。研究成果の報告を評価する基準は、方法の妥当性と、導かれた帰結の信憑性、今後への確かな展望《perspective》である。研究成果の評価に努力賞の加算はない。

**付記**　これほど徹底的な批判をしたのは、『国語史学基礎論』（1973）の「補論」で、その当時、脚光を浴びていた『古事記』の訓漢字説以来、四十年ぶりである。同書の増補版（1986）では、「対象の水準が低すぎた」という理由で抜粋にとどめ、そのつぎの版で削除した。いつのまにか、訓漢字説が自然消滅していたからである。

＊　＊　＊　＊

【執筆を終えて】一般の読者には母語についての深い知識を、そして、日本語研究に積極的関心をいだく、心の若い読者には研究のありかたを筆者とともに真剣に考えてほしいという思いで、一切のしがらみを捨て、純粋にその観点だけから執筆しようと覚悟して着手したので、特定の国語学者の基本姿勢を問う結果になった。突出した杭を打って、土中の杭への警鐘にできたなら、方向の修正は可能である。日本文化に西洋の学問はそぐわないと鎖国を続けるのは自滅への道である。現在に軸足を置いた日本語史研究をグローバルの水準に向上させるために、心の若い、そして、去りゆく筆者より世代もずっと若い人たちが、筆者の主張の弱点を切り崩し、整合性のある理論を構築してくれることを願いつづけている。

## あとがき

執筆の中途で倒れたくないという思いで書き進めた原稿がともかく形になって安堵した。筆者としては、特に、以下の諸点を検討していただきたいと願っている。

①日常生活では気をつけの発音と休めの発音とが場面に応じて使い分けられており、しばしば後者を利用して、いっそう運用効率の高い語形が作り出されること。

②清音と濁音との二項対立が無標・有標の関係で、音韻体系だけでなく、日本語全体の運用の独自性を発揮していること。

③係り結びは読み取り効率の高いディスコースを形成できる段階に達するまでのツナギとして使用されていたこと。

④言語変化は当該の言語共同体を構成する人たちによる集団的選択の結果であること。

現に通用している解釈を塗り替えるために多くの紙数を費やす結果になったが、否定の否定を繰り返すことによって解釈が真実に近づくならば、その一里塚にはなりうるであろう。断るまでもないが、否定した解釈について問題にしたのはその論旨であって、だれそれさんの説ではない。

　少年時代に身についた刹那主義で、回顧も展望も念頭にない現在を何十年も生きつづけてきたが、同年代の知友の訃報が相次ぐにつけて、胸中に封印してきた思いを形にして残すことが先に歩んだ者の責任だという気持ちが強くなり、率直には表明しかねていた考えを、今後の研究の発展のため、今のうちに明かしておこうと決心した。

　V章では、係り結びに関する唯一の包括的研究を真っ向から否定し、副題に示した観点から新しい解釈を提示した。つくづく感じたのは、先入観をもたずにテクストを読むことの大切さと、思い込みの恐ろしさとであった。研究に携わる者が思い込みに最後までこだわると次世代に何も残せなくなる。

　巻末の補論も、言語学に基礎知識を求めず、方法についての反省もなしに、ひたすら文献を処理することがもたらした結論のむなしさについての指摘である。密接な関係で捉えるべき要因の一方を考慮せず、他方だけについてなされた研究の結果は、絶望的に非現実的な《hopelessly unrealistic》言語の状態を造り出すという比較言語学者 Calvert Watkins による痛烈な批判は、この著者と同じような姿勢の国語学者にも反省をうながすことばになるであろう。今後の日本語研究がどのようにあるべきでないかを若い世代の人たちが考えるよすがになればと思い、私見を述べた。Ⅲ章の筆者の所論との姿勢の違いを比較していただきたい。筆者は、日本語研究の御意見番を気取ったりするほどおめでたくはなっていないつもりである。

グローバルな視野が求められている今日、西洋の言語学に触れようとせず、時代遅れの知識水準に安住していると、こういう非常識な「物語が成り立つことになる」（沼本・p.256）。研究成果を評価する基準は、方法の妥当性、導かれた帰結の信憑性、今後の進展への確かな展望などである。言語研究の基礎的知識が欠落していたのでは評価の対象外である。

いわゆる敬語も本書の柱のひとつに予定していたが、取りやめにした。それは、友人の福島直恭氏から『幻想の敬語論』（笠間書院・2013）が送られてきたからである。タイトルを見て人騒がせな本だと直感した。人騒がせとは、その領域の研究に直接に携わっている人たちや、結果の影響を受ける教育関係の人たちの間に波風を立てる内容の本だという意味である。文献をよく調べ、よく考えられた論なので今後の展開が楽しみである。筆者などの出る幕ではない。現在の共通理解を否定して新しい見解を提示するには、破壊と建設の過程を踏まなければならない。保守的な人たちからの激しい反発は覚悟のうえであろうが、待望の突破口ができたので、存分な議論を期待したい。

原稿を書きながら自分が身に余る幸運に恵まれたことをあらためて痛感した。考えながらテクストを読み、さらに深く考える楽しさを身をもって示してくださったのは、今は亡きおふたりの文献学者・言語学者、河野六郎先生と亀井孝先生とであった。贅沢すぎるめぐり会いであった。河野先生は同じ学部でも別学科の、亀井先生は別大学の教授であった。

濁点を文字からわずかに離して付ける方式が、日本語話者の脳裏に潜在する清濁の本質についての認識の反映であると気づいたりするセンスも(Ⅲ章)、文献資料を拾い読みして論を立てないことも、両先生を見習って身につけたことである。お送りした拙論をそのたびごとにきちんとお読みくださって、おもしろいね、と励ましてくださったことがどれほど大きな励みになったことか。亀井先生のほめことばは、山椒《さんしょ》は小粒でピリリと辛い、であった。

ハムブルク大学の故 Günther Wenck 教授には、いろいろと有益なアドヴァイスをいただいた。また、年齢的に近く、学風もお人柄も尊敬していた築島裕さんには、折に触れて数々の助言やお心遣いをいただいただけでなく、ミシガン大学における半年間の忘れがたい思い出もある。

思いもかけず長生きしたために、御芳情にあずかったかたがたの芳名を列挙したら際限がない。不本意の落ちがあったりしたら失礼になるので、まとめて篤くお礼を申し上げてお許しいただくほかはない。

学生時代、学会誌に掲載された初めての論文で校正のイロハを手ほどきしてくださった池田猛雄さんが設立した笠間書院で『国語史学基礎論』（1973）を出版していただいて以来、若くして逝去された御主人のあとを継いだ現会長つや子氏にも引き続きわがままを聞いていただき、その後の大部分の原稿を本にしていただいた。編集長の橋本孝氏にはいつも親身に相談に乗っていただき、社員の皆様に実務で積極的に協力していただいてきた。この数年は、細心かつ綿密な重光徹氏との二人三脚になり、阿吽の呼吸で本作りを続けてくることができた。長年にわたる笠間書院の数々のご配慮に篤くお礼を申し上げる。

極端な不器用と運動神経欠落とのために長期不登校の前科をもつ出来損ないの筆者では使い物にならないので、いっさいあてにせず、半世紀以上も好きなことを好きなようにやらせてくれた妻正子にも、手遅れにならないうちに、一度ありがとうと言っておきたい。

小松英雄

掲載図版一覧

52頁『平家の物語』（大英図書館蔵）…『天草版平家物語（上）』（勉誠社）より
53頁『エソポの寓話集』（大英図書館蔵）…『天草版イソポ物語』（勉誠社）より
149頁『拾遺和歌集』（安藤積算合資会社蔵）…『藤原定家筆　拾遺和歌集』（汲古書院）より
159〜60頁『類聚名義抄』観智院本（天理大学附属天理図書館蔵）…『天理図書館善本叢書　第34巻　類聚名義抄　僧』（八木書店）より

小松　英雄（こまつ　ひでお）
＊出　生　　1929年、東京。
＊現　在　　筑波大学名誉教授。文学博士。
＊著　書
日本声調史論考（風間書房・1971）
国語史学基礎論（笠間書院・1973：増訂版1986：簡装版2006）
いろはうた（中公新書558・1979）
日本語の世界７〔日本語の音韻〕（中央公論社・1981）
徒然草抜書（三省堂・1983：講談社学術文庫・1990・復刊2007）
仮名文の原理（笠間書院・1988）
やまとうた（講談社・1994）
仮名文の構文原理（笠間書院・1997：増補版2003：増補版新装版2012）
日本語書記史原論（笠間書院・1998：補訂版2000：新装版2006）
日本語はなぜ変化するか（笠間書院・1999：新装版2013）
古典和歌解読（笠間書院・2000：増補版2012）
日本語の歴史（笠間書院・2001：新装版2013）
みそひと文字の抒情詩（笠間書院・2004：新装版2012）
古典再入門（笠間書院・2006）
丁寧に読む古典（笠間書院・2008）
伊勢物語の表現を掘り起こす（笠間書院・2010）
平安古筆を読み解く（二玄社・2011）

日本語《にほんご》を動的《どうてき》にとらえる　ことばは使い手が進化させる

2014年11月30日　初版第１刷発行

著　者　小　松　英　雄

装　幀　芦　澤　泰　偉

発行者　池　田　圭　子
発行所　有限会社　笠間書院
東京都千代田区猿楽町2-2-3［〒101-0064］
電話　03-3295-1331　Fax　03-3294-0996

ISBN978-4-305-70753-6　　印刷／製本：シナノ